時系列 × テーマ別だから一冊でわかる

アメリカ史

池上彰 監修
かみゆ歴史編集部 編

朝日新聞出版

はじめに――アメリカの〝歴史〟と〝今〟を知る意味とは

連日のように報道されるアメリカ大統領選挙の様子。日本では、国内選挙の次に大きく報じられるのが、アメリカ大統領選挙です。どうして私たちは、これほどまでにアメリカに関心を持つのでしょうか。理由は三つあると思います。

一つは、日本にとってアメリカは世界で最も大きな影響を受けている国だからです。日本にはアメリカ軍基地がいくつもあり、日米安保（安全保障条約）によって、もし日本が他国の侵略を受けたら、アメリカが助けてくれる関係にあります。また、日本にとって大事な貿易相手国でもあります。このためアメリカの経済が悪化すると、日本経済にも大きな影響が出ます。日本の株式市場で株価が大きく上下すると、ニュースではよく、「昨日のアメリカの株式市場の流れを受けて……」という解説が行われます。それだけ影響があるのですから、大統領選挙をはじめアメリカの政治が気になるのです。

二つ目は、多くの日本人にとって、アメリカは長く「憧れの国」だったからです。豊かな国で、ハリウッド映画や音楽など魅力的なエンタテインメントがたくさんあり、多くの日本人を魅了してきました。ハワイ旅行も人気です。アメリカの国内事情によって、その魅力がどうなるのか、ハラハラしながら注目する人も多いのです。

三つ目は、アメリカは「民主主義の大国」として、日本の先生のような役割を果たしてきました。教育委員会やＰＴＡなど、アメリカの制度がそのまま日本に輸入されました。都道府県知事と議会議員が別々の選挙で選ばれる「二元代表制」も、アメリカから輸入された制度です。

このように、日本に多大な影響をもたらしてきたアメリカという国は、どうやって生まれ、どのように発展してきたのでしょうか。その疑問に答えるのが、この本の目的です。本書では第1章でまず、政治制度や大統領選挙の仕組み、国土の特徴、社会や文化の多様性など、アメリカの基礎知識を解説し、第2～6章では先住民の時代から覇権国家となった現在までの歴史を見ていきます。また第7章では、大統領選挙でも争点になっている社会問題をテーマ別に取り上げます。

さて、アメリカには50もの州があります。日本語で「州」と表現しますが、実際には、それぞれが一つの国としての機能を持っています。第8章では、各州の文化的特徴や出身人物を紹介しています。その多様性といったら！　とても同じ国とは思えないほど変化に富んでいます。

アメリカの歴史を見ることで、日本に暮らす私たちの視野も広がります。現在の世界や日本をより広く・深く知るためにも、アメリカ史を紐解いていきましょう。

２０２４年８月吉日

ジャーナリスト　池上彰

時系列×テーマ別だから一冊でわかる アメリカ史 もくじ

第3章 19世紀 大国への道 西部開拓と南北戦争

第4章 20世紀前半 二つの大戦を経てアメリカの時代へ

第5章 20世紀後半 ソ連と対立した東西冷戦時代

第6章 分断と多極化 揺れる超大国 1990年代以降

第7章 14のテーマで見る 分断するアメリカの今

第8章 アメリカ50州ガイド

本書の見方

コラム「深掘りアメリカ」「日本との関係」
同時代のエピソードや特別な出来事、日本との関係性を解説するコラム

年数・世紀
見開きで解説している出来事の年数や世紀を記載

本文
内容がつかみやすいように、重要な用語や人物名、説明箇所を太字で強調

POINT！
解説内容の要約

時代バー
今、読んでいるページがどの時代か一目でわかる

「その時〇〇は？」or「豆知識」

同時代の世界の出来事、または雑学的な豆知識を紹介

MOVIE GUIDE
見開きの出来事と関連する映画を紹介

KEYPERSON
見開きで解説している時代に活躍し、後世に大きな影響を残した人物をピックアップ

建国から約240年

アメリカ史クロニクル

19世紀末には世界一の工業国となり、第二次大戦以降は世界を牽引する存在となったアメリカ合衆国。その足跡を、おもな大統領や産業／文化の変遷とともに振り返る。

世紀

18世紀

主な大統領

初代
ワシントン
［1789～97］　※括弧内は大統領在位年

出来事／時代の動き

先住民の時代

1万6000年前　人類が北米大陸に到達する

7000年前　トウモロコシなどの農耕文化が始まる

植民地時代

1492　コロンブスがアメリカ大陸に到達

1620　ピルグリム・ファーザーズが上陸

1732　13植民地が成立する

1773　ボストン茶会事件が勃発

1775～81　独立戦争
植民地軍は戦力で劣っていたが仏の支援を受けて英に勝利

1776　ジェファソンらが「独立宣言」を起草

アメリカ建国の時代

1783　パリ条約でアメリカ独立承認

1787　アメリカ合衆国憲法が制定

産業／文化

1636　ハーバード大学が設立

1664　ニューアムステルダムが英領となりニューヨークに改称

1752頃　フランクリンが避雷針発明

1776　トマス・ペインが『コモン・センス』を発刊

1793　ホイットニーが綿繰り機を発明

19世紀

3代
ジェファソン
[1801～09]

5代
モンロー
[1817～25]

7代
ジャクソン
[1829～37] 民

16代
リンカン
[1861～65] 共

18代
グラント
[1869～77] 共

1803 ルイジアナを仏から購入

1807 奴隷貿易禁止法制定

1812～14 **米英戦争** 勝敗がつかずに講和。第2次独立戦争とも

1820 ミズーリ協定が成立。自由州と奴隷州の境界が画定

1828 メキシコとの国境が画定

西部開拓の時代

1830 先住民強制移住法

1836 **アラモの戦い** 米人移住者が全滅。「アラモを忘れるな」が合言葉に

1838 チェロキー族強制移住（涙の道）

1846～48 **アメリカ・メキシコ戦争** アメリカの勝利によりカリフォルニアなどを獲得

1848 カリフォルニアでゴールドラッシュが始まる

この頃 北部と南部の対立が深まる

1861～65 **南北戦争** 劣勢であった北軍が奴隷解放宣言を契機に攻勢に

1863 リンカンのゲティスバーグ演説（奴隷解放宣言）

1869 大陸横断鉄道開通

この頃 世界一の工業国となる

ヨーロッパからの経済的自立

この頃 英から輸入が途絶え、国内の工業が発達

1807 フルトンの実用蒸気船がハドソン川を航行

1814 マサチューセッツに最初の紡績工場が設立

1819 サヴァンナ号が米英間大西洋初航海

1837 モールスが有線電信を発明。44年に実用化

1851 『ニューヨーク・タイムズ』創刊

1852 ストウ『アンクル・トムの小屋』を発表

「発明大国」への道

1876 ベルが電話機を発明

世紀

19世紀 ／ 20世紀

主な大統領

25代
マッキンリー
［1897～1901］共

26代
セオドア・ローズヴェルト
［1901～09］共

28代
ウィルソン
［1913～21］民

32代
フランクリン・ローズヴェルト
［1933～45］民

出来事／時代の動き

帝国主義時代

- 1889 第1回パン＝アメリカ会議
- 1898 **米西戦争** キューバを独立、保護国化。フィリピンなどを獲得
- 1899 中国に関する門戸開放宣言
- 1903 パナマ独立。翌年からパナマ運河起工
- 1914～18 **第一次世界大戦** 当初は中立を宣言。17年にドイツに宣戦
- 1918 ウィルソンが十四カ条の平和原則発表
- 1920 国際連盟が発足するも米国は不参加
- 1921 ワシントン会議開催。ワシントン体制成立
- 1929 ウォール街で株価大暴落。世界恐慌勃発
- 1933 ニューディール政策始まる
- 1939～45 **第二次世界大戦** 連合国軍を牽引してドイツ・イタリア・日本と対立
- 1941 日本の真珠湾攻撃で太平洋戦争勃発
- 1942 ミッドウェー海戦で日本軍に勝利
- 1944 ノルマンディー上陸作戦を主導
- 1945 8月、広島・長崎に原爆投下。日本がポツダム宣言受諾

産業／文化

- 1877 エディソンが蓄音機を発明
- 1879 エディソンが白熱電灯を発明
- 1889 エディソンが映画を発明
- 1903 ライト兄弟が初飛行に成功

エンタメ・娯楽文化が花開く（黄金の20年代）

- 1920 ラジオ放送が始まる
- 1927 リンドバーグが大西洋無着陸単独横断飛行に成功
- 1931 ニューヨークにエンパイア・ステート・ビル完成
- この頃 クー・クラックス・クラン（KKK）が復活
- 1939 テレビ放送が始まる
- 1940 チャップリン『独裁者』公開

20世紀

33代 トルーマン ［1945〜53］ 民

34代 アイゼンハワー ［1953〜61］ 共

35代 ケネディ ［1961〜63］ 民

37代 ニクソン ［1969〜74］ 共

40代 レーガン ［1981〜89］ 共

冷戦時代

1947 トルーマン＝ドクトリンが発表される

1949 北大西洋条約機構（NATO）が結成

この頃 国内で「赤狩り」が広がる

1950〜53 **朝鮮戦争**
社会主義勢力拡大を防ぐため「国連軍」の名目で参戦

1951 サンフランシスコ平和条約
日米安全保障条約調印

1952 世界初の水爆実験実施

1961 ケネディのニューフロンティア政策始まる

1962 **キューバ危機**
ソ連の核兵器配備により核戦争の危機が迫る

1963 ケネディが暗殺される

1965〜75 **ベトナム戦争**
泥沼のゲリラ戦の末に戦争終結を待たずに撤退

1971 ニクソン＝ショックが起こる

1972 ウォーターゲート事件が起こる

1979 イラン米大使館占拠事件勃発

1983 レーガンが戦略防衛構想を発表

1987 米ソが中距離核戦力（INF）全廃条約調印

大衆消費社会と若者文化の登場

この頃 ベビーブームをむかえる。自動車やテレビが急速に普及

1955 ジェームス・ディーン主演『理由なき反抗』が公開

1956 プレスリーがテレビに初出演

公民権運動の展開

1963 ワシントン大行進

1964 公民権法が成立
キング牧師がノーベル平和賞受賞

1969 アポロ11号が月面着陸に成功

ベトナム反戦運動やカウンターカルチャーが広がる

1977 個人用パソコンであるAppleⅡが発売

1981 スペースシャトル打ち上げに成功

1984 ロサンゼルス夏季オリンピック開催

世紀

20世紀

21世紀

主な大統領

41代
ブッシュ（父）
[1989〜93] 共

42代
クリントン
[1993〜2001] 民

43代
ブッシュ（子）
[2001〜09] 共

44代
オバマ
[2009〜17] 民

45代
トランプ
[2017〜21] 共

46代
バイデン
[2021〜] 民

出来事／時代の動き

冷戦後の時代

1989 マルタ会談で冷戦終結が宣言される

湾岸戦争

1991 多国籍軍を率いてイラクを撃退、クウェートを解放する

1992 ロサンゼルス黒人暴動が起こる

1999 パナマ運河をパナマに返還

対米同時多発テロ

2001・9・11 アル＝カーイダによるテロ事件。約3000人が犠牲となる

アフガニスタン戦争

2001〜21 「対テロ戦争」の始まり。多くの民間人に被害が及ぶ

2002 ブッシュ（子）がイラク・イラン・北朝鮮を「悪の枢軸」と名指し

イラク戦争

2003〜11 国連の賛成を得られないまま参戦。開戦理由の大量破壊兵器は見つからず

2008 金融危機（リーマンショック）が発生

2011 アル＝カーイダのビン＝ラディンを殺害

2015 キューバと国交を回復

2017 トランプが大統領就任

2020 新型コロナが大流行する

2021 トランプ支持者による連邦議会占拠事件が起こる

産業／文化

「金融とIT の国」への転換

1995 マイクロソフトがOSソフト「ウィンドウズ95」発売

1996 アトランタ夏季オリンピック開催

2007 アップルが初代iPhone発売

2022 チャットGPTが一般公開される

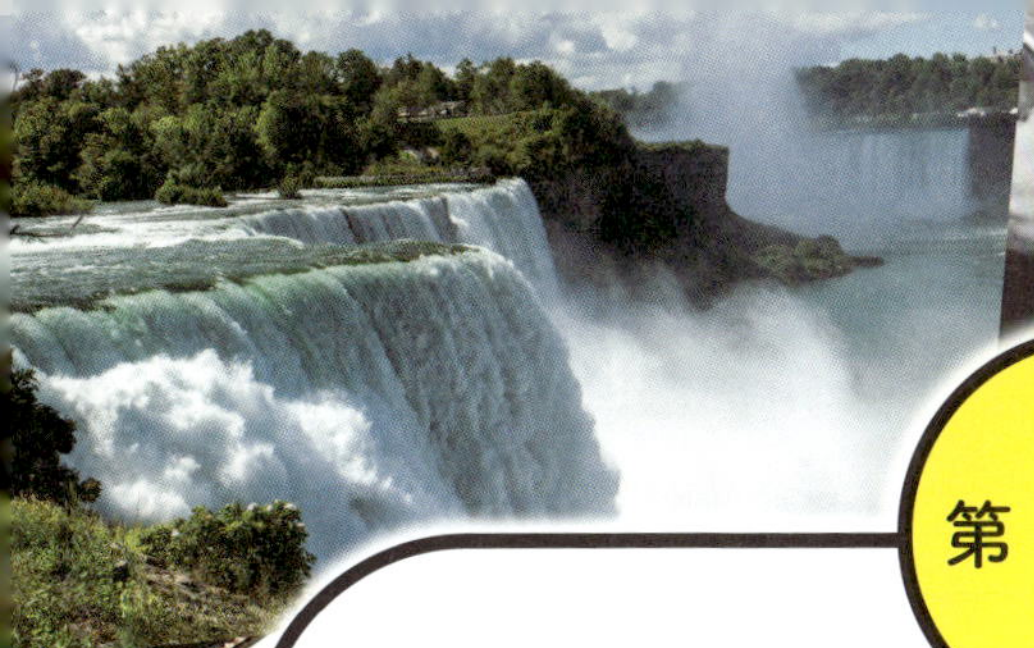

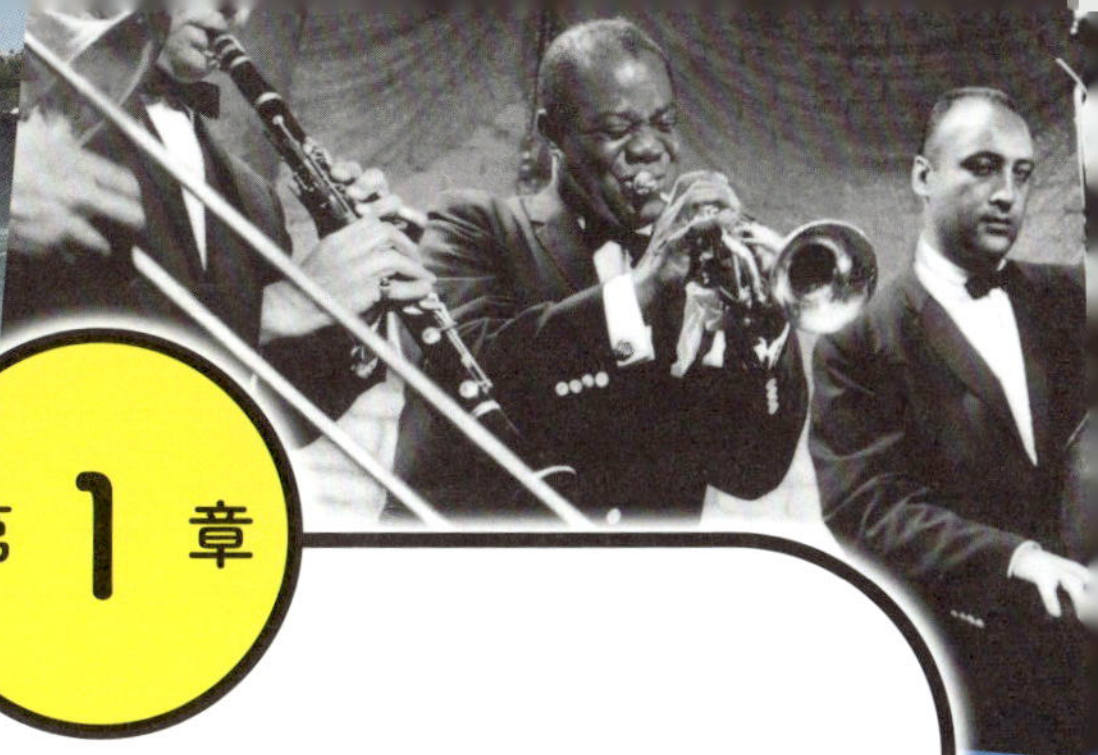

第1章

アメリカ合衆国を知る基礎知識

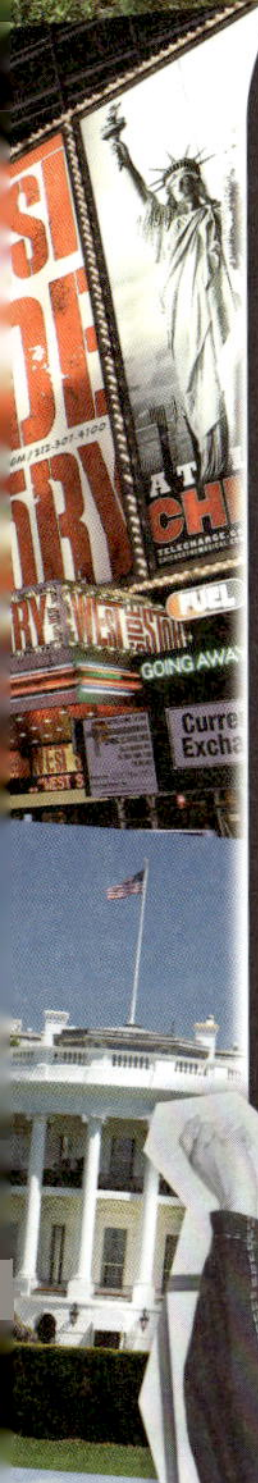

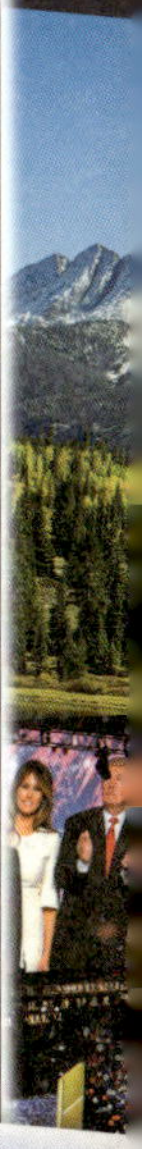

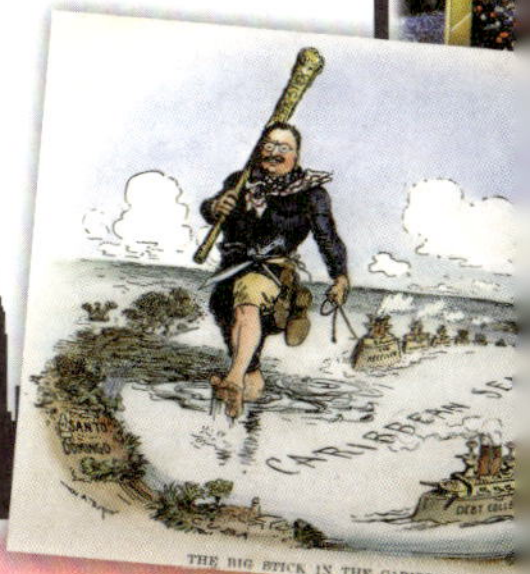

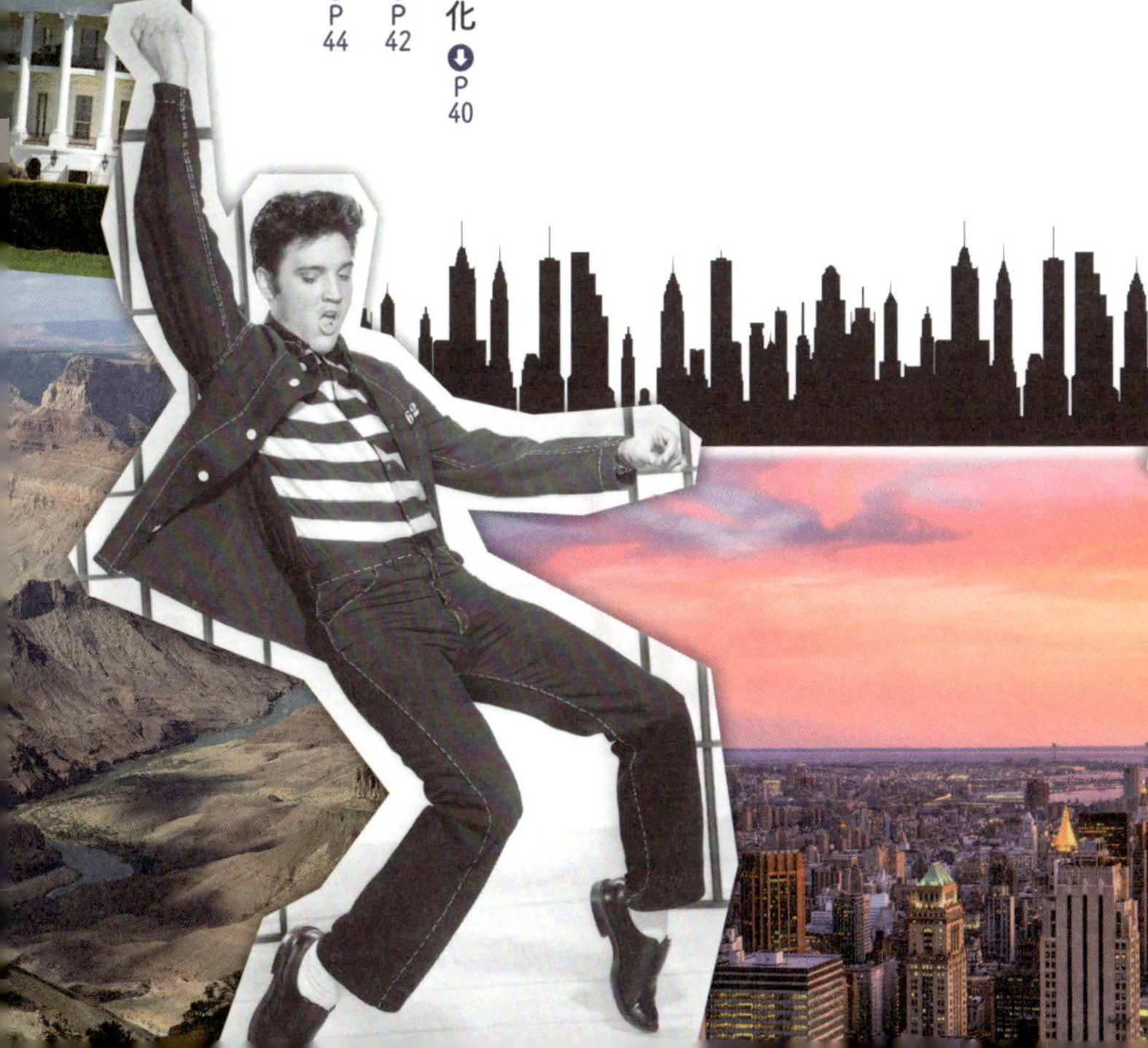

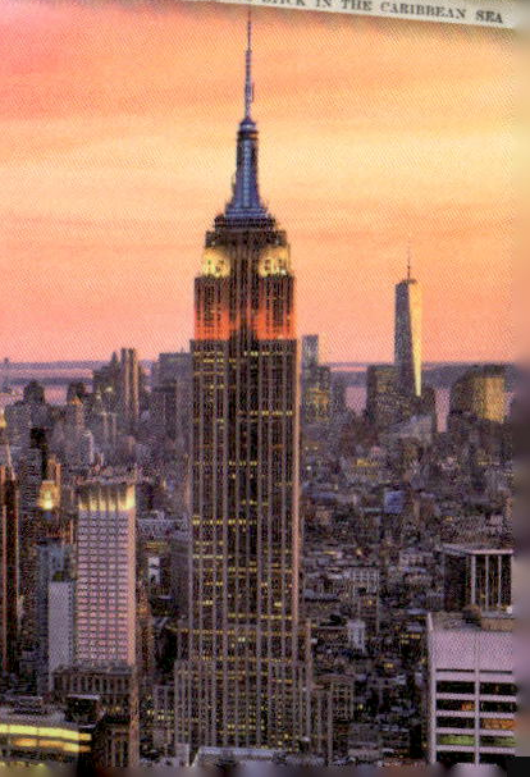

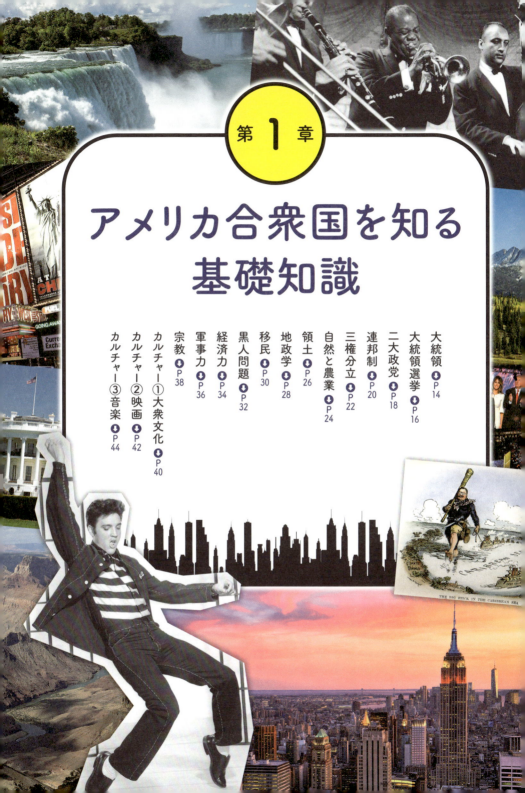

大統領

世界一の権力を持つ!? アメリカ大統領の権限とは？

アメリカをリードする存在である大統領

アメリカ合衆国の元首である大統領は、多民族国家であるアメリカにおいて、崇高な理念によって国民をリードし、精神的統一をもたらすことを求められる存在でもある。

世界の長い歴史の中で、自由が最大の危機にさらされているときに、その自由を守る役割を与えられた世代はごく少ない。……だからこそ、米国民の皆さん、あなたの国があなたのために何ができるかを問うのではなく、あなたがあなたの国のために何ができるかを問うてほしい　（就任演説より）

35代 ケネディ大統領
（▶P118）

41代 ブッシュ（父）大統領
（▶P132）

アメリカは高いモラルを持たない限り成り立ちません。今、国民がなすべきことは、この国の顔をより美しくし、世界の顔をより穏やかにすることです　（就任演説より）

私たちの成功を左右するもの、正直さや勤勉さ、勇気や公正さ、寛容や好奇心、忠誠心や愛国心といった価値観は古くからあるもので、真実です。これらはアメリカの歴史を通じて、前進するための原動力となってきました　（就任演説より）

44代 オバマ大統領
（▶P142）

法律案の提出権はない

米大統領は1789年に就任した初代ワシントン以降、バイデン大統領までで46代となる。米大統領というと、絶大な権力を持つというイメージがあるが、現実には**独裁政治が行われない**ように、大統領の権限についてはかなりの制限が設けられている。

まず、立法権は議会のみにあるため、大統領には**法律案を提出する権利はない**（▼P22）。大統領は**一般教書などの教書**を通じて議会に立法を促すが、議会は必ずしも方針に沿った法案を作成するとは限らない。また、大統領は議会が議決した法案を拒否することはできるが、議会が3分の2以上の賛成で再議決すれば、法案は成立する。

POINT!

米大統領は大きな権力をふるう一方、議会との役割分担により権限は制限されている。

ジョー・バイデン大統領とカマラ・ハリス副大統領。

大統領の権限と大統領府の役割

アメリカの行政府は大きく大統領府、行政各省、その他機関に分かれる。政権運営の中枢を担うのは大統領府内のホワイトハウス事務局であり、顧問や補佐官、報道官などで組織されている。

＜大統領の主な権限＞

【行政権】…行政府の最高責任者。行政機関の統轄
【外交権】…外交交渉。条約の締結（上院の承認が必要）
【軍事権】…軍の最高司令官。国家非常事態宣言の発令
【立法への影響】…連邦議会に対する施政方針演説。法案への拒否権
【司法への影響】…連邦判事や最高裁判事の任命（上院の承認が必要）

大統領
副大統領

大統領府
- ホワイトハウス事務局
  - 大統領首席補佐官
  - 報道官　など
- 行政管理予算局
- 通商代表部
- 経済諮問委員会
- 中央情報局（CIA）

など

各省
- 国務省
- 財務省
- 国防総省
- 司法省
- 内務省
- 商務省

など

独立局・その他機関
- 連邦選挙委員会
- 証券取引委員会
- 原子力規制委員会
- 連邦取引委員会
- 航空宇宙局（NASA）
- 国家運輸安全委員会

など

ホワイトハウス

初代ワシントンの代から建設が始まり、1800年に完成。米英戦争のときに米軍の焼き討ちによって焼失するが、のちに再建。大統領公邸であるとともに、「オーバルオフィス」と呼ばれる大統領の執務室や大統領府が置かれている。常時、300人を超えるスタッフが稼働している。

外交で主導権を発揮

一方で大統領には、**「大統領令」**という行政命令によって、議会の承認を得ずに、政策を実行することは認められている。しかし大統領令の内容が憲法や法律に違反すると**裁判所が判断すれば、無効になる**こともあり得る。

そんな中で大統領が大きな権力をふるっているのが、外交面だ。大統領は**軍の最高司令官**ではあるが、宣戦布告の決定権は、本来は議会が持っている。しかし戦争のような非常時には迅速な判断が求められるため、ベトナム戦争などの多くの戦争が大統領によって始められた。また条約の締結も議会の承認が必要だが、実際には**大統領の方針を議会も追認する**ケースが多い。このように外交面では主導権を発揮できることが、「**大統領の権力は絶大だ**」というイメージを私たちにもたらしているといえる。

TRIVIA

副大統領は大統領と二人三脚でその任期を全うする存在だが、公的な権限は少ない。上院の議長を務める（キャスティング・ボートを握る）、大統領が死亡したり辞任したりした際にはその職を継承する、というのが主な役割となる。

大統領選挙

大統領選挙はなぜ、直接選挙ではなく選挙人を選ぶ間接選挙なのか？

選挙人の取り合いである米大統領選

アメリカの各州は伝統的に共和党が強い州（赤い州）、民主党が強い州（青い州）に分かれるが、これらの州の選挙人だけでは過半数に達しないため、それ以外の「スイング・ステート」（揺れる州／注目州）の動向が大統領選の結果を分けることになる。

各州の選挙人票と「スイング・ステート」

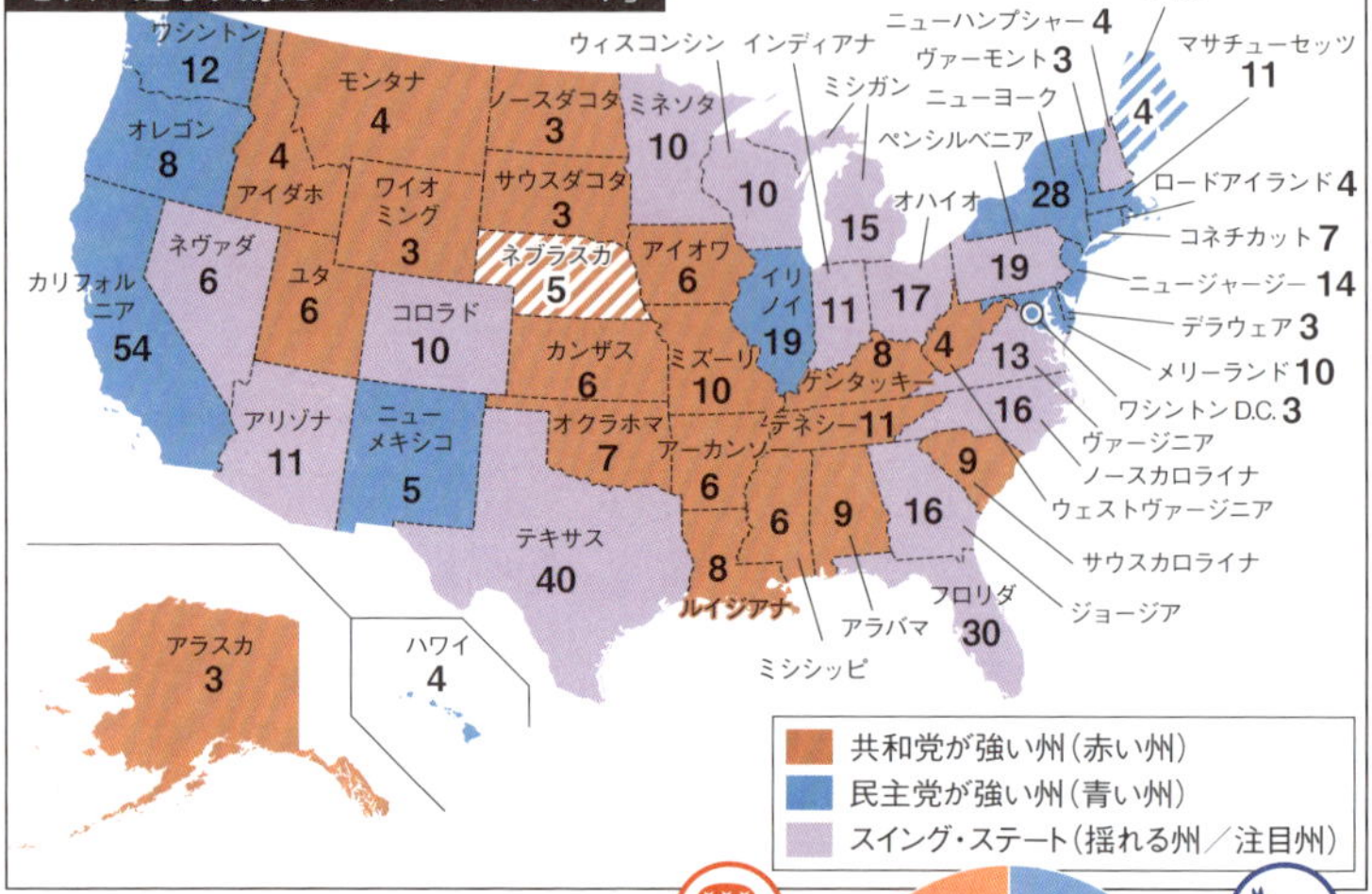

上の地図内の数字は2024年大統領選における各州に割り当てられた選挙人の定数、右のグラフはそれをまとめたもの。選挙人の定数は連邦上院・下院の議員数と同数に設定されている。ネブラスカ州とメイン州を例外として、選挙人は州ごとに勝者が総取りする方式となる。

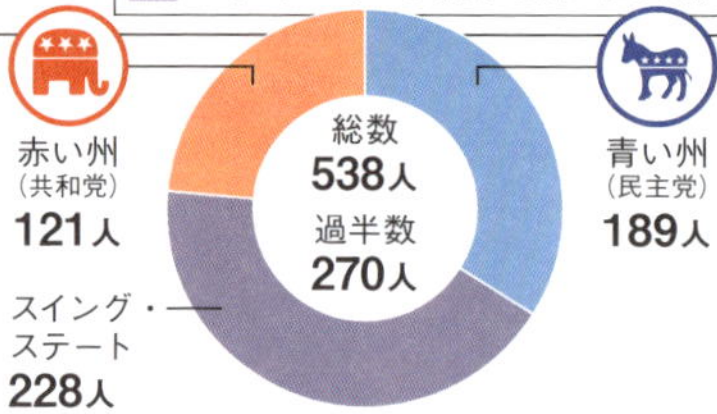

まず大統領候補を選ぶ

4年に1度行われるアメリカ大統領選挙は、民主党と共和党のそれぞれが大統領候補を決めるために、各州において予備選挙か党員集会を実施するところからスタートする。

予備選挙とは党員による投票（共和党では党員以外の投票を認める州もある）で、**党員集会**は党員同士の話し合いで、大統領候補を絞り込むというもの。予備選挙と党員集会のどちらを採用するかは州ごとに異なる。ただしここで選ばれるのは、大統領候補者ではなく**代議員**である。この代議員が、その後実施される**全国党大会で大統領候補を決めるための投票**を行い、両党の候補者が出揃うことになる。

POINT!

米大統領選は候補者の立候補以降、1年間の長きにわたり選挙戦が繰り広げられる。

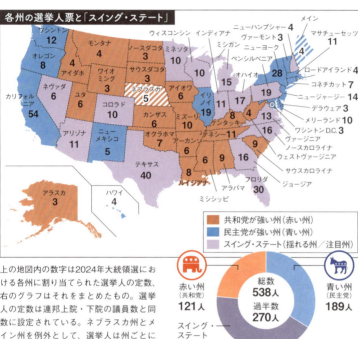

大統領選挙の流れ

日付は2024年選挙のもの

状況を見て党大会前に撤退する候補者も多いのだ

START！

1月〜　候補者が出馬表明
2月以降に出馬表明する候補者も多い

大統領・副大統領候補は、米国生まれの35歳以上で、14年間以上、米国内に住んでいる必要がある

2〜6月　党員集会や予備選挙
各州の代議員を選出。州により選挙の方法や参加者が異なる

3月5日　スーパーチューズデイ
多くの州で集会や選挙が行われ大勢が決定する重要な日

7月15〜18日　共和党全国大会
代議員により党の大統領候補が選出され、党の基本方針である政策綱領が決まる

2016年の共和党全国大会の様子

8月19〜22日　民主党全国大会
党の大統領候補と政策綱領が決定。両党とも4日間にわたり開催される

9〜10月　テレビ討論会
両候補が直接議論を戦わせる討論会を実施（通常は3回、2020年は2回実施）

一般投票で事実上、次期大統領が決定するぞ！

11月5日　一般投票
一般有権者は自分の支持する候補者に投票。州の勝者が州ごとに割り当てられた選挙人を獲得する。投票日は11月の第1月曜日の次の火曜日と決められている

12月16日　選挙人の投票
一般投票で選ばれた選挙人が大統領候補に投票

GOAL！

1月20日　大統領就任

建国時からの制度

大統領選では、本選挙も大統領本人ではなく、州ごとに**選挙人**を選ぶ形になっている。各州の選挙人の数は、人口比率によって決まる。選挙人の総数は538人で、このうちの過半数をとった候補者が大統領に選出される。

ほとんどの州では、投票の結果、得票数の多かった候補がすべての選挙人を獲得する**勝者総取り方式**を採用している。そのため選挙が大混戦になった場合、総得票数は下回っていたのに、**選挙人を多く獲得したことにより勝利する逆転現象**が起きることがある。

このように大統領選が、**選挙人を選ぶ間接選挙**になっているのは、建国当時のアメリカは識字率が低かったため、まずは読み書きができて政治的な判断力も備えた選挙人を選び、その**選挙人が大統領を選ぶという制度**にしたものが、現在も続いているためである。

TRIVIA　トランプ（共和党）とクリントン（民主党）の決戦となった2016年の大統領選では、得票数でクリントンがトランプを260万票以上も上回ったものの、獲得した選挙人の数ではトランプ306人に対してクリントン232人となり、トランプの勝利に終わった（▶P145）。

二大政党

共和党と民主党の二大政党制が確立しているのはなぜか？

第二次大戦後の米大統領

アメリカでは共和党と民主党が交代で大統領職を務めてきた。異なる党への政権交代は、戦後だけでも10回を数える。

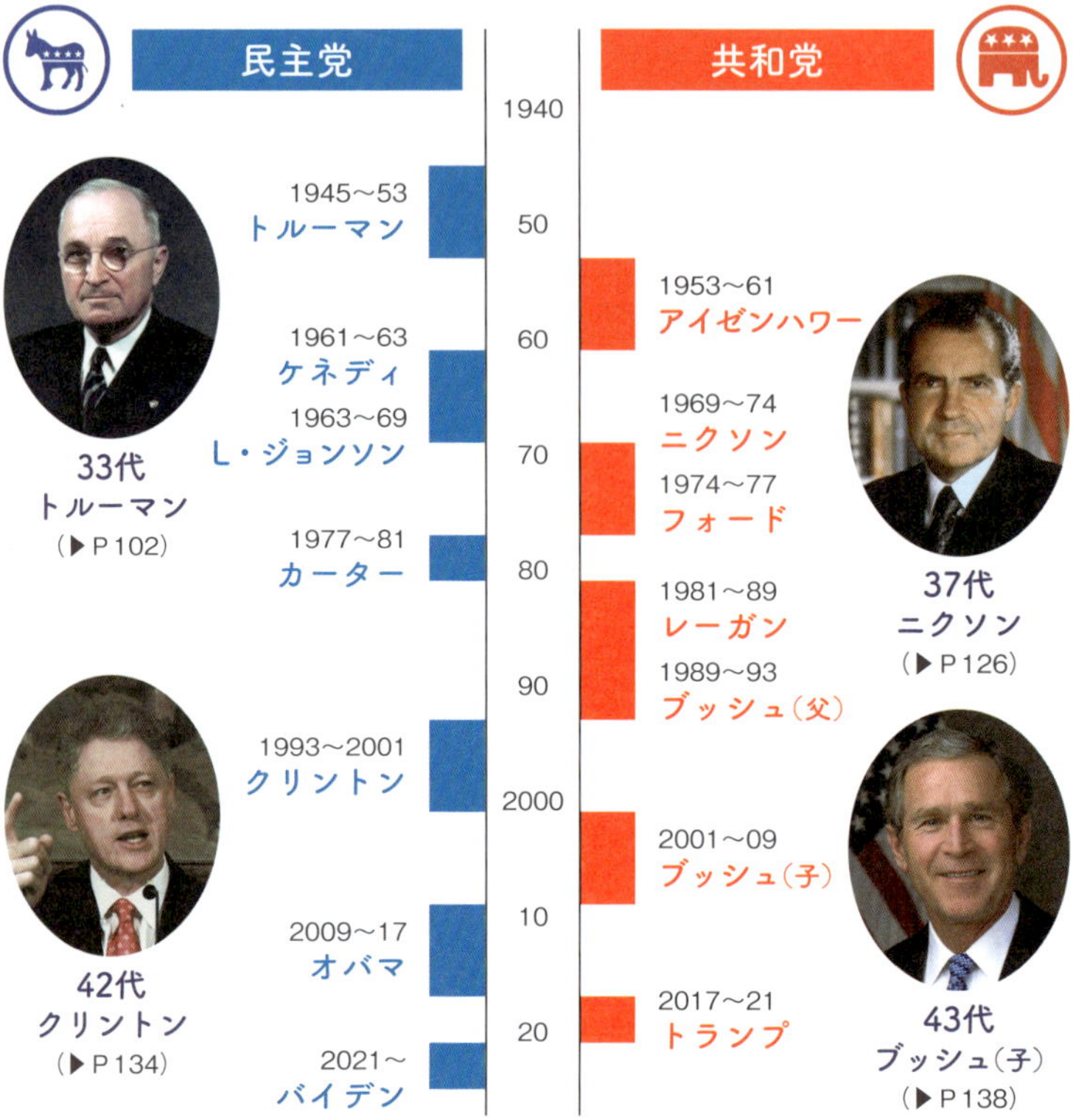

小選挙区制を採用

アメリカでは19世紀前半以降、**民主党**と**共和党**が上・下院の議席を完全に二分しており、また大統領選でも実質的には民主党と共和党の一騎打ちとなっている。

このように二大政党制が根づいている理由として、上院・下院選挙で**小選挙区制**が採用されていることが挙げられる。日本の小選挙区比例代表並立制とは異なり、**少数政党の候補者が当選する可能性は非常に低い**。また大統領選挙では、各州で票の集計が行われ選挙人が決まるため、**候補者はすべての州で選挙活動を展開**せねばならず、資金力などで劣る二大政党以外の候補者は、必然的に劣勢に立たされる。

POINT!

二大政党制は政権交代が容易な一方、少数者の意見が通りにくいという欠点もある。

民主党と共和党の違い

民主党が社会福祉を重視するなどリベラル寄りな一方、共和党は伝統的に個人の自立を尊重する保守的な政策を掲げており、両党の主義・主張ははっきりと異なっている。

民主党 Democratic Party		共和党 Republican Party
ロバ 7代ジャクソン大統領が共和党員からのろまを意味する「ロバ」と揶揄されたのがきっかけ。ジャクソンはそれを逆手にとって党のシンボルにした。近年では「民主」の頭文字である「D」のロゴも使用	シンボル	ゾウ ゾウのロゴは19世紀後半、風刺画家のトーマス・ナストが共和党の力強さと威厳を示すため、民主党のロバの対比としてゾウを描いたのが始まり。党の別称である「グランド・オールド・パーティ」を略した「GOP」のロゴも用いられる
リベラル ＝ 社会福祉や弱者救済を重視 ➡ 大きな政府	主　義	保守 ＝ 自由な市場や個人の自由を重視 ➡ 小さな政府
●元は南部の農園主や西部の小農民が中心 ●徐々に北東部大都市の移民層の支持を集める	成り立ち	●奴隷制反対派が結集した組織に由来 ●資本家や WASP、富裕層の支持を得る
●労働組合、都市層、若者、女性、黒人 ●近年では高学歴層や富裕層の支持が上昇	支持層	●キリスト教保守派、地方白人層、富裕層、大企業 ●近年では労働者の支持が上昇

基本政策

	連邦制	外交	貿易	法人税	社会福祉	移民	SDGs	銃規制	妊娠中絶
民主党	中央政府の役割重視	対話重視 国際機構重視	保護貿易	増税派	積極的	受け入れ	積極的	賛成	賛成 選択重視
共和党	州政府の役割重視	積極介入 同盟重視	自由貿易 近年は保護重視	減税派	消極的	制限	消極的	反対	反対 生命重視

頻繁にある政権交代

二大政党制のメリットは、例えば民主党に政権を任せてうまくいかなかった場合には、有権者は次の選挙では共和党を選ぶことにより、**政権交代がより容易に実現**できる点にある。また長期政権による腐敗も生まれにくい。

一方で、二大政党制には二つの政党の方針のどちらからもこぼれ落ちた**少数者の意見が切り捨てられやすい**というデメリットもある。ただしアメリカでは民主党も共和党も、新たな支持者を獲得するために、**その政策を柔軟に変えてきた**という歴史がある。例えば20世紀初頭まで民主党の支持基盤は南部の農民層だったが、やがて**都市部の中間層や黒人層**を取り入れるために、彼らの利益や権利の推進を図る党へと変貌していった。この柔軟さも、民主党と共和党が長らく二大政党であり続けている理由の一つといえる。

TRIVIA

大統領選では共和党でも民主党でもない第3党が頭角を現すことがある。1912 年の選挙では、共和党候補として予備選でタフトに敗れたセオドア・ローズヴェルトが革新党を結成。民主党候補のウィルソンと三つ巴の勝負となり、結果はウィルソンの勝利となった。

連邦制

アメリカに50ある「州」と日本の「県」とは何が違う!?

「州」と「県」の違いとは？

アメリカの州は憲法や政府を有する一つの「国家」ともいえる性質を持ち、日本の県とは権限が異なる。

アメリカの「州」		日本の「都道府県」
連邦政府とは別に州ごとに政府（自治権）を持つ	行政	地方自治体は中央政府の下に位置づけられている
アメリカ合衆国憲法とは別に独自の憲法を持つ。合衆国憲法よりも詳細で具体的な内容が記されている	憲法	中央政府と共通（日本国憲法しか持たない）
独自に制定	法律	中央政府に従う。法律の範囲内で条例を制定
独自に制定	税制	中央政府と共通
州ごとに組織される（州兵）。平時は治安維持や災害救助の役割が大きく、戦時は大統領の指揮下に入る	軍隊	持たない

連邦政府より州が優先される場合が多くあるんだ

アメリカの州は権限が大きいんだな

州ごとに法律が異なる

アメリカには**50の州**があり、日本には47の都道府県がある。一見、アメリカの州と日本の都道府県は同じようなものに思えるかもしれないが、じつはまったく異なる。

日本の都道府県の権限は、国から委任されたものに限られている。一方、アメリカでは連邦政府や合衆国憲法とは別に、**州ごとにも政府があり、憲法や法律を制定**している。そのため死刑制度の有無や銃規制の内容も州ごとに違ってくる。**義務教育の年限や税制も州単位で異なる**。さらには、米軍とは別に州も軍隊を持っている。このように州の権限は、都道府県とは比較にならないほど大きい。

POINT!
アメリカでは州ごとに憲法や法律を制定しており、税制や死刑制度なども州により異なる。

連邦政府と州政府の関係

合衆国憲法に定められていないことは州の権限に委ねられている。州は国家に並ぶ権限を有しており、世界でも他に例を見ない体制となる。

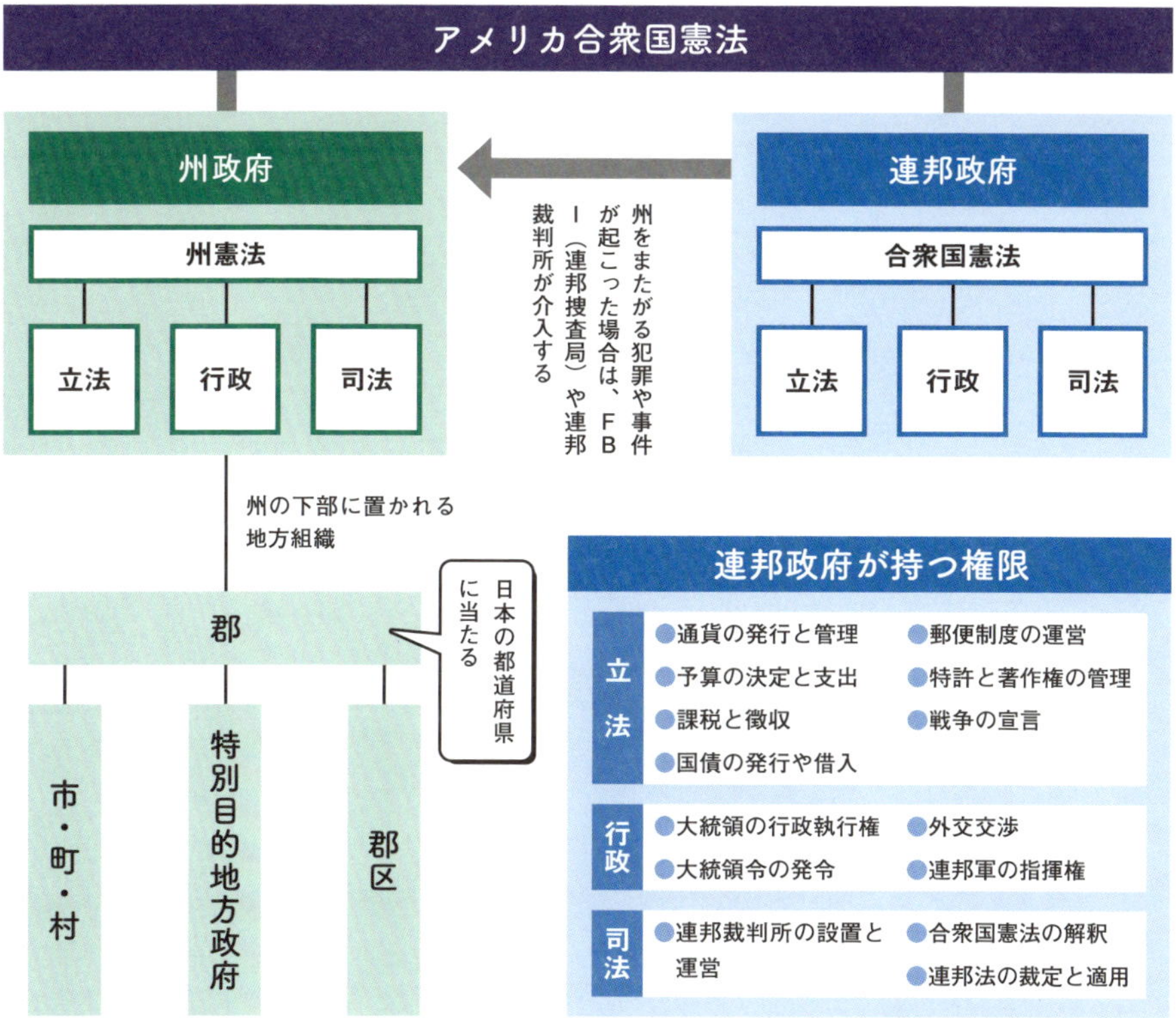

独立時に現体制を選択

アメリカは、いわば**「合衆国」**という主権国家の中に、やはり**主権を持った50の州が存在**している状態だといえる。アメリカがなぜこうした国家体制になったかを理解するには、建国時にまでさかのぼる必要がある。

18世紀後半、13の植民地がイギリスとの独立戦争に勝ったとき、旧13植民地がそれぞれ国家として独立する選択肢もあれば、統一国家をつくる選択肢もあった。だが前者を選べば一つひとつが小国となるため、外国との交渉時などに不利となり、後者を選べば国家が強力な権限を発揮して、13州の自治を制限する恐れがあった。

そこで採用されたのが、**州にも大きな権限を与えたうえで中央に政府を置き**、複数の州や国全体に関わる事項について中央政府が担うという**連邦制**だったのだ（▼P60）。

TRIVIA

アメリカ合衆国の英語表記はUnited States of Americaであり、「State」は「州」のことなので、正しく訳すと「合州国」となる。「合衆国」の言葉は19世紀に中国に渡った米人宣教師による翻訳で、共和制の「多くの人々の集まり」という意味合いを強調したとされる。

三権分立

それぞれの監視機能が徹底している アメリカの行政・立法・司法

POINT!

権力の一極集中を防ぐため、行政・立法・司法は役割分担と相互の監視が徹底している。

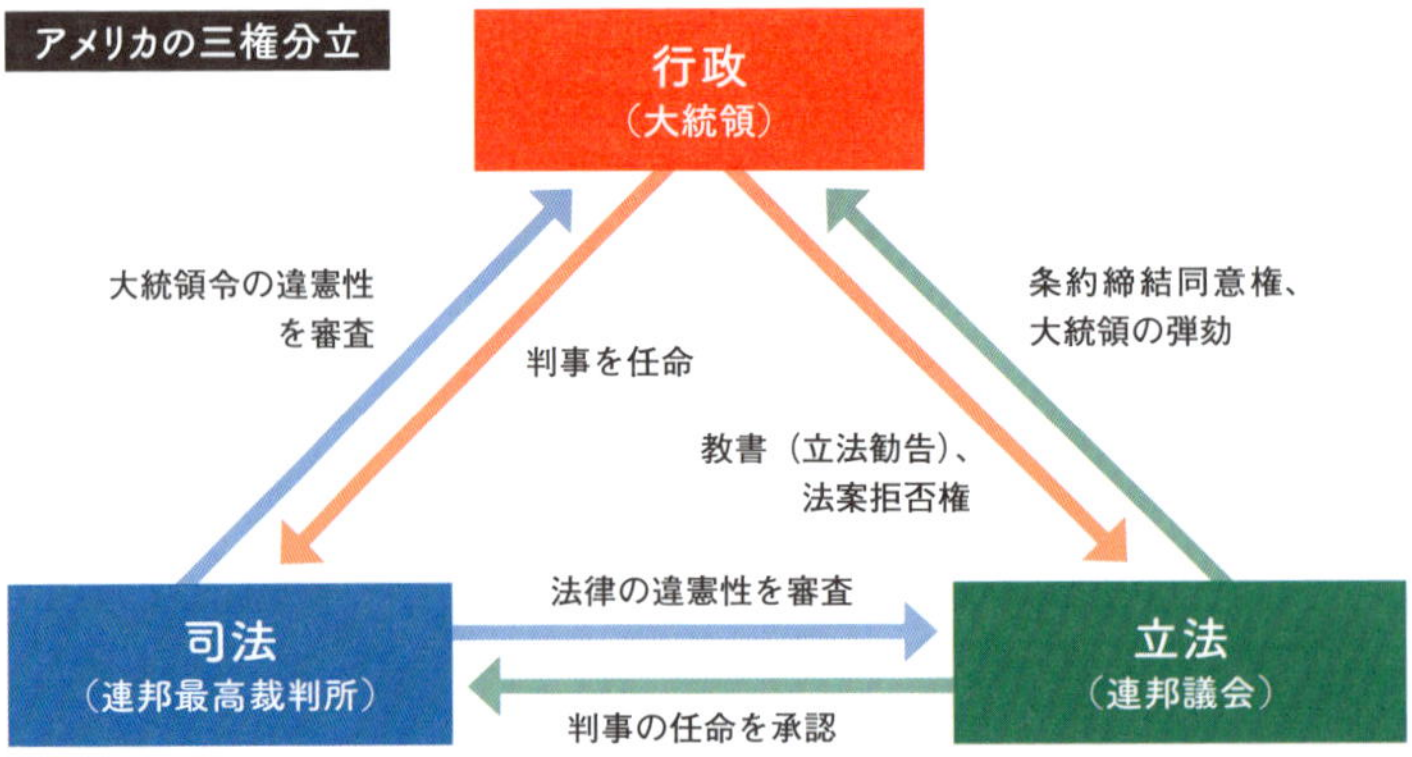

立法と行政を分離

アメリカでは、立法（連邦議会）、行政（大統領）、司法（連邦最高裁判所）の**三権分立**が徹底されている。建国時のリーダーたちが、**権力が一つに集中する事態を防ぐ**方法を考え抜いた結果である。

それぞれの権力が暴走しないための**相互監視機能**も確立している。例えば連邦最高裁判所には、連邦議会が作成した法律や、大統領が出した大統領令が憲法違反に当たらないかを審査する権限がある一方で、連邦裁判所の判事を指名するのは大統領、承認するのは連邦議会である。アメリカでは**立法・行政・司法の三権が緊張関係を持ちながら分立**している状態にあるのだ。

国民の代表と州の代表

立法府である連邦議会は、上院と下院からなる**二院制**となっている。

このうち下院では、435の議席を各州の人口に応じて小さな選挙区に分けており、選挙区数は最も人口が多い州と少ない州とでは50倍以上の開きがある。なお下院の任期は2年となっている。一方上院は人口に関係なく各州2人ずつ、計100名が選出される。こちらの任期は6年だ。下院議員がアメリカの人口を反映した「国民の代表」であるのに対して、上院議員は「州の代表」であるといえる。

予算や法律制定に関する**上院と下院の権限は対等**であり、成立のためには両院の議決が必要とされる。

相互に監視し合う立法・行政・司法

アメリカでは18歳以上の市民に上・下院議会選挙や大統領選挙（選挙人選出）の選挙権が与えられている（ただし有権者登録が必要）。連邦最高裁判所判事は大統領が任命権を持つ。

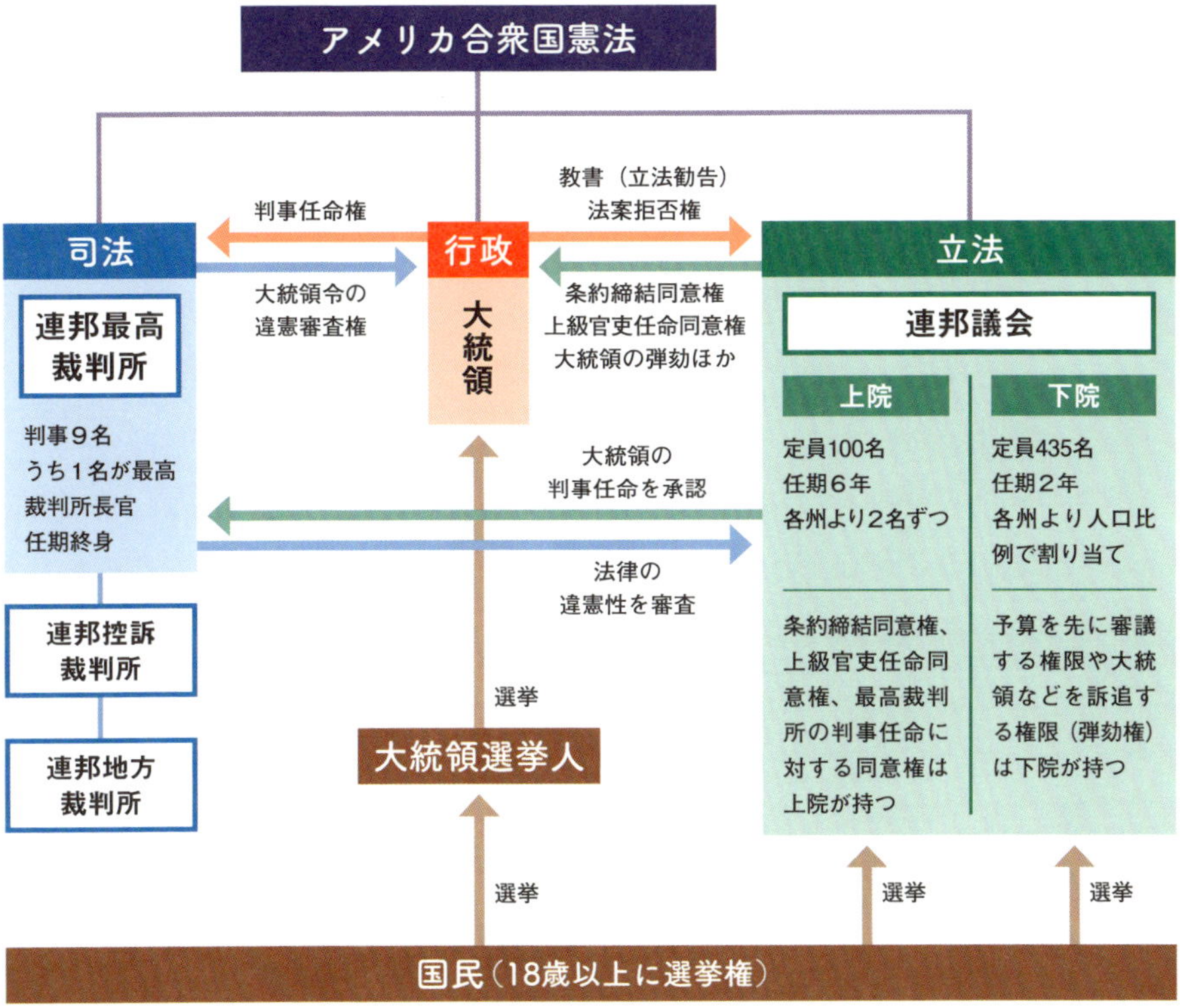

判事は終身制を採用

一方、司法制度については連邦地方裁判所、連邦控訴裁判所、連邦最高裁判所からなる**三審制**が採用されている。ただしアメリカでは、州単位でも三審制で裁判所が設置されており、州内の事件は州裁判所、複数の州や合衆国全体に関わる事件は連邦裁判所が扱うという役割分担になっている。

連邦裁判所の判事は、**大統領が指名し、上院が承認する**ことで決まる。そのため大統領や上院の多数派が共和党の場合は保守的な判事が、民主党の場合はリベラルな判事が選ばれることになる。判事の任期は終身制であり、本人が辞意を表明するか死去するまで、その職に留まり続けることができる。現在の連邦最高裁判所の判事は、9人のうちの6人が保守派であり、同性婚や人工中絶などの問題に対して保守的な判断をくだす傾向が強まっている。

TRIVIA
訴訟大国として有名なアメリカ。世界各地から様々な民族が流入したため、異なる価値観を持つ人々の間でトラブルが生じやすい。それを個人間の交渉で解決するのは難しいため、司法に委ねるべく、訴訟が頻繁に行われるようになったと考えられる。

自然と農業

アメリカの発展の理由は豊かな国土のおかげだった!?

POINT!
内陸平野を利用した農業生産と豊富な天然資源がアメリカの発展を支えてきた。

起伏に富んだ北アメリカ大陸の地形

ロッキー山脈の東側はなだらかな内陸平野が広がり、一大農業地帯となる。一方、ロッキー山脈の西側は造山帯であり、グレートベースン（「大いなる盆地」の意）などの盆地や高原が分布する。アメリカでは農業地と牧草地が国土の約45％を占める。

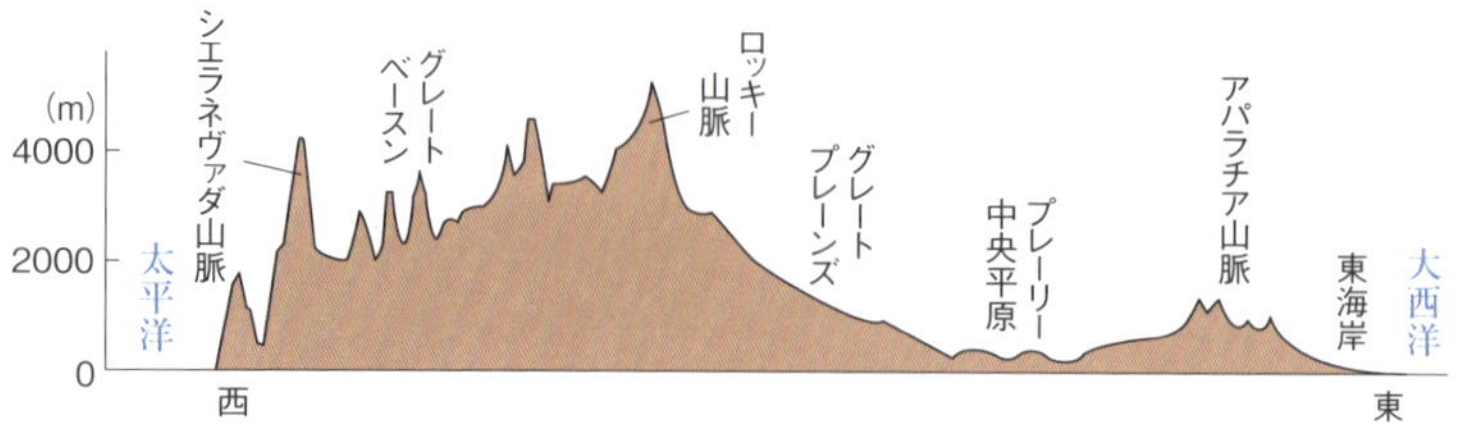

どこまでも広がる内陸平野

アメリカはロシア、カナダに次ぐ**世界3位の面積**を持つ国である。東部では比較的なだらかなアパラチア山脈が南北に、西部では雄大で険しい**ロッキー山脈**やシエラネヴァダ山脈が、やはり南北に延びている。

このアパラチア山脈とロッキー山脈の間には、**プレーリーとグレートプレーンズ**と呼ばれる内陸平野（平原）が広がる。肥沃な土壌のプレーリーではミシシッピ川流域を中心に農地開発が行われ、一方の乾燥したグレートプレーンズでは放牧が発展した。また、メキシコ湾の河口部には農産物を集散する都市が発展し、ミシシッピ川は水運の大幹線としても利用された。

世界有数の農業国

アメリカの農業人口は、**就業人口のわずか2％未満**にすぎない。だが広大な農地をトラクターなどの大型機械を用いて耕す大規模農業により、世界有数の農業生産国となっている。小麦は世界4位の生産量（輸出量は2位）、**トウモロコシは世界1位の生産量**（輸出量も1位）を誇る。

またアメリカは**石炭や石油、天然ガス**などの天然資源にも恵まれ、近年では**シェールガス**の開発が盛んである（▼P163）。この豊富な資源を活用することで、19世紀後半には世界最大の工業国にもなった。アメリカが発展できたのは、**国土が農業生産や工業生産に適していた**ことが大きい。

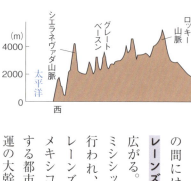

ロッキー山脈

アメリカからカナダにかけて縦走する山脈で、3000m級の高山が連なる。東西交通の障害となる一方、地下資源が豊富で開発も進められた。(コロラド州)

ナイアガラの滝

五大湖であるエリー湖からオンタリオ湖に流れるナイアガラ川にある滝で、1年間の平均水量は世界一とも。年間で1000万人前後の観光客が訪れる。(ニューヨーク州)

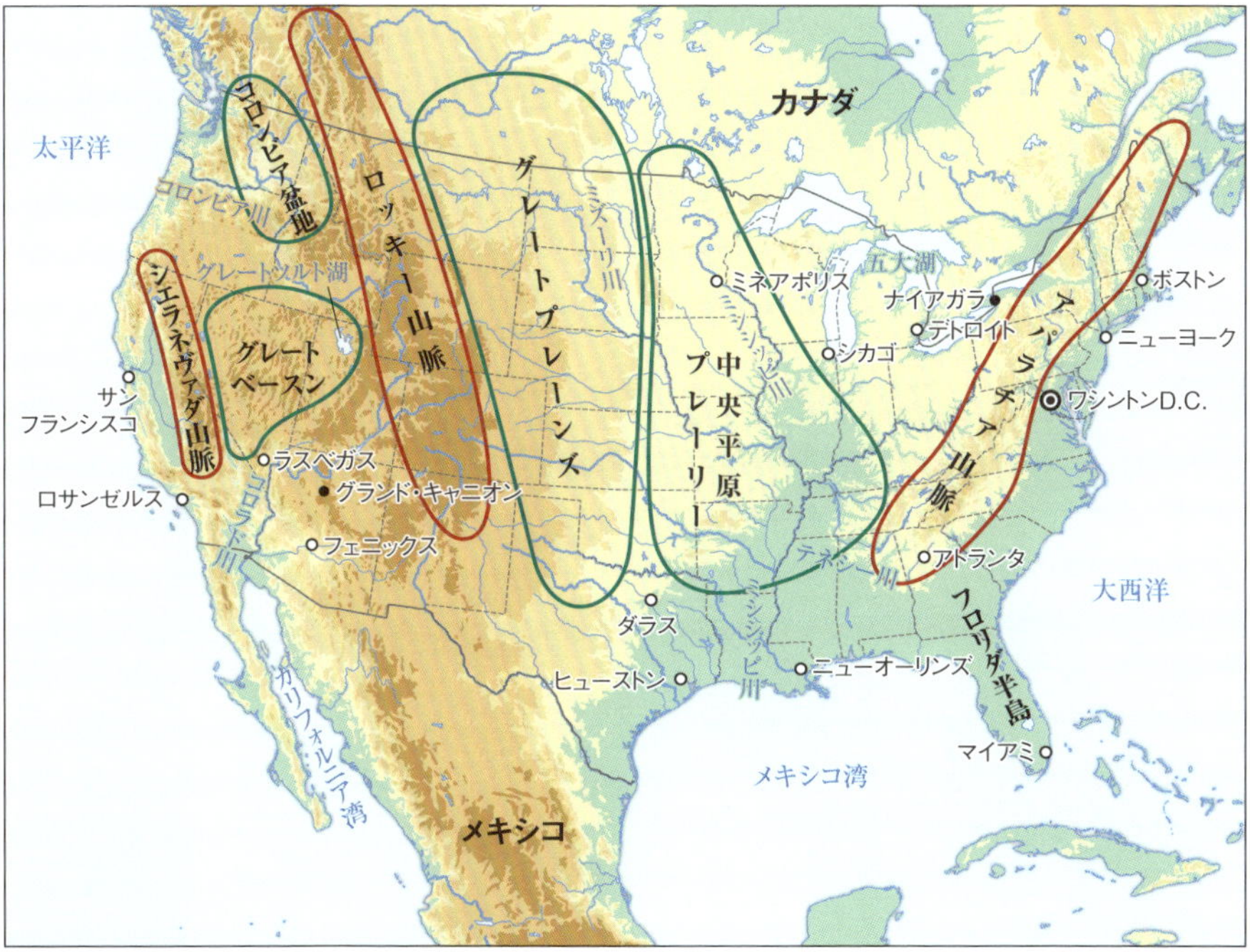

グランド・キャニオン

コロラド川に浸食された峡谷で、ロッキー山脈の西側に位置する。幅6～29kmの谷が450km近くにわたり続き、世界で最も雄大な浸食地形と評される。(アリゾナ州)

ミシシッピ川の穀倉地帯

ミシシッピ川流域では19世紀以降に農業が発展。公有地を分割して農家に割り当てるホームステッド法の導入により入植が進んだ。(ルイジアナ州)

領土

西へとフロンティアを延ばし太平洋到達後も拡大し続けた領土

POINT!

西へと領土拡大して太平洋まで到達したのち、太平洋一帯や中南米で影響力を増していった。

西へと延びるアメリカの領土拡大

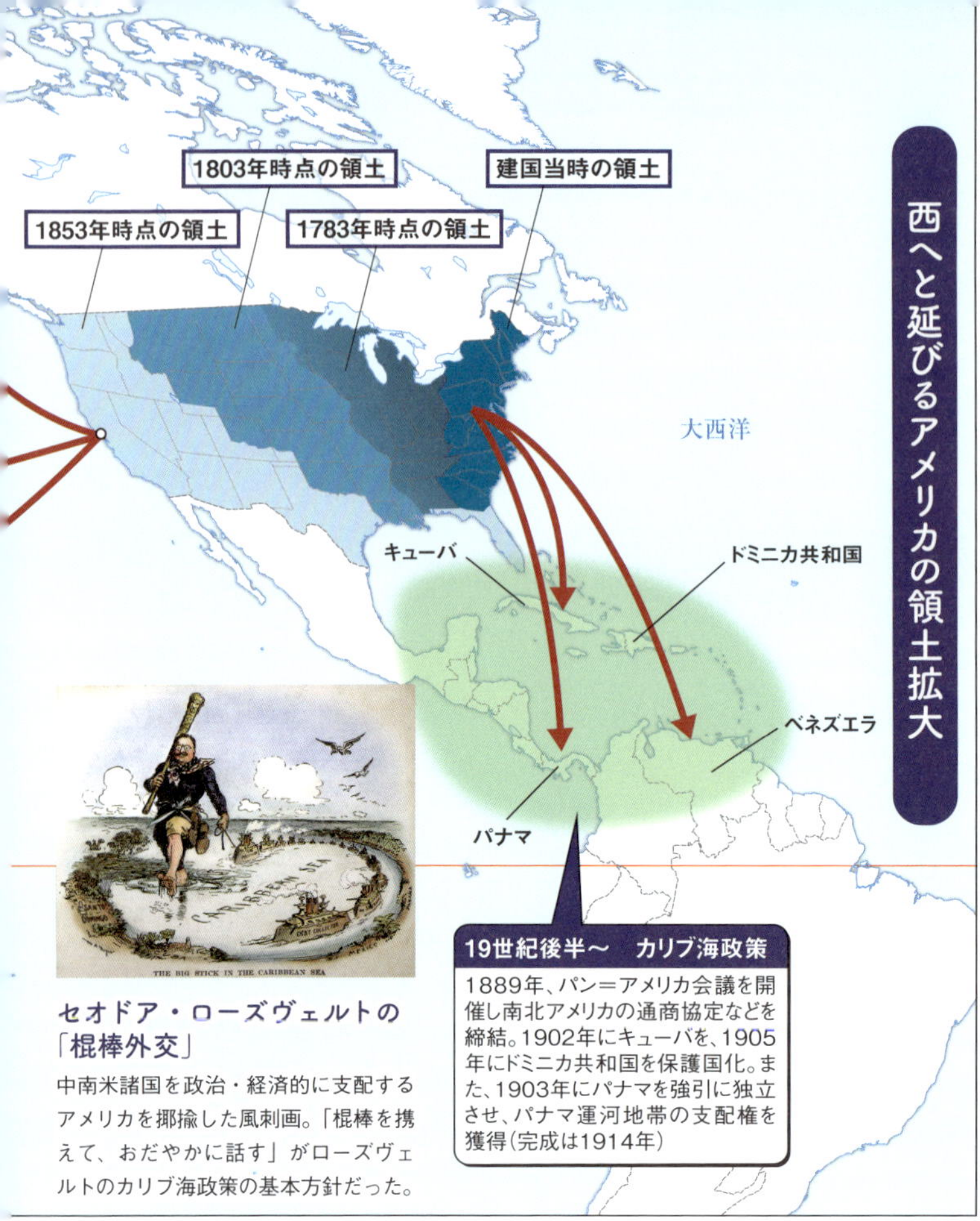

19世紀後半～　カリブ海政策
1889年、パン＝アメリカ会議を開催し南北アメリカの通商協定などを締結。1902年にキューバを、1905年にドミニカ共和国を保護国化。また、1903年にパナマを強引に独立させ、パナマ運河地帯の支配権を獲得(完成は1914年)

セオドア・ローズヴェルトの「棍棒外交」

中南米諸国を政治・経済的に支配するアメリカを揶揄した風刺画。「棍棒を携えて、おだやかに話す」がローズヴェルトのカリブ海政策の基本方針だった。

西へ西へと領土を拡大

アメリカは当初から広大な国土を有していたわけではない。建国当時は、**東部の13州**からスタート。**西方への膨張**（**西漸運動**）**が「明白な天命である《マニフェスト・デスティニー》」**というスローガンの下で、譲渡や買収、戦争などによって西へと領土を拡大。19世紀前半に太平洋沿岸まで到達し、1848年にはメキシコからカリフォルニアを獲得した（▼P70）。

広大な国土は、19世紀後半に相次いで建設された**大陸横断鉄道**によって結ばれ、**「フロンティア**（**開拓の最前線地域**）**」**の消滅が宣言された。第二次世界大戦後には州間高速道路が全国に張りめぐらされ、**国土の一体化**がより強まっていく。

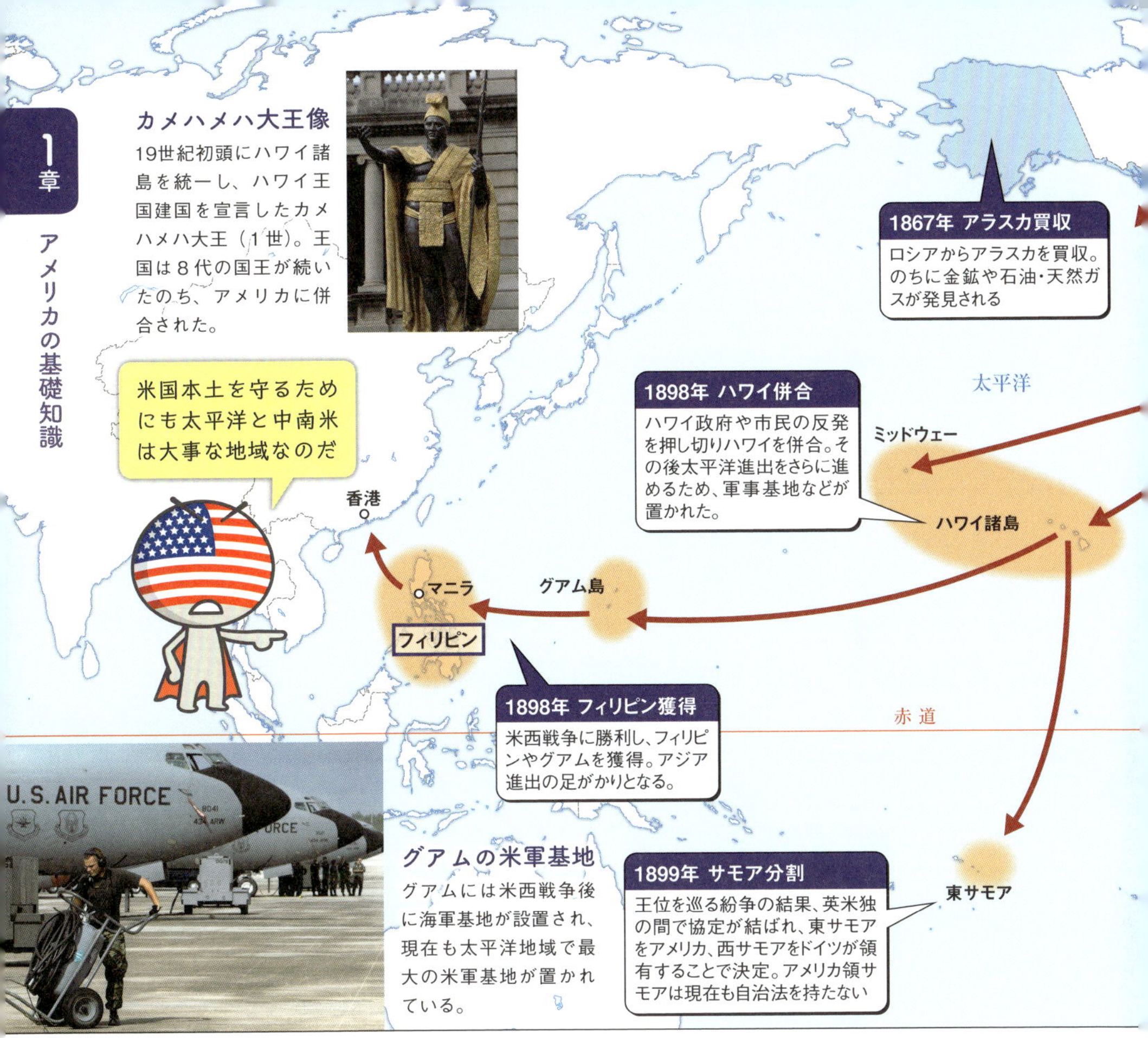
1867年 アラスカ買収
ロシアからアラスカを買収。のちに金鉱や石油・天然ガスが発見される
米国本土を守るためにも太平洋と中南米は大事な地域なのだ
太平洋
1898年 ハワイ併合
ハワイ政府や市民の反発を押し切りハワイを併合。その後太平洋進出をさらに進めるため、軍事基地などが置かれた。
ミッドウェー
ハワイ諸島
香港
マニラ
グアム島
フィリピン
1898年 フィリピン獲得
米西戦争に勝利し、フィリピンやグアムを獲得。アジア進出の足がかりとなる。
赤道
1899年 サモア分割
王位を巡る紛争の結果、英米独の間で協定が結ばれ、東サモアをアメリカ、西サモアをドイツが領有することで決定。アメリカ領サモアは現在も自治法を持たない
東サモア
U.S. AIR FORCE

カメハメハ大王像
19世紀初頭にハワイ諸島を統一し、ハワイ王国建国を宣言したカメハメハ大王（1世）。王国は8代の国王が続いたのち、アメリカに併合された。

グアムの米軍基地
グアムには米西戦争後に海軍基地が設置され、現在も太平洋地域で最大の米軍基地が置かれている。

太平洋でのプレゼンス獲得

アメリカの領土拡大の野心は、太平洋に達しても衰えることがなかった。

まず、もともとはロシアの植民地だった**アラスカ**を、1867年に720万ドル（4047㎡あたり2セント）という安価で購入。当時は購入を疑問視する声も大きかったが、石油や天然ガスなどの豊かな**天然資源が埋蔵**されていることがのちに判明。さらには冷戦期にソ連との対立が深まる中で、**対ソ連の前線基地**として必要不可欠な場所となった。

太平洋地域では1898年の米西戦争勝利によって**フィリピンを獲得**、同年には**ハワイを併合**する。中南米では**キューバやドミニカ共和国の保護国化**などにより影響力を強めた（▼P78）。

こうした領土拡大により、20世紀初頭には英仏独などの列強に並ぶほどにまで国力を高めていったのである。

TRIVIA
米統治時代のフィリピンでは教育現場で英語が用いられており、その影響で現在もフィリピンの公用語の一つは英語である。1946年の独立後もアメリカとの関係性は深く、1992年まではフィリピン国内に米軍基地が置かれ、現在も軍事協力が続いている。

地政学

安全保障のために重要なカナダや中南米との関係性

カナダ、メキシコとの経済的な結びつき

カナダとメキシコにとって、アメリカは輸出入ともに最大の貿易相手国となる。一方、アメリカから見た場合、両国との貿易は輸入超過の状態にある。トランプ前大統領は、貿易赤字の原因は米国企業が人件費の安いメキシコに工場を移転したためだとし、2020年に保護貿易色の強いUSMCA（アメリカ・メキシコ・カナダ協定）を発効させた。だが輸入超過の状態は今も続いている。

カナダの輸出入国

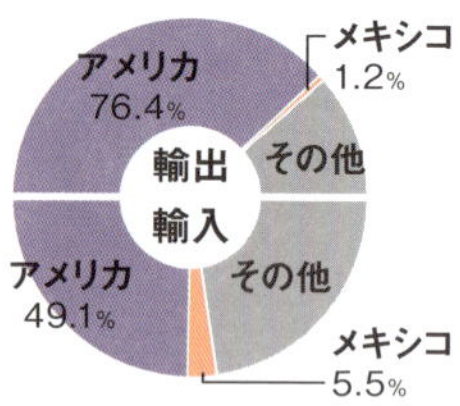

アメリカの輸出入国

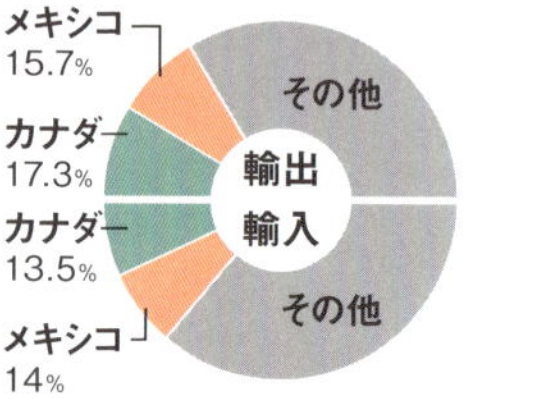

メキシコの輸出入国

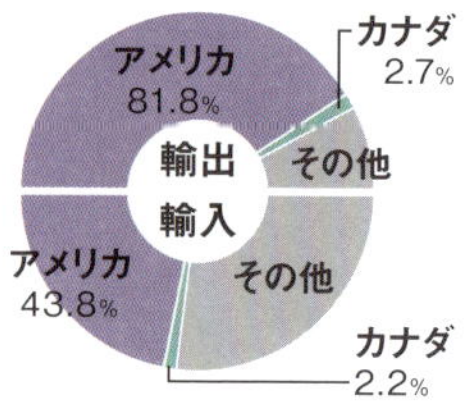

『データブック オブ・ザ・ワールド 2024年版』より

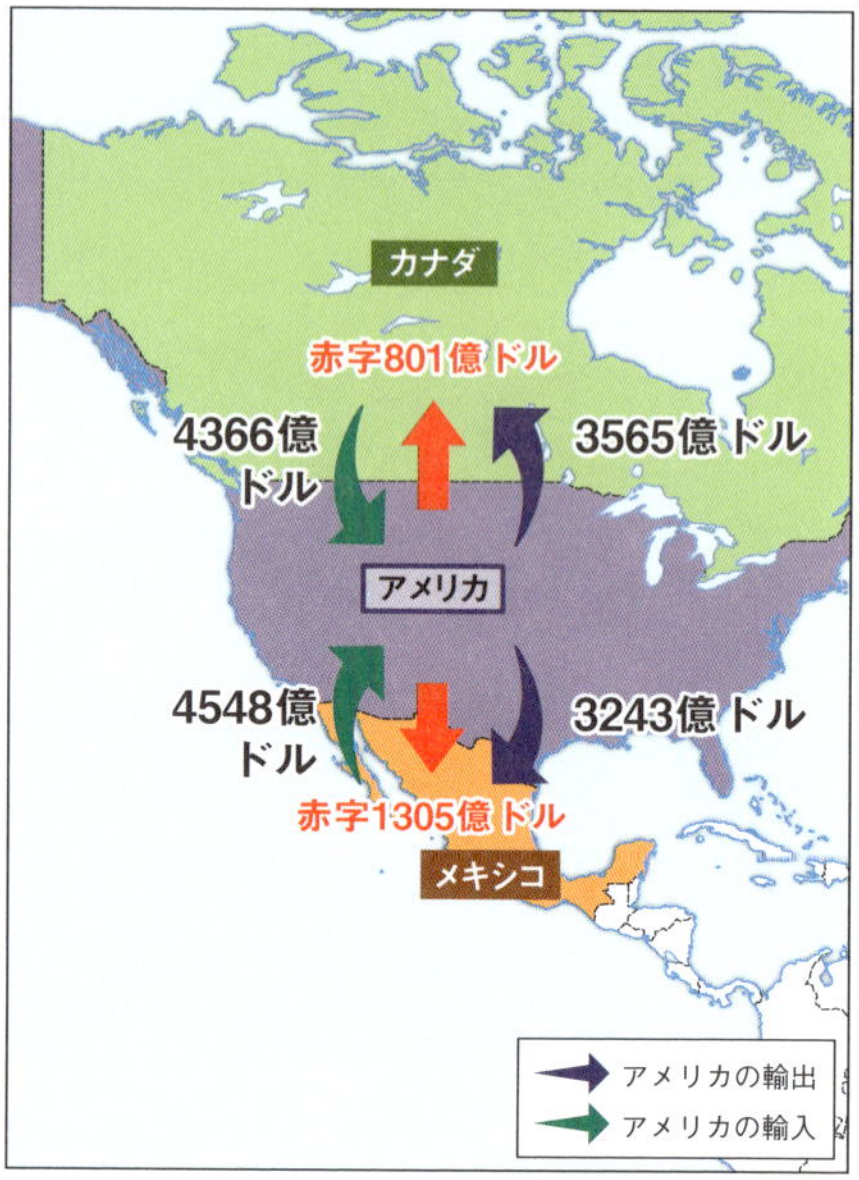

アメリカは「巨大な島」

アメリカは地政学的に、**「巨大な島」**といわれることが多い。まず東は大西洋、西は太平洋という海に面している。また**北はカナダ、南はメキシコ**と国境を接しているが、軍事力ではアメリカが両国を圧倒している。東西南北のいずれからも、軍事侵攻を受ける心配がないため、北米大陸の中に位置していながらも「島」なのだ。

アメリカは第一次、第二次世界大戦のときには、主戦場になったヨーロッパから離れた「島」であったため、**本土はまったくの無傷**だった。そしてこの二つの戦争をきっかけに、ヨーロッパ諸国に代わってアメリカが世界の政治や経済の中心となった。

POINT!

アメリカは安全保障上の理由から、カナダや中南米と良好な関係を築く必要がある。

親米と反米に揺れる中南米の近現代史

キューバ

1902～34	米国の保護国化
1940～44 1952～59	親米の バティスタ政権
1959～	キューバ革命を経て社会主義国に転換

パナマ

1903	米国主導でパナマがコロンビアから独立。運河地帯は米国の支配下となる
1914	パナマ運河開通
1968	反米軍事政権樹立
1989～90	米軍のパナマ侵攻。反米政権崩壊
1999	パナマ運河返還。米軍の完全撤退

チリ

1970～73	社会主義政権
1973	米の支援を受けたピノチェトによる軍事クーデタ
1973～90	ピノチェト軍事政権
1990	民政移管

ハイチ

1915～33	米国の軍事占領
1934～50	共和制
1957～86	デュヴァリエ独裁政権
1991～94	軍事政権
1994	米軍（多国籍軍）が進駐し軍政指導者退任

ドミニカ共和国

1916～24	米国の軍事占領
1930～61	トルヒーヨ軍事政権
1965～66	ドミニカ内戦、米国の軍事介入
1966～78	親米のバラゲール政権
1978～86	左派政権。以後、左派政権と親米政権の政権交代が続く

アルゼンチン

1946～55	反米のペロン政権
1976～83	親米の軍事政権
1982	フォークランド紛争
1983	軍部退陣、民政移管

反米政権成立を阻止

アメリカにとって**カナダや中南米諸国は、安全保障上非常に重要な国々**である。もしこれらの国々が反米に転じた場合、アメリカは安全な「島」ではなくなってしまうからだ。

特に東西冷戦期には、**中南米に社会主義政権が成立することを徹底的に阻止**しようとしてきた。例えば1970年、チリに社会主義を標榜するアジェンデ政権が誕生したときには、アメリカのCIAがチリ陸軍の将軍だったピノチェトを支援し、クーデタを起こさせた。その後ピノチェトは17年にわたって独裁政治をおこない、政権に反対する多くの国民を殺害した。

アメリカは民主主義を掲げているにもかかわらず、自国の安全を守るためなら、独裁政権を支援することも厭わなかった。そのため、中南米には反米感情を抱いている人が今も数多い。

TRIVIA アメリカとカナダは北大西洋条約機構（NATO）の加盟国であるとともに、両国で北米航空宇宙防衛司令部（NORAD）を発足しており、航空や宇宙分野での監視活動を共同で行っている。両国は同盟国として、多くの軍事行動で足並みをそろえている。

アメリカ発展の原動力となった「移民」の存在と影響力

POINT!

アメリカは多くの移民を受け入れ発展してきたが、同時に分裂の危機を抱えている。

アメリカは移民の国

もともとアメリカは、イギリスから大西洋を渡ってきたプロテスタント系の人々によって建国された**「移民の国」**である。その後もアメリカには世界各地から多くの**移民が流入**し、その数は現在でも年間100万人程度に達する。移民は、**アメリカの発展を支える原動力**であると同時に、アメリカを一体感を持った「国」として維持させていくうえでのリスク要因でもある。どういうことか見ていこう。

前述したように、最初にアメリカに移り住んだのは**WASP《※ワスプ》と呼ばれる白人**のアングロサクソン系のプロテスタントだった。建国後、アメリカの支配層は長らくWASPが占めていた。

※ WASP（ワスプ）＝ White Anglo-Saxon Protestant

アメリカへの移民数の推移

建国前後はイギリス、アイルランド、ドイツからの移民が多数を占めていたが、19世紀末には欧州での不況を受けて、東欧や南欧からの移民が増加。近年ではラテンアメリカからの移民数が急増している。

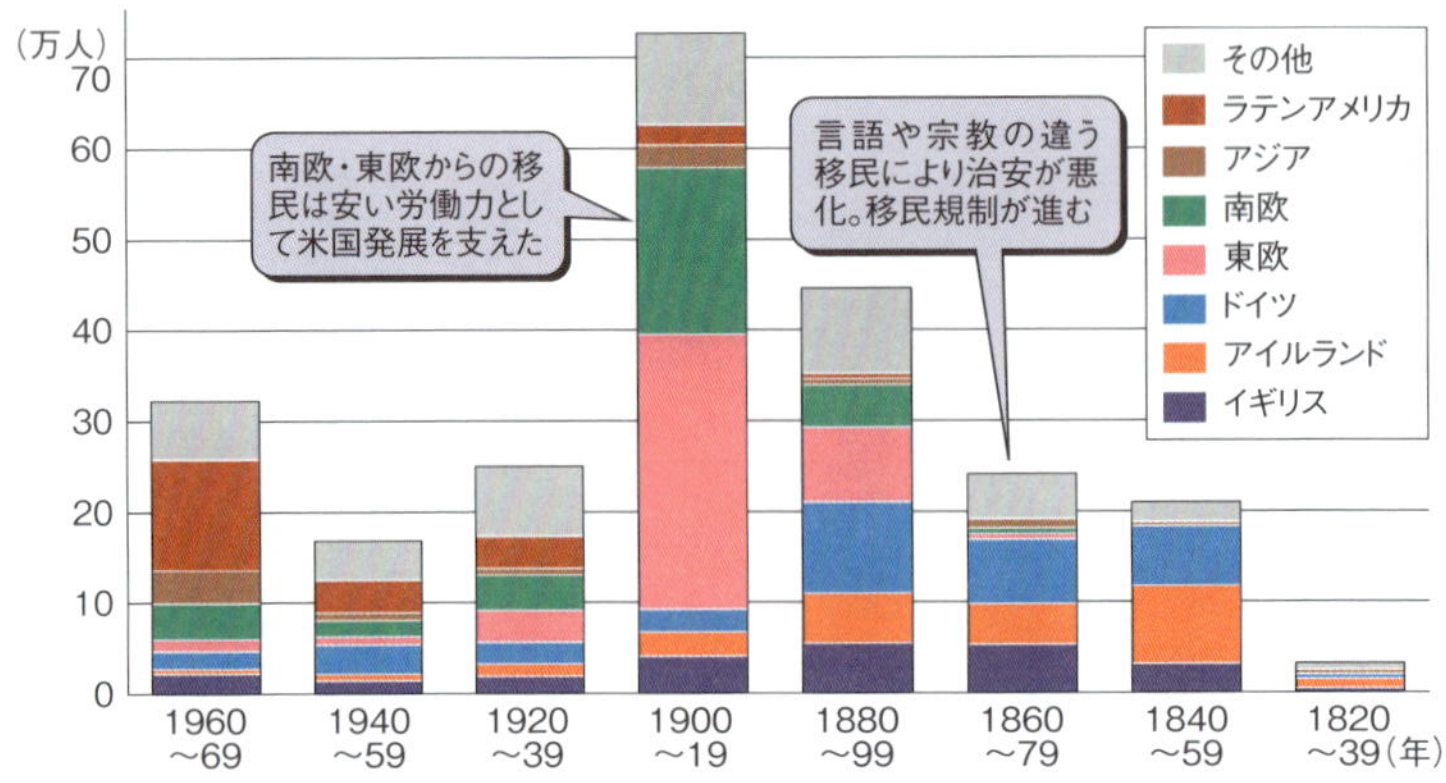

1830年代〜
アイルランド大飢饉や欧州での政権変化により、アイルランド系を中心に北欧・西欧からの移民が急増。

1880年代〜
イタリアでの農業不況やロシアでのユダヤ人排斥運動により、イタリア系、ユダヤ系を中心に東欧・南欧からの移民が急増。

1924年 移民法が成立
移民に対する不満の高まりを受け、宗教や言語の異なる南欧・東欧、アジアの移民を中心に、移民規制が設けられた。

1965年 移民法が改正
南欧・東欧・アジアなどの移民規制が取り除かれ、移民数が再び増加傾向になる。

1970年代〜
ラテンアメリカ移民が急増。米国民の仕事が移民に奪われたとして、社会問題となる（▼P157）。

アメリカで活躍する移民の子孫たち

オリヴィア・ロドリゴ
フィリピン系のルーツを持つ。若手の歌手・俳優として活躍。

レディー・ガガ
イタリア系。歌手・俳優として、絶大な人気を得ている。

ジョン・F・ケネディ
アイルランド系4世。35代米大統領を務めた。

American History

深掘りアメリカ

アメリカでユダヤ系の発言力が強い理由とは？

ユダヤ人とは、ユダヤ教を信じる人たちのこと。ヨーロッパでは迫害を受け続けていたため、アメリカには建国期から多くのユダヤ人が安住の地を求めて移住してきた。特にドイツでナチスが政権を握っていた時代には、移民が急増した。現在アメリカはイスラエルに次いでユダヤ人が多く暮らす国である。とはいえ人口の2％程度にすぎない。しかし勤勉で高学歴者が多いことから、社会の重要なポストに就いており、大きな発言権を有している。

アインシュタイン
戦時中にドイツから亡命したユダヤ系の物理学者。相対性理論で知られ、1940年にアメリカ国籍を取得した。

白人が少数派になる

その後、19世紀までにアイルランドやイタリア、東欧などから、20世紀に入ると、中国や日本などアジア系の移民が増加。そのためWASPの間で反発が高まり、1920年代には**移民制限**がかけられたが、60年代に再び移民の条件が緩和されたため、**アジア系や中南米系の移民が増加**した。

移民が増えることは、そのぶん労働力人口が増えるため、**経済の発展に寄与**する。一方で異なる文化や価値観を持つ人が増えることは、以前からその国に暮らしていた人々を不安にさせる。特に近年増加が著しいのが、中南米にルーツを持つ人たちだ。これに対して白人は、2050年には人口の過半数を割ると予測されている。そのためアメリカでは白人を中心に、特に中南米からの**不法移民に対する取り締まりの強化**を求める声が高まっている。

TRIVIA
イタリアは地域ごとに多様な文化を持っており、食文化も大きく南北で分かれていた。それがアメリカにおいては北部出身者と南部出身者が一緒に暮らすようになったため、食文化も融合。ピザやパスタに代表される現代のイタリア料理へと統一された。

黒人問題

アメリカで**黒人**はどんな**差別**を受けてきたか？

ワシントン大行進にて演説をするキング牧師

非暴力の人種差別撤廃運動を訴え、ワシントン大行進を指導し、黒人の権利獲得を実現させた。1968年に暗殺される。

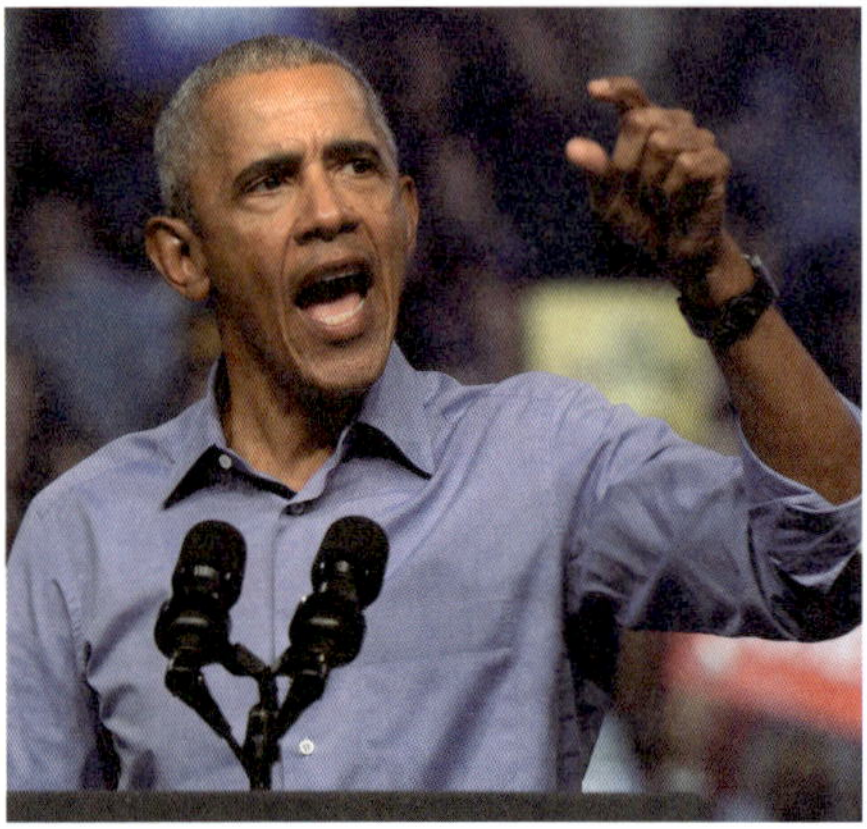

オバマ大統領

ケニア系でハワイ出身。有色人種で初の米大統領となり、2009年にノーベル平和賞を受賞した。

ジム・クロウ

人種隔離制度を認めた法律にその名を付けられたキャラクター。詳細は左ページ下のTRIVIA参照。

所有物と見なされた黒人

1776年に出されたアメリカ独立宣言では、**「すべての人間は生まれながらにして平等であり、その創造主によって生命、自由、および幸福の追求を含む不可侵の権利を与えられている」**という理念が謳われている。だが当時、「平等」や「自由」が認められていたのは**白人のみ**だった。黒人は「すべての人間」の中には含まれず、彼らを奴隷として働かせている白人の所有物であると見なされていたのだ。

その後、リンカンが奴隷解放宣言を発し、**奴隷制度は廃止**されたが、選挙権を含めた黒人の権利をどう扱うかは各州の判断に任せられたため、黒人を取り巻く環境は改善されなかった。

POINT!

公民権運動により、黒人は平等な権利を獲得したが、差別問題はまだ根深く残っている。

黒人差別撤廃までの歴史

奴隷制度廃止後も黒人と白人には明確な権利の差があり、同等の権利を得るまで100年あまりを要した。

人種隔離

奴隷貿易でアメリカ大陸へ
黒人がプランテーションの労働力となる

1863 **奴隷解放宣言**

1865〜 **憲法修正第13条〜15条**
➡奴隷制度が廃止、市民権、選挙権が承認

1896 ジム・クロウ法（人種隔離制度）が最高裁判決で容認
➡黒人の分離・差別が固定化する

1941 F・ローズヴェルト大統領特別命令
➡雇用差別が禁止

公民権運動

1947 大リーグ初の黒人選手誕生（J・ロビンソン）

1963 ワシントン大行進

1964 **公民権法** ▼P116
➡投票権の保護
➡有権者登録の保障

1966 ブラックパンサー党が結成
➡過激な黒人解放運動が増える

権利拡大

1980年代 マイケル・ジャクソン マイケル・ジョーダン
➡黒人の国民的スターの登場

1992 ロドニー・キング事件（ロサンゼルス暴動）

2009 バラク・オバマが大統領に就任
➡初のアフリカ系大統領

2012〜 **BLM運動** ▼P159
➡人種差別撤廃運動が再び活発に

J・ロビンソン（左）
初の黒人選手として野球の大リーグで活躍した。現在、彼の背番号「42」は全球団共通の永久欠番となっている。

南部から北部へ移動した黒人の推移

人種差別の根深い南部から、自由を求め北部のミシガン州へ移動した黒人の推移。

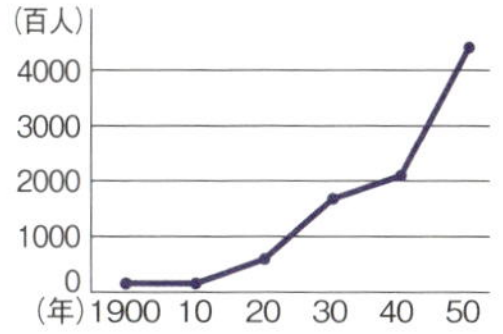

『アカデミア世界史』掲載図版をもとに作成

貧困から抜け出せない

アメリカの南部では第二次世界大戦後も、学校は白人用と黒人用に分かれ、レストラン、バス、トイレなども、黒人は白人と同じようには使えなかった。そんな中で1950年代以降、人種差別の撤廃を求めた**公民権運動**が高まりを見せ、施設の利用や雇用、教育などにおいて人種を理由に差別することを禁じた**公民権法が成立**した。

だが、これで黒人差別問題は解消されたわけではなかった。いまだに多くの**黒人が貧困から抜け出せない**でいる。コロナ禍のときには、金銭的な問題により十分な医療が受けられないことなどから、黒人の致死率は白人の2倍以上に上った。また白人警察官が捜査の際に黒人に過剰な暴力をふるい、死にいたらせるケースも何度も起きている。**「自由の国」であるアメリカは、一方で「差別の国」**でもある。

TRIVIA 19世紀半ば、白人が黒人に扮して歌や踊りに興じるショーが南部を中心に広がり、そこに登場したジム・クロウというキャラクターが一躍人気となる。その後この名前は黒人一般を指す蔑称となり、黒人分離を認めた法律全般が「ジム・クロウ法」と呼ばれるようになった。

経済力

アメリカが世界1位の経済力を維持し続ける理由とは!?

世界を牽引するアメリカ経済

アメリカは19世紀後半以降、経済力世界一の座を他国に譲っていない。2000年代以降は中国が追い上げているが、アメリカも高い経済成長を遂げている。

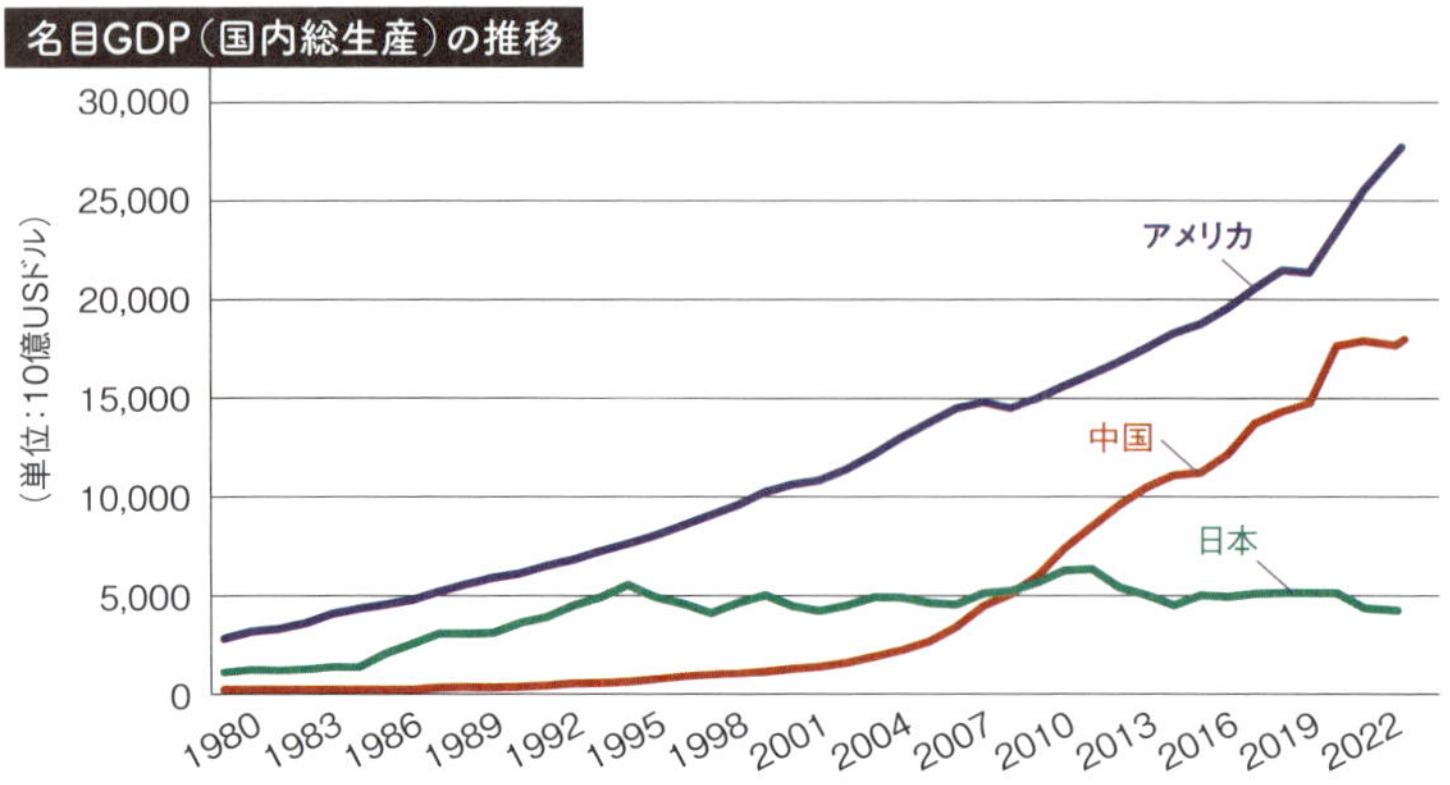

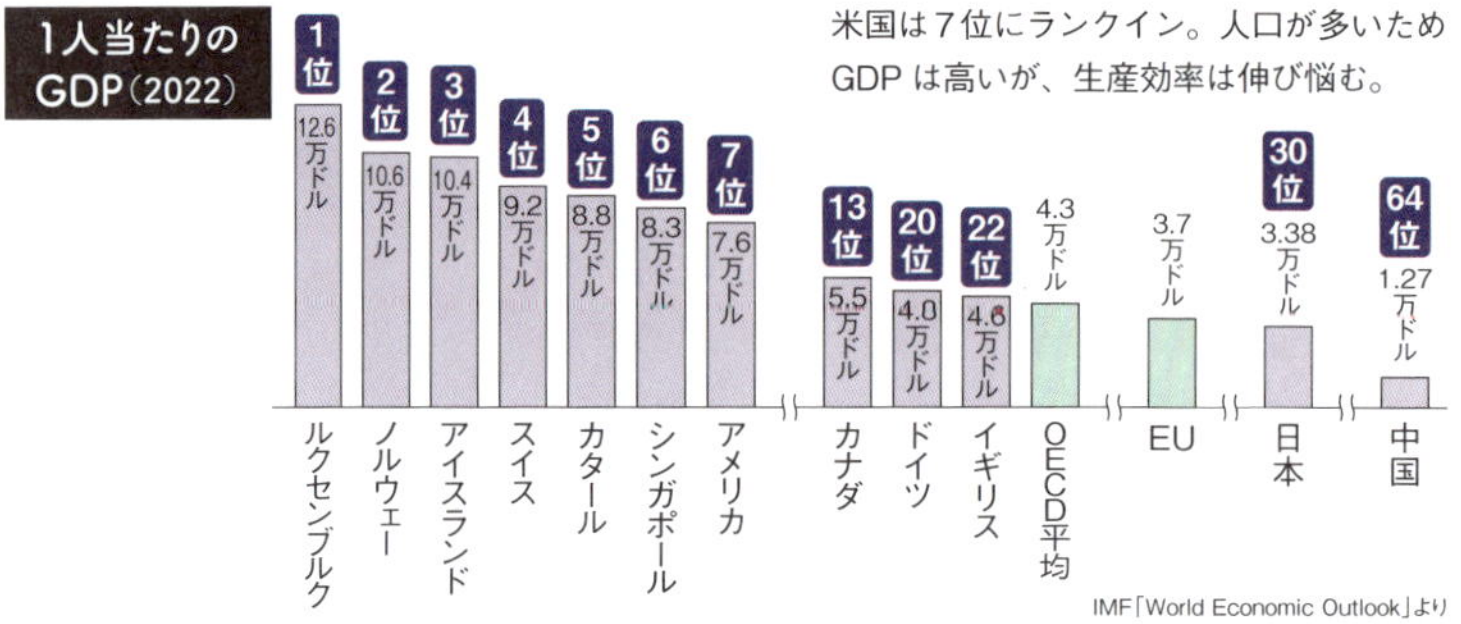

米国は7位にランクイン。人口が多いためGDPは高いが、生産効率は伸び悩む。

IMF「World Economic Outlook」より

世界一の工業国に

アメリカは**世界最大の経済大国**である。GDPは他国を大きく引き離し、1位を維持し続けている。またアップルやアマゾンなどの**巨大IT企業**は、いずれもアメリカから誕生している。その経済力の源泉は何だろうか。

アメリカが世界一の工業国に躍り出たのは、19世紀後半のこと(▼P76)。工業生産に必要な石炭などの**天然資源が国内に豊富に埋蔵**されていることが有利に働いた。また第一次・第二次大戦中、本土が戦場になることを免れたため、ヨーロッパ諸国に対して物資を供給することでさらなる経済発展を遂げ、第二次大戦後には**世界の工業生産の3分の2を占める**にいたった。

POINT!

挑戦を尊ぶ国柄がイノベーションを生み出し、経済的にも技術的にもトップを走る。

アメリカの世界ナンバーワン！

GDP　25兆4627億ドル（2022）

17.9兆ドルの中国を大きく引き離しトップを維持。しかし、購買力平価 GDP は2014年に中国に抜かれた。

株式時価総額　48％（2024）

世界の時価総額118.2兆ドルのうち、アメリカは48％（56.9兆ドル）を占める。2位は中国で7％、3位が日本で5％。

研究開発費　9232億ドル（2022）

2位の6694億ドルの中国に大きく差をつけ1位に。連邦政府資金が54.8％と大半を占めている。

観光収入　1933億ドル（2019）

観光客数ではフランスが1位だが、収入ではトップ。ディズニーワールド等の娯楽施設が人気。

ミリオネアの人数　1861万4000人（2019）

アメリカにいる資産100万ドル以上を持つ人の数は世界の4割に相当。中国の444万人に大きく差をつけた。

世界の ODA 額　514.5億ドル（2022）

2位の375.6億ドルのドイツを抜いてトップとなった。日本は200.7億ドルと3位にランクイン。

トウモロコシの輸出量　7004万トン（2021）

農業大国でもあるアメリカ。トウモロコシは生産量、輸出量ともに世界1位であり、世界全体の3割近くを占める。

人工衛星の打ち上げ数　6198機（2021）

ロシアの3620機の約2倍と大きく差をつけた。これまで世界で打ち上げられた約1.3万機のうちの半数を占める。

アメリカの富と繁栄の象徴であるニューヨーク。富裕層が世界で最も多く暮らす都市であり、世界経済の中心地であるウォール街がある。

アメリカの輸出先トップ5（2022）		
1	カナダ	3564億ドル
2	メキシコ	3243億ドル
3	中国	1540億ドル
4	日本	801億ドル
5	イギリス	762億ドル

アメリカの輸入先トップ5（2022）		
1	中国	5363億ドル
2	メキシコ	4547億ドル
3	カナダ	4365億ドル
4	日本	1480億ドル
5	ドイツ	1466億ドル

挑戦を尊ぶ気風の国

アメリカは、人々がこぞって自動車や住宅、家電製品などを購入する**大衆消費社会**もいち早く実現。世界中の人々にとって「憧れの国」となったアメリカには、才能と野心に溢れる多くの人々が引き寄せられるように移り住み、それがまたアメリカの経済成長を支えるエンジンとなった。

ただし1970年代以降は、経済力に陰りが見え出した。そんな中でアメリカは90年代、**「製造業の国」から「金融とITの国」**へと大転換を遂げる（▼P134）。そして生まれたのが、前述した巨大IT企業だった。これらの企業はいずれも最初は、社員数名程度の小さな規模から始まった。**アメリカンドリーム**という言葉に象徴されるように、アメリカが**挑戦を尊ぶ気風の国**であることも、こうした新興企業が次々と生まれる要因の一つといえる。

TRIVIA　アメリカは「ユニコーン企業」と呼ばれる、短期間で評価額10億ドル以上となった非上場企業も世界で最も多い。そのうち半数以上の会社は創業者の中に少なくとも1人以上の移民出身者がおり、まさにアメリカンドリームを象徴している。

軍事力

「世界の警察」を降りてもナンバー1を誇る軍事力

世界各地に軍事基地を持つアメリカ軍

米軍が駐留している国々と、駐留兵士数上位7国を示した。米軍基地は冷戦時代にソ連に対抗するため、社会主義圏を取り囲むように東アジア・中東・西欧などに配置された。

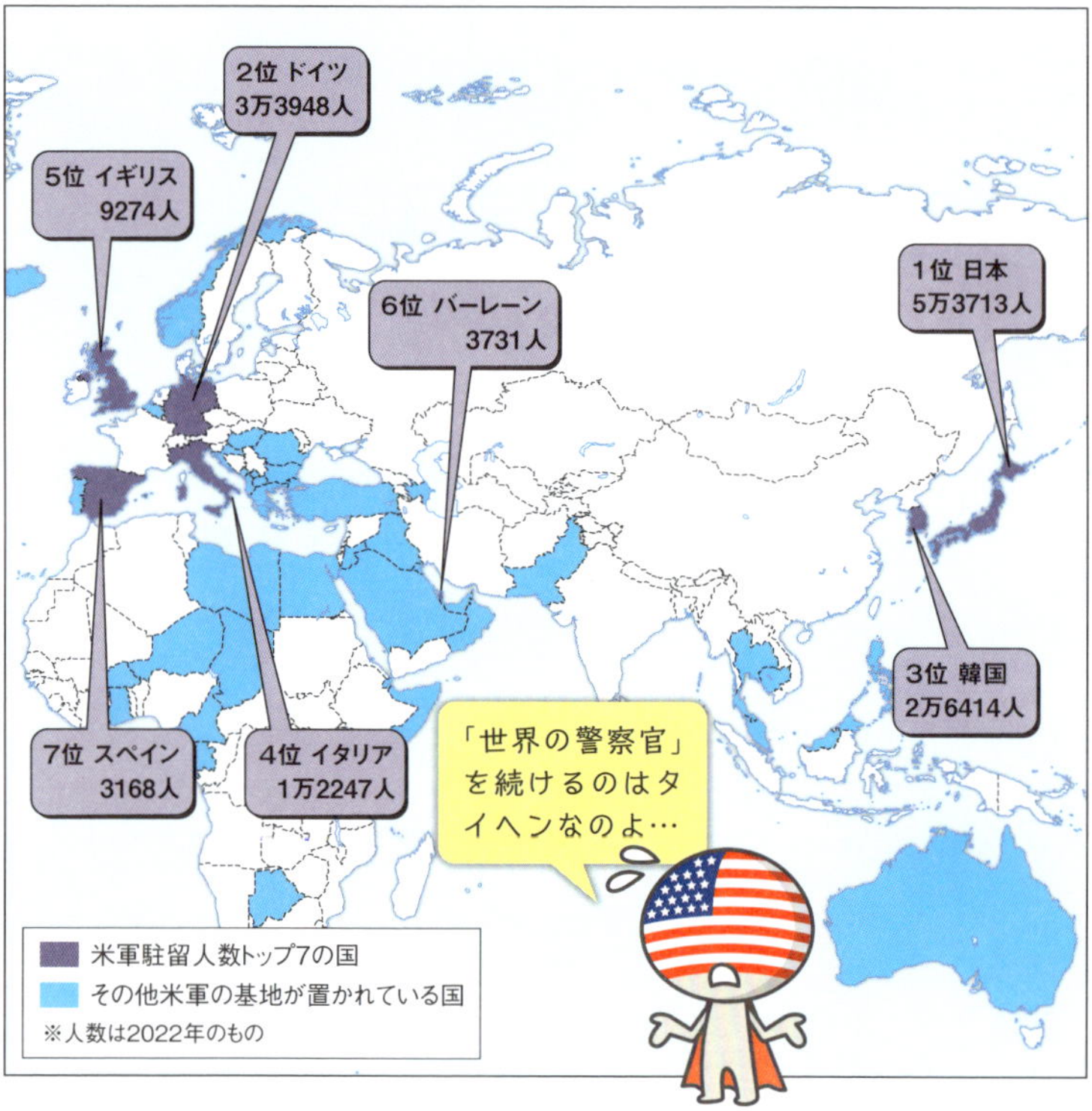

中国との差は4倍以上

2023年のアメリカの軍事費は約9000億ドル。**世界の軍事費の4割**を占めており、2位の中国とは3倍以上の開きがある。

アメリカがこれだけの**超軍事大国**になったのは、第二次世界大戦後に始まった東西冷戦の影響が大きい。日本や韓国、西ドイツなど**世界各地に軍事基地を設置**し、米軍を駐留。また朝鮮戦争やベトナム戦争など、東西対立が要因となって起きた**戦争や紛争にも積極的に介入**した。つまりアメリカは、アメリカ国内を守るだけでなく、**社会主義の脅威から世界の自由主義を守る役割**を米軍に担わせたのだった。軍事費が膨張するのは当然のことだった。

POINT!

米国は戦後、「世界の警察」を自認して、世界の紛争に介入。現在も世界一の軍事力を持つ。

第二次大戦後の主な軍事行動

米国は「世界の警察官」として様々な戦争や紛争に介入。名目上は国連軍や多国籍軍の一員として参加した際も、実情は米軍が主導しているケースが多い。

- 1950～53 **朝鮮戦争**（国連軍を主導）▼P108
- 1958 **レバノン暴動**（宗教対立に介入して鎮圧）
- 1962 **キューバ危機**（ソ連軍と一触即発の危機）▼P118
- 1965～75 **ベトナム戦争**（泥沼の戦い後、撤退）▼P122
- 1965～66 **ドミニカ内戦**（内乱を鎮圧。親米政権を樹立）
- 1975～90 **レバノン内戦**（多国籍軍として参戦。中途で撤退）
- 1980～92 **エルサルバドル内戦**（軍事顧問団を派遣）
- 1983 **グレナダ侵攻**（前政権を打倒し親米政権を樹立）
- 1989 **パナマ侵攻**（前政権を打倒し親米政権を樹立）
- 1991 **湾岸戦争**（多国籍軍を主導）▼P132
- 1988～ **ソマリア内戦**（米軍を派遣、介入）
- 1998～99 **コソボ紛争**（NATO軍として空爆に参加）
- 2001～21 **アフガニスタン戦争**（治安悪化により撤退）
- 2003～11 **イラク戦争**（有志連合軍を主導）▼P140
- 2011 **リビア危機**（NATO軍とともに軍事介入）
- 2011～ **シリア内戦**（爆撃等の限定的な軍事行動）

米軍の募兵ポスター

第一次大戦と第二次大戦で兵士募集に使用されたポスター。シルクハットに星条旗を模したこの人物はアンクル・サムと呼ばれ、米国の団結力や愛国心を象徴するキャラクターとして広告や風刺マンガなどにも登場する。

米中の軍事費推移

米国の軍事費は年々増加傾向にあり、2023年の金額は中国の３倍以上である。

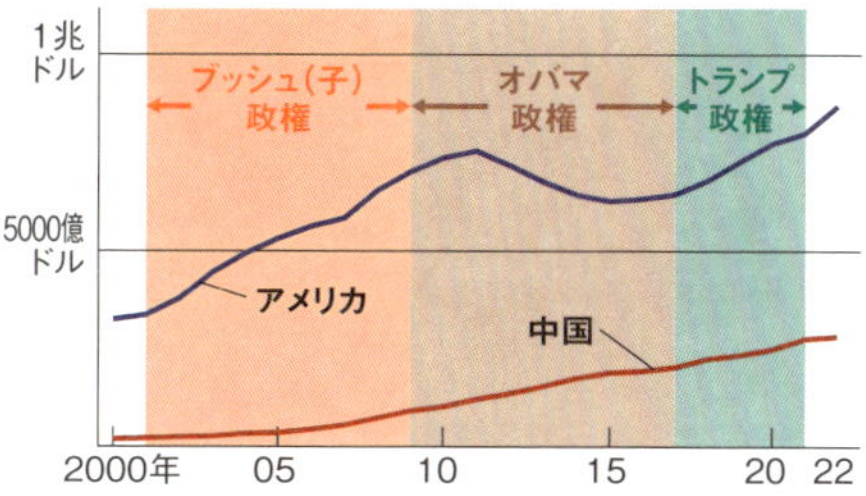

冷戦は終わったが…

東西冷戦が終わると、軍事費はいったんは抑制の方向に向かった。だが2001年に**同時多発テロ事件**が起き、アフガニスタンやイラクを舞台にした**「テロとの戦い」**が始まると、再び増大に転じた。この傾向は、**「アメリカは世界の警察官ではない」**と発言したオバマ大統領の在任中も、「アメリカ・ファースト」を掲げたトランプ大統領の在任中も変わらなかった。そして今はウクライナの支援のために、軍事費が拡大している。

アメリカは軍事関連企業が一大産業となっている。**軍事費の増減が地域の経済にも影響を及ぼす**ほどである。そのため軍事費の削減に消極的な政治家も多く、これがアメリカの軍事費が容易には減らない要因になっている。なおアメリカは**世界一の武器輸出国**でもあり、総販売額の半分を占めている。

TRIVIA

1982年に空軍内に「宇宙軍団」が設置。人工衛星によるミサイル発射の監視や情報収集など、宇宙開発の軍事利用が行われてきた。2019年にトランプ大統領により「宇宙軍」が創設され、独自の階級章を持つ組織となった。

宗教

アメリカは政教分離の国？それともキリスト教の国!?

大統領就任式で聖書が登場

アメリカ大統領の就任式の場面で、新大統領が左手を『聖書』の上に置き、右手を掲げながら誓いの言葉を述べている場面をテレビなどで観たことがある人も多いだろう。**アメリカは政教分離が徹底されているはず**なのに、なぜこうしたことが行われるのだろうか。

そもそも合衆国の歴史は、イギリス国教会からの迫害を逃れるために、**キリスト教プロテスタント（ピューリタン）**が大西洋を渡って北米大陸に入植したことを起点とする。その後もアメリカには、キリスト教の様々な宗派の人たちが入植してきた。つまりアメリカは建国時から**キリスト教徒が大半を占めていた**が、宗派は多種多様だった。

POINT!

プロテスタントが建国したアメリカはキリスト教大国であり、政治にも影響を与えている。

アメリカの政教分離の実態

信教の自由を求めたプロテスタントによって建国されたアメリカでは、法律や式典などの多くにキリスト教の影響がみられる。

プロテスタントが入植

英国王によるイギリス国教会の強硬な布教活動に対し、信教の自由を求めたプロテスタントが北米植民地に入植

↓

政教分離の制定

独立後、憲法の修正条項に「連邦議会が国教を樹立したり、宗教行為を禁じたりしてはいけない」と記載される。この「宗教」とはキリスト教の教派を意味する

↓

移民により宗教も多様化

移民が増えたことで、イスラーム教や仏教など、キリスト教以外の宗教も意識されるようになった

カトリックとプロテスタントの違い

カトリック	ローマ教皇（イエスの弟子ペトロの後継者）を頂点とするヒエラルキーがある。聖職者は「神父」
イギリス国教会	英国王が離婚を認めないカトリックと離別し新たにつくった教派。英国王が頂点に立つヒエラルキーがある。プロテスタントの一つ
プロテスタント	16世紀の宗教改革で生まれた教派。カトリックの教皇至上主義を批判し、『聖書』こそ至上で、神の下で人はみな平等と説く。聖職者は「牧師」

バイデン大統領の就任式の様子

大統領は就任式で聖書に手を触れ「神に誓って（So help me God）」と宣誓する。バイデン大統領はバイデン家に伝わる聖書を用いた。

アメリカで起こる“宗教離れ”

現代でもアメリカはキリスト教徒が圧倒的多数派だが、近年は特定の宗教を信仰しない「無宗教」も増加傾向にある。

無宗教が増加
教会や寺などの宗教施設に行かない、クリスマスなどの祭りに参加しないという無宗教が増加。宗教の教義と現代の価値観の不一致が一因だ

アメリカで広まる禅の教え
仏教の中でも坐禅を行う禅宗は、精神統一ができると人気。Apple社の創業者スティーブ・ジョブズも熱心な禅宗信者だった

アメリカの宗教人口

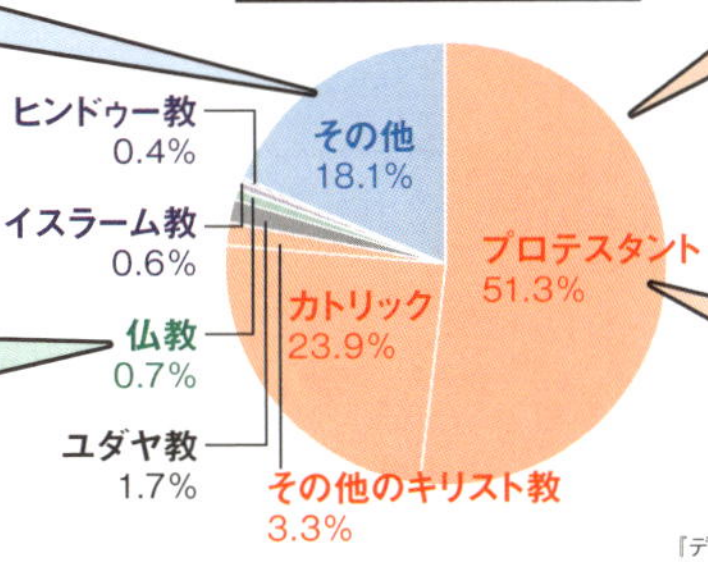

人口の 78.5% がキリスト教徒

福音派が増加
福音派とは『聖書』の記述を厳格に守るキリスト教保守勢力のことで、多くはプロテスタント。同性愛や人工妊娠中絶（胎児への殺人とする）などに反対している

『データブック オブ・ザ・ワールド 2024年版』より

American History

深掘りアメリカ

大統領選にも影響を与える保守勢力の「福音派」

1970年代以降、同性愛やフェミニズムが提言されると、福音派はこれに反対する形で台頭した。福音派はメガチャーチ（大規模な教会）で礼拝を行い、その様子をテレビ中継するなどして教義を拡散し、信者を獲得していった。これに目をつけたレーガンは、「中絶反対」を訴えて福音派を取り込み、大統領選に勝利。以降、大統領選ではこの福音派を取り込めるかどうかが勝利の鍵となっている。

米国最大規模の教会レイクウッド教会で開催された、福音派の礼拝。

過半数が毎日神に祈る？

そこで定められたのが、**アメリカはキリスト教の国ではあるが、特定の宗派を優遇はしない**ことだった。アメリカの政教分離とは、**国が特定の宗教を国教にしないことと、特定の宗教の活動を禁止しないこと**を意味しており、特定の宗教が政治に関わることは禁止されていない。だから大統領が公の場で自らの宗教的信念を表現することは、政教分離の原則に反しないのだ。

アメリカも近年は若い世代ほど、**キリスト教離れや教会離れが進んでいる**。一方で、ある社会調査によれば、毎日祈る人の割合は過半数を超えており、先進国の中では一番多い。また**福音派（エヴァンジェリカル）の声も強い**。彼らは同性婚や人工妊娠中絶を否定しており、その主張は最高裁判決にまで影響を及ぼしている。アメリカはやはり〝キリスト教の国〟といえよう。

TRIVIA キリスト教国家のアメリカでは、様々なキリスト教系新宗教が生まれた。モルモン教は『聖書』に加え「モルモンの書」を正典とし、エホバの証人は独自解釈が含まれた『新世界訳聖書』を正典とするのが特徴だ。

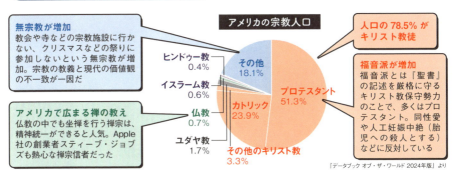

カルチャー❶

なぜ、アメリカはカルチャーでも世界を制することができたのか？

世界を席巻するアメリカンカルチャー

ハリウッド

HOLLYWOOD

『バック・トゥ・ザ・フューチャー』

1985年公開のパート１は同年の全世界興行収入第１位を記録した。パート３まで公開され、SF 映画の金字塔と評価される。

ミニオンズ

世界的にヒットしたアニメ映画『怪盗グルー』シリーズに登場するキャラクター。ユニバーサル・スタジオのマスコットとしても人気を博す。

ファスト
フード

FAST FOOD

中国・深圳のマクドナルドの看板

マクドナルドは世界で約100カ国、４万店舗以上を展開。日本では1971年、東京・銀座に初出店した。

アラブ首長国連邦のコカ・コーラのロゴ

コカ・コーラの全世界での売り上げは450億ドル（約6兆8000億円）以上となる。

大衆文化社会を実現

アメリカは政治や経済、軍事だけでなく、**文化面においても他国を圧倒する存在感**を発揮している。世界中のどこを旅行してもマクドナルドを見つけることができ、映画館ではハリウッド映画が上映されている。

このようにアメリカの文化が世界中に浸透するようになった要因としては、アメリカが**1920年代にいち早く大衆文化社会を実現**したことが大きい（▼P92）。ヨーロッパの文化や芸術が上流階級を対象にしたものだったのに対して、アメリカの文化は映画にせよジャズにせよ、**あらゆる階級を対象**にしており、そのぶん海外でも多くの人から受け入れられる素地があった。

POINT!

アメリカのカルチャーやエンタメ、食文化は積極的に他国に輸出され、影響を与えている。

エンタテインメント ENTERTAINMENT

ミュージカル
ブロードウェイで上演されるミュージカルは、国際ツアーや現地語に翻訳したライセンス公演によって世界中で親しまれている。

テーマパーク
最初のディズニーランドは1955年、ユニバーサル・スタジオは1964年にオープン。その後、日本を含め全世界に広がった。

スポーツ SPORT

エア・ジョーダン
ナイキとマイケル・ジョーダンのコラボで生まれたバスケットシューズ。ヒップホップカルチャーと結びつき、世界中でブームとなった。

マイケル・ジョーダン（1963～）
「バスケの神様」。1990年代に6度チャンピオンに輝き、NBA を世界的人気を誇るプロリーグに押し上げた。

ポップ・ミュージック POP MUSIC

マイケル・ジャクソン〔1958～2009〕
「キング・オブ・ポップ」として崇められるスター。『スリラー』(1982) は世界で最も売れたアルバムである。

テイラー・スウィフト〔1989～〕
グラミー賞獲得など、近年で最も成功しているシンガーソングライターのひとり。若者に対して強い影響力を持ち、米大統領選挙を左右する存在とも目されている。

テクノロジー TECHNOLOGY

ウィンドウズ95（マイクロソフト）の発売
パソコンとインターネットが一般に普及するきっかけとなったOS。ウィンドウズはOSとして今も圧倒的なシェアを誇る。

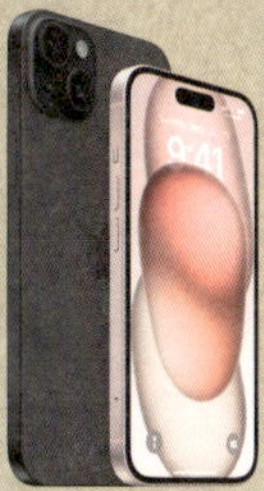

iPhone（アップル）
iPhone の登場により、スマホは日常のマストアイテムとなった。マイクロソフトとともにアップルは常に、企業の時価総額ランキングで世界上位を維持。

メディアが伝道師役に

文化や生活がアメリカ化することを**アメリカニゼーション**というが、これが進んだ国の一つが**戦後の日本**だった。日本のテレビの黎明期には、アメリカのドラマが数多く放映され、人々はブラウン管を通して、アメリカ人の豊かな生活に憧れた。つまりテレビなどのメディアが、**アメリカの文化や生活、「自由」といった価値観を人々に広める伝道師役**となったのである。

また、アメリカは移民によって形成された多民族国家である。そんな中でエンタテインメントビジネスを成功させるためには、**価値観や文化的背景の違いを超えて誰もが楽しめるコンテンツ**を生み出すことが必須となる。そうしたコンテンツは必然的に、多様な人が暮らす**世界市場でも通用する**ものとなる。アメリカが世界に及ぼす文化的影響力は、当分揺らぎそうにない。

TRIVIA 1984 年開催のロサンゼルス夏季五輪はテレビ放映権料やスポンサー協賛金が高騰し、現在につながる“商業五輪”の始まりとされる。なお、近代五輪での国別メダル獲得数は飛び抜けてアメリカが1位である（冬季五輪はノルウェーが1位でアメリカが2位）。

カルチャー②

アメリカ映画の繁栄と世界を魅了するハリウッド

1920年代～

トーキー映画の始まり

音声がついた『ジャズ・シンガー』を皮切りにトーキー映画が人気に。カメラの防音対策などの苦労を乗り越えて、ミュージカル映画などの新しいジャンルを誕生させ、人々を魅了した。

1930年代～

黄金時代の到来

戦場となった欧州から映画人が移民としてアメリカに移り住み、ハリウッドで映画制作に携わった。映画の質の向上とともに映画館も豪華な仕様になり、ハリウッドは最初の絶頂期を迎える。

1950年代～

赤狩り、低迷期

1950年代初めには共産主義者やその同調者を弾圧する「赤狩り」が激化。人気俳優であったチャップリンも赤狩りにより追放された1人。また、テレビの普及により、映画の観客動員が激減。迫力のあるワイドスクリーンなどの超大作を制作するも、動員数は戻らず、映画の人気は低下していく。

『風と共に去りぬ』
1939年に制作された。アカデミー作品賞受賞。インフレを調整した歴代興行収入ランキングでは1位を獲得。

チャップリン『独裁者』
1940年に公開されたチャップリンによるトーキー映画。ユダヤ人迫害や軍事的侵略を進めていたヒトラーとファシズムを痛烈かつコミカルに批評している。

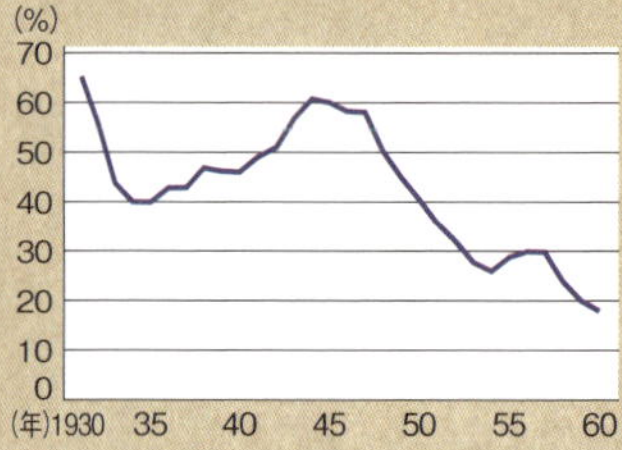

映画館に毎週通う人の割合
1950年代にはテレビの普及によって来館者数が激減し、映画が低迷する一因となる。

第一次大戦が契機に

19世紀末に誕生した映画は瞬く間に人々を魅了し、アメリカでも多くの映画作品がつくられるようになった。ただし当初、映画制作の本場は、アメリカではなくフランスやイタリアだった。

転機となったのは、第一次世界大戦だった。戦禍のために**ヨーロッパ諸国では制作が困難**になり、アメリカに供給を頼むようになったのだ。第一次大戦後には、世界の映画上映の**8割をアメリカ映画が占める**ほどになった。

またこの頃、多くの制作会社が映画づくりの拠点を東海岸から広大な土地がある**西海岸のハリウッド**に移した。以降、アメリカ映画の多くがハリウッドで制作されることになった。

POINT!
映画スターの登場や圧倒的な資金力などによりアメリカは映画大国となった。

深掘りアメリカ

映画界も多様性の時代へ

長らくハリウッド映画は、白人を主人公とした作品がつくられ続け、アカデミー賞の受賞者も白人が中心だった。そんな中で2015年、2016年と2年続けてアカデミー賞のノミネート俳優がすべて白人だったことから、大規模な抗議活動が発生。選考基準が見直されるきっかけとなり、2024年からはマイノリティが一定数以上出演している作品であることをノミネートの条件とすることが決まった。映画界にも多様性の波が押し寄せている。

アカデミー賞でアジア系初となる主演女優賞に輝いたミシェル・ヨー（右）と、アジア系で38年ぶりとなる助演男優賞を受賞したキー・ホイ・クァン（左）。

１９６０年代〜

アメリカン・ニューシネマの登場

１９６０年代後半には「アメリカン・ニューシネマ」と呼ばれる従来型ではない、アンチ・ハッピーエンド映画が流行した。その後、『ゴッドファーザー』のコッポラ、『スター・ウォーズ』のルーカスなど、若い映画作家が活躍し、映画の人気が戻り始めた。

１９９０年代〜

映画産業の隆盛

１９９０年代以降のアメリカ映画は、デジタル革命によりＣＧやＶＦＸの発展、ネットとの共存など様々な面で変革期を迎える。『アバター』など視覚効果を追求した作品が生まれる一方で、ジェンダーや人種問題、多様性を尊重する表現の在り方が議論されている。

世界の映画興行収入トップ10

2024年現在

『アバター』をトップにハリウッド映画が上位を独占。『アベンジャーズ』などのシリーズものも根強い人気を誇る。

順位	作品名	公開年	興行収入額
1	アバター	2009	29.2億ドル
2	アベンジャーズ / エンドゲーム	2019	27.9億ドル
3	アバター：ウェイ・オブ・ウォーター	2022	23.2億ドル
4	タイタニック	1997	22.6億ドル
5	スター・ウォーズ / フォースの覚醒	2015	20.7億ドル
6	アベンジャーズ / インフィニティ・ウォー	2018	20.5億ドル
7	スパイダーマン：ノー・ウェイ・ホーム	2021	19.2億ドル
8	ジュラシック・ワールド	2015	16.7億ドル
9	ライオン・キング	2019	16.6億ドル
10	アベンジャーズ	2012	15.2億ドル

時代を映す鏡

ハリウッドでは、映画スターが次々と誕生し、人々がスター見たさに映画館に足を運んだ。また１９３０年代にヨーロッパでファシズムの嵐が吹き荒れると、**多くの映画人がハリウッドに逃れて**作品づくりに加わったため、アメリカ映画はますます厚みを増した。

アメリカ映画は時代を映す鏡でもある。１９６０年代、公民権運動やベトナム戦争などによって、アメリカ社会が揺れ動いていた時期には、**「アメリカン・ニューシネマ」**といって、それまでのハリウッド映画にはなかったアンチ・ハッピーエンドを特徴とする一連の映画が制作された。またＶＦＸやＣＧなど、**最先端の映像技術を貪欲に取り入れた**作品が多いのも、アメリカ映画の特徴である。

今もアメリカ映画は、世界の**映画のトップランナー**であり続けている。

TRIVIA

ウォルト・ディズニーは、世界初のトーキーアニメーションでありミッキーマウスが登場する『蒸気船ウィリー』を1928年に公開。以降、アニメ映画を牽引する存在となり、1955年にはディズニーランドを開園した。本作が公開された11月18日はミッキーの誕生日となる。

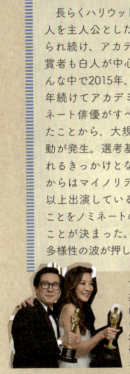

カルチャー③

なぜ、ロックンロールはアメリカで誕生したのか？

悲しい歴史がルーツに

現在、世界中で聴かれているロックやポップスは、アメリカにおける**黒人迫害の歴史にルーツ**がある。

奴隷としてアメリカへ強制移住させられた黒人たちは、過酷な日々を和らげるため**労働歌や即興歌**を歌った。そうした楽曲がギターの導入により洗練され、ミシシッピ川流域で広まっていく。これが**「ブルース」**の誕生である。

ブルースが黒人移住とともに北部のシカゴなどへ広まった1920年代、教会では**「ゴスペル」**が歌われ始めた。**西アフリカをルーツとする祭礼舞踊**と賛美歌が結び付いたゴスペルは希望を祈る音楽となり、ブルースが黒人の嘆きを表現したのとは対照的だった。

POINT!

黒人迫害の歴史からブルースやゴスペルが生まれ、やがてロックンロールへと昇華した。

1920年代～
ジャズ
Jazz

奴隷貿易の中心地であったニューオーリンズの黒人コミュニティから発生したジャンル。リズムや即興性を重視したアフリカ系の黒人音楽にヨーロッパ伝来の音楽が融合して誕生。

ルイ・アームストロング〔1901～1971〕

ニューオーリンズ出身。卓越したトランペットの演奏技術と独特のハスキーボイスで一世を風靡した。ソロ演奏の重要性を高めたと評される。

19世紀末～
ブルース
Blues

ワーク・ソング（労働歌）や黒人の伝承音楽から発展。ブルー（青）は悲しみや憂鬱さを表す。

ロバート・ジョンソン〔1911～1938〕

ミシシッピ州グリーンウッド出身。クロスロード（十字路）で悪魔に魂を売り渡し、それと引き換えに演奏法を身につけたという伝説が知られる。早世したことから残した音源は少ない。

1920年代～
ゴスペル
Gospel

シカゴのバプティスト教会で完成した音楽で、リズミカルな歌唱や牧師とのコール＆レスポンスを特徴とする。

マヘリア・ジャクソン〔1911～1972〕

ルイジアナ州ニューオーリンズ出身。感情豊かに歌い上げる歌唱法により「ゴスペルの女王」と評される。公民権運動の熱心な支援者でもあった。

レイ・チャールズ
〔1930〜2004〕
ジョージア出身の盲目の天才ピアニスト。

1960年代〜
ソウル
Soul

ソウルという言葉には黒人のプライド、魂という意味が込められており、公民権運動とともに社会に広く浸透した。音楽的にはゴスペル寄りのR&Bを指す。

1920年代〜
カントリー
Country

イギリスの伝承歌がその原型。白人労働者階級の音楽として広まり、現在も南部や中西部の白人層に支持されている。

ジミー・ロジャーズ
〔1897〜1933〕
ミシシッピ州出身。「カントリー音楽の父」。

1970年代〜
ヒップホップ
Hip Hop

ニューヨークのブロンクス地区のストリートから発生した文化。音楽だけでなくDJ、グラフィティ、ブレイクダンスなどで構成される。

DJクール・ハーク
〔1955〜〕
ジャマイカ出身のDJ。2台のターンテーブルを用いたDJのスタイルを生み出したとされる。

名称はR&Bを白人向けに「ロックンロール」とラジオ番組で紹介したことから始まる。海を渡り、1960年代に「ロック」という名称でビートルズらに受け継がれていく。

1950年代〜
ロックンロール
Rock'n'Roll

エルヴィス・プレスリー
〔1935〜1977〕
テネシー州メンフィス出身。白人が黒人になりきって歌い踊ることは、保守的な1950年代には革命的なことであった。

1920年代〜
フォーク
Fork

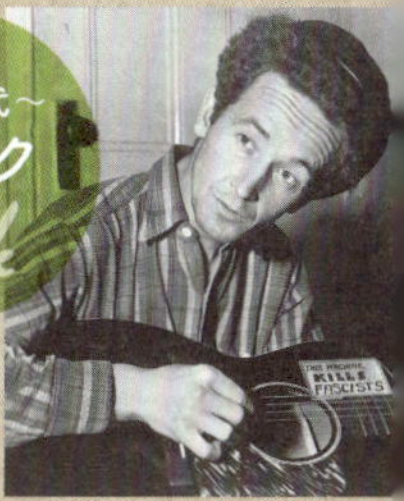

民謡や伝統音楽に根ざしている。1929年の大恐慌以降、労働者や貧困層の声を代弁する楽曲がつくられていく。

ウディ・ガスリー
〔1912〜1967〕
オクラホマ出身。政治的メッセージを込めたプロテストソングとしてのフォークは、ボブ・ディランらに継がれていく。

エルヴィス・プレスリーの登場

ロックとはジャンルが異なるが、**「ジャズ」**も黒人音楽をルーツとする。特徴である即興演奏はアフリカ音楽のリズムや演奏法が基盤にある。

ブルースやゴスペル、ジャズが混在しながら発展し、ダンス要素も取り入れられた黒人音楽（「R&B《リズム・アンド・ブルース》」とも）は、ラジオを通して若い白人層も魅了した。こうした中で登場したのが**エルヴィス・プレスリー**だ。白人には新鮮だった黒人音楽に、白人音楽だった**「カントリー」**や**「フォーク」**を融合。そんなプレスリーの音楽は、テレビ黎明期にあって全米中を熱狂させた（▼P113）。彼のスタイルは**「ロックンロール」**として後世に継がれていく。

その後登場した**「ソウル」**や**「ヒップホップ」**も**黒人の異議・抵抗**という側面が強い。ロック、ポップスの発展は黒人の歴史と切り離せないのである。

TRIVIA
1950年代にはチャック・ベリーやリトル・リチャードら多くのスターが登場。しかしプレスリーの陸軍徴兵などに加え、ロックンロールに対する大人たちの批判により、音楽シーンは一時下火になる。シーンが再燃するのはビートルズが台頭する60年代半ばだった。

第2章

独立戦争とアメリカ建国

～18世紀末

年代	出来事
約1万6千年前	人類が北米大陸に到達する
約8千年前	北米大陸でアーケイック文化が始まる
約7千年前	トウモロコシなどの農耕文化が生まれる
1492	コロンブスがアメリカ大陸に到達 ⬇P52
1499	アメリゴ・ヴェスプッチが航海を始める ⬇P52
1604	仏がカナダへの植民を開始
1607	英がヴァージニア植民地を建設
1614	蘭がニューネーデルラントを建設
1619	ヴァージニアに植民地議会が成立
	ヴァージニアに初めて黒人奴隷が輸入される
1620	ピルグリム・ファーザーズがプリマスに上陸 ⬇P52
1636	ハーバード大学が設立される
1652	英蘭戦争が起こる
1664	ニューアムステルダムがイギリス領となり、ニューヨークに改称 ⬇P56
1681	ウィリアム・ペンがペンシルベニアを建設
1732	ジョージア植民地建設（13植民地が成立） ⬇P52

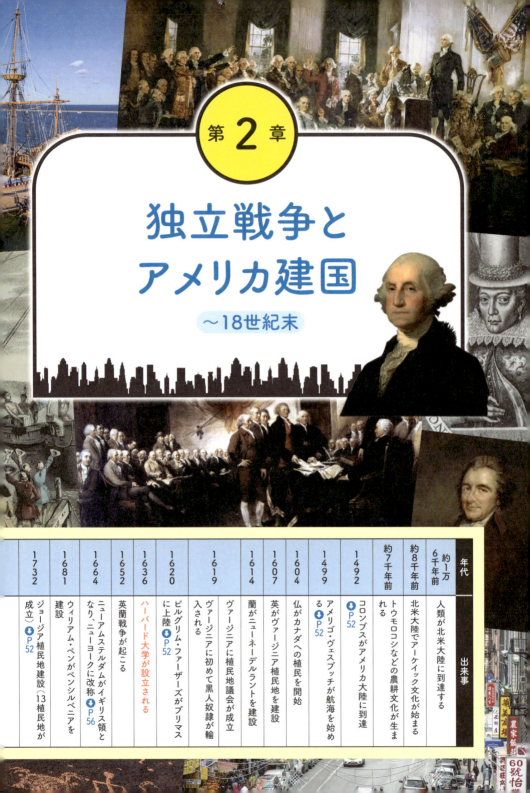

人類は1万6000年前に北米大陸に到達。北米大陸では**ネイティブ・アメリカン**と呼ばれる先住民が多様な文化を形成した。

15世紀に大航海時代が始まると、ヨーロッパ人が北米大陸に上陸し、**北米植民地**をめぐる戦争が勃発。この戦いを制したイギリスが、軍費回収のため植民地のうち自治を認めていた**13州**に厳しい課税を行うと、北米植民地の人々は独立を決意。1776年に**独立を宣言**して、1783年**アメリカ合衆国**の独立が承認された。1788年には合衆国憲法が成立し、初代大統領に**ワシントン**が就任した。

抵抗権や基本的人権、人間の平等をうたった独立宣言や合衆国憲法は、その後のフランス革命やラテンアメリカでの独立運動の契機となっており、**アメリカ独立革命**は世界史に大きな影響をもたらした。

1752頃	フランクリンが避雷針を発明
1754	フレンチ・インディアン戦争が起こる P54
1763	パリ条約が成立する P54
1764	砂糖法が発布される P54
1765	印紙法が発布される P54
1773	茶法が発布される P54 ボストン茶会事件が起こる P54
1774	第1回大陸会議が開催される P58
1775	レキシントン・コンコードの戦いが起こる（アメリカ独立戦争開戦） P58
1776	トマス・ペインが『コモン・センス』を発刊 P58 ジェファソンらが「独立宣言」を起草する
1781	ヨークタウンの戦いで英軍が降伏 P58
1783	パリ条約でアメリカの独立が承認される P60
1787	アメリカ合衆国憲法が制定される P60
1789	ワシントンが初代大統領に就任する P60

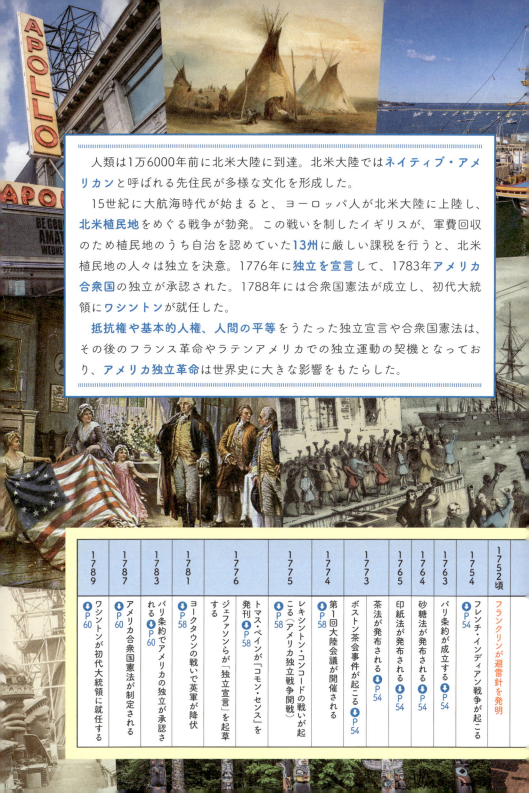

2万年前〜15世紀

アメリカの先住民はどんな文化を育んでいたのか?

先住民はどこから来たのか

ヨーロッパ人が到達する以前、アメリカ大陸の**先住民**はどのような文明を築いていたのだろうか。

2万年前の氷河期は海面が低く、ユーラシア大陸と北米大陸は**ベーリング陸橋**でつながっていた。人類はここを通り、アジアからアメリカ大陸に移住したと考えられている。そのほか、各地から海を渡ってきたという学説もある。

最初期の先住民を**パレオ・インディアン**といい、尖頭器と呼ばれる石器を使ってマンモスなどの大型動物を狩っていた。約8000年前には氷河期が終わり、大型動物は絶滅。この頃から**アーケイック文化**が始まった。

気候によって異なる文化が発達

アーケイック文化では、小型動物の狩猟の他に漁労や植物の採集などが始まった。約7000年前にはメソアメリカで**トウモロコシやカボチャ**の栽培が始まり、**農耕文化**も生まれる。

広大な北米大陸は自然条件が大きく違うため、地域によって異なる文化が発達した。そのため、先住民研究では**10の文化圏**に分類することが多い。その中には、**北極圏**でサケ類の漁労やアザラシなどの狩猟を行いながら暮らす、**イヌイット**(エスキモー)も含まれている。

コロンブスが到達した15世紀末、北米大陸には200万〜700万人の先住民がいたと推定されている。

グレートジャーニー〜人類の進出ルート

2万年前の地球は氷河期であり、ユーラシア大陸とアメリカ大陸は地続きだった。人類はこのベーリング陸橋を渡って来たと考えられている。

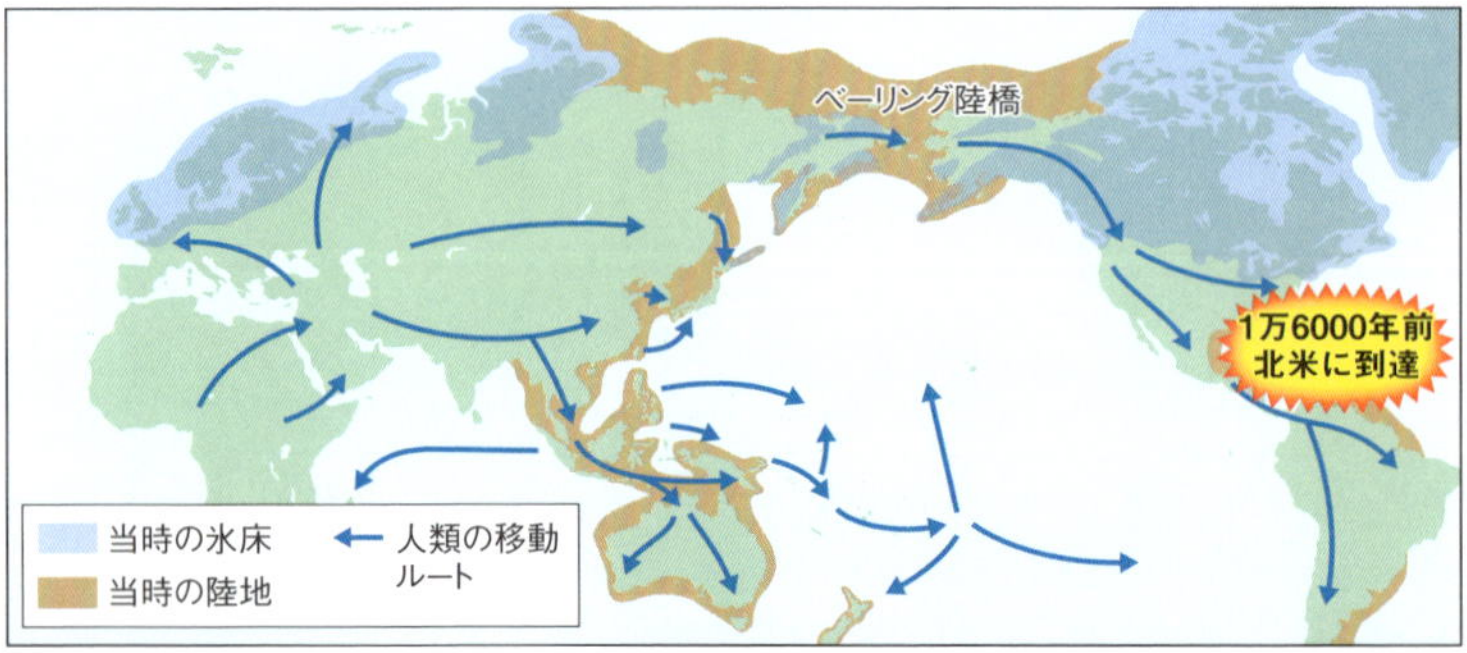

POINT!

人類はベーリング陸橋を渡り、アメリカ大陸に到達。先住民が独自の文化を形成した。

大きく10に分けられていた先住民の文化圏

ネイティブ・アメリカンと一括りにしがちだが、広大な北米大陸には様々な先住民が住んでいた。先住民の文化圏は、地理・気候や言語などから、大きく10に分けられる。

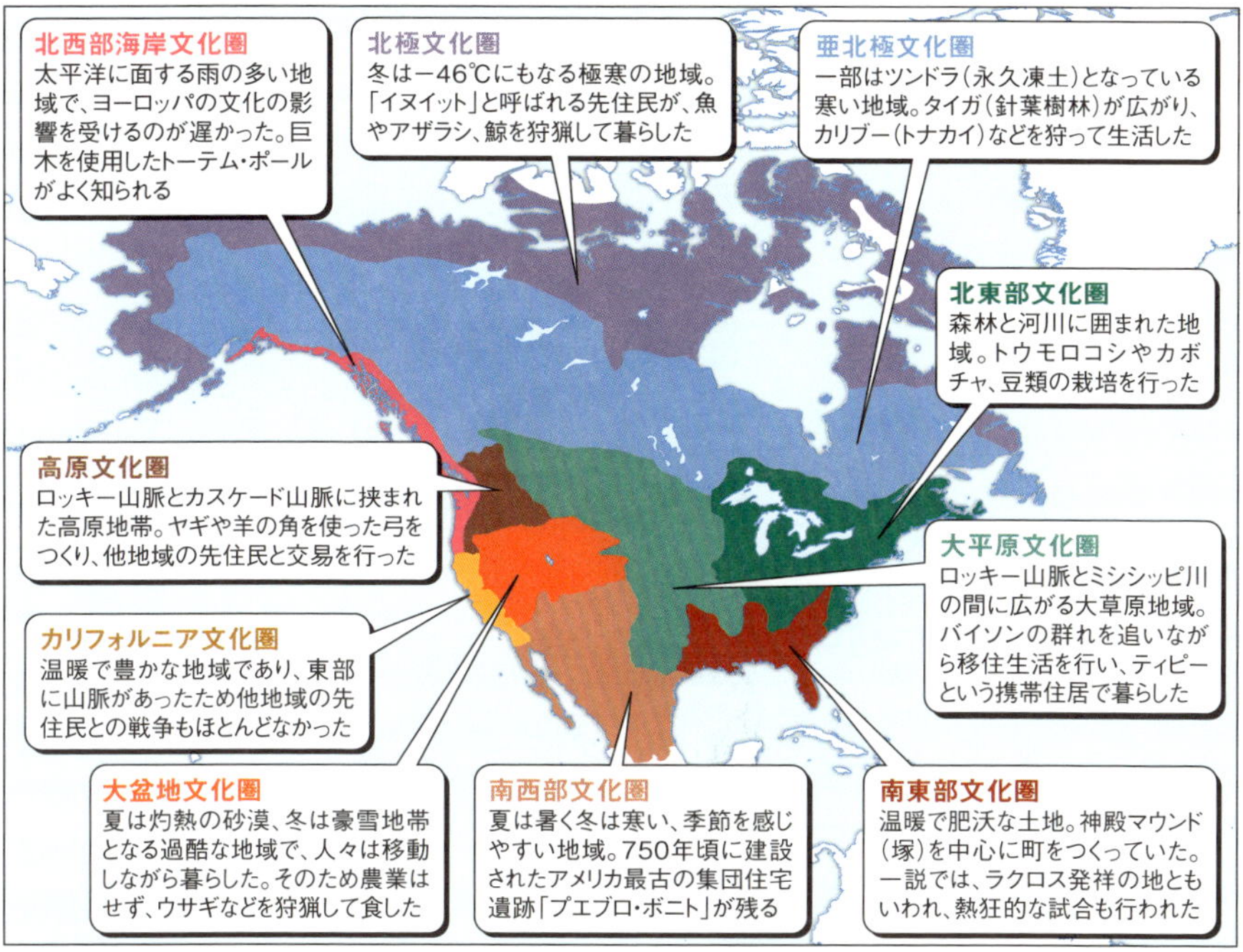
北西部海岸文化圏
太平洋に面する雨の多い地域で、ヨーロッパの文化の影響を受けるのが遅かった。巨木を使用したトーテム・ポールがよく知られる
北極文化圏
冬は－46℃にもなる極寒の地域。「イヌイット」と呼ばれる先住民が、魚やアザラシ、鯨を狩猟して暮らした
亜北極文化圏
一部はツンドラ（永久凍土）となっている寒い地域。タイガ（針葉樹林）が広がり、カリブー（トナカイ）などを狩って生活した
北東部文化圏
森林と河川に囲まれた地域。トウモロコシやカボチャ、豆類の栽培を行った
高原文化圏
ロッキー山脈とカスケード山脈に挟まれた高原地帯。ヤギや羊の角を使った弓をつくり、他地域の先住民と交易を行った
大平原文化圏
ロッキー山脈とミシシッピ川の間に広がる大草原地域。バイソンの群れを追いながら移住生活を行い、ティピーという携帯住居で暮らした
カリフォルニア文化圏
温暖で豊かな地域であり、東部に山脈があったため他地域の先住民との戦争もほとんどなかった
大盆地文化圏
夏は灼熱の砂漠、冬は豪雪地帯となる過酷な地域で、人々は移動しながら暮らした。そのため農業はせず、ウサギなどを狩猟して食した
南西部文化圏
夏は暑く冬は寒い、季節を感じやすい地域。750年頃に建設されたアメリカ最古の集団住宅遺跡「プエブロ・ボニト」が残る
南東部文化圏
温暖で肥沃な土地。神殿マウンド（塚）を中心に町をつくっていた。一説では、ラクロス発祥の地ともいわれ、熱狂的な試合も行われた

American History

深掘りアメリカ レッドスキンズやインディアンスはなぜ改称した？

1960～1970年代、「レッド・パワー」と呼ばれる先住民復権運動が起こり、先住民差別を助長するスポーツチーム名の撤廃を求める声が上がるが、当初は無視された。しかし2020年のBLM運動（▶P159）を機に先住民差別にも注目が集まり、1932年創設の米NFLの「ワシントン・レッドスキンズ（レッドスキンは先住民の蔑称）」は「コマンダース」に、1901年創設の大リーグの「クリーブランド・インディアンス」は「ガーディアンズ」に改称している。また両チームとも先住民をモチーフにしたロゴも変更した。

変更前	変更後
レッドスキンズ	コマンダース
インディアンス	ガーディアンズ

先住民をモチーフにしていたため変更されたチーム名とロゴ。

その時日本は？
［3万8000年前］日本列島に人類が到達し、旧石器時代が始まる。

精霊信仰に女系一族…多様な文化圏を持つアメリカ先住民

北米先住民の多様な文化

定住する人々、移住を繰り返す人々など、先住民たちは地域や部族ごとに暮らしぶりが異なり、独自の文化を形成している。

大平原文化圏

ティピー

スー族はバイソンの群れを追うために、携帯できる簡易の住居、ティピーを使用していた。

シャイアン族の酋長

大平原文化圏に属するシャイアン族はバイソンを追って狩猟生活を送っていた。写真は19世紀に撮影された酋長（リーダー）の姿で、ワシの羽根がついた頭飾りをかぶっている。

北東部文化圏

モホーク族の成人男性

モホーク族の成人男性は、弓を射るとき邪魔にならないよう、頭の両サイドの髪を剃った「モホーク刈り」というヘアスタイルにした。

自然と共生した先住民

アメリカ先住民が育んできた文化は地域によって様々だが、共通点も多い。先住民は**文字を持たず**、口承で多くの神話や民話を伝えた。天地創生の過程では、コヨーテなどの動物が重要な役割を果たす。

自然のあらゆるものに**精霊**が宿り、人間も自然と一体であるというのが、基本的な先住民の信仰である。先住民には、自然の一部である土地を所有するという概念もなかった。

北部太平洋沿岸では、社会的地位を高めるために饗宴を開く**ポトラッチ**という習俗も見られる。饗応を受けた者は必ず返礼せねばならないという、一種の経済的循環のシステムだった。

北西部海岸文化圏

トーテム・ポール

奥深い森林が広がる北西部海岸文化圏では、大木を利用した芸術品トーテム・ポールがつくられた。写真はバンクーバーのスタンレーパークに再現されたトーテム・ポール。

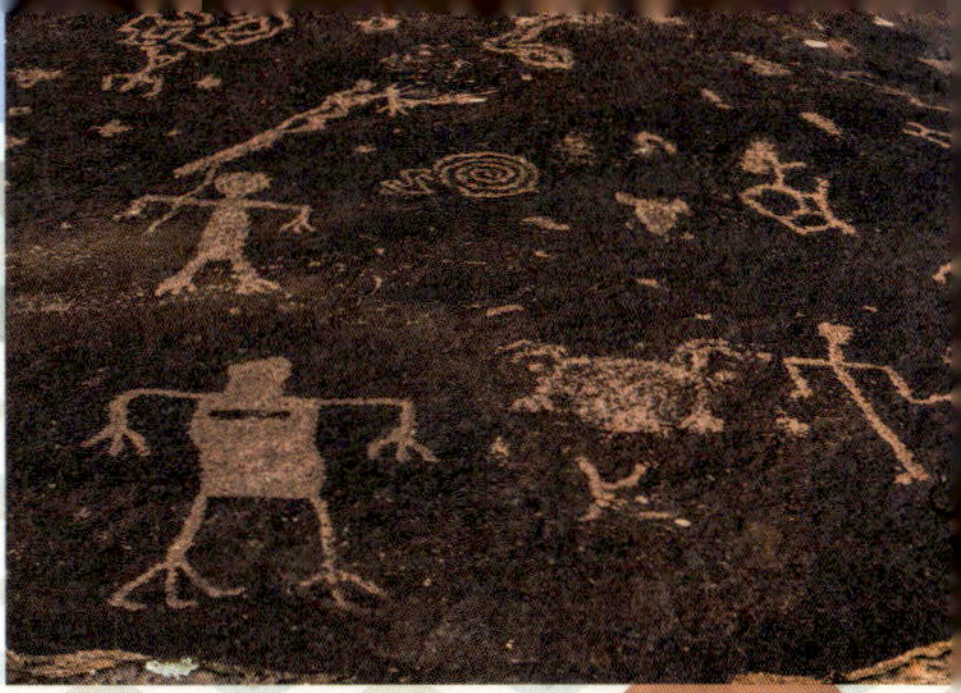

南西部文化圏

アナサジ族の岩絵

ニューメキシコ州で発見された先住民アナサジ族の岩絵。これを描いたアナサジ族は1100年頃に集落を築いていた部族で、先住民の中でも特に古い歴史を持つ。

北極文化圏

イヌイットの防寒具

極寒の北極文化圏に暮らすイヌイットは、カリブーなどの動物の毛皮でできた防寒具を身にまとった。

国立民族学博物館蔵

女性の地位が高かった

北東部や南東部などの地域では、母親の血縁を中心に家族が形成される**母系制**をとった。男性が結婚すると女性の家に入り、家の財産は女性が管理する。女性は農耕や子育てを、男性は狩猟や交易、戦いを担当する。一方で、異性の服装や役割をする**「ベルダーシュ」**という中間的な存在もいた。

先住民は、平原部では**バイソン**などの狩猟、南西部では**トウモロコシ**の栽培のように、地域の気候に合わせた食料生産を行っていた。異なる部族間の交易・交流も活発であり、各地の伝承に共通点が生じる要因となった。

先住民は白人が入植してきた当初は友好的だったが、やがて対立が激化する。1830年には**強制移住法**が制定され、先住民は西部の保留地への移住を強いられた。先住民の生活様式や文化は致命的な打撃を受けたのである。

TRIVIA アメリカバイソンのことを「バッファロー」と呼ぶことがあるが、バッファローとはアジアなどに生息するスイギュウの仲間を指し、異なる種族の動物である。

コロンブスによる「発見」は新大陸に何をもたらしたのか？

アメリカ大陸の「発見」？

1492年、スペインの支援を受けたイタリア生まれの航海者・**コロンブス**がアメリカ大陸に到達した。

アメリカ大陸にはすでに先住民の文化があり、「新大陸の発見」と呼ぶのは適切ではない。ヨーロッパとアメリカを結ぶ**「新航路の発見」**とするべきだろう。また、コロンブス自身はインドに到達したと信じており、探検した島々は**西インド諸島**と命名された。その後、アメリゴ・ヴェスプッチが未知の大陸であることを確認。この業績から、彼の名は**「アメリカ」**の地名の由来となった。

コロンブスの到達以後、ヨーロッパ人は南北アメリカ大陸に進出していく。

コロンブス交換による被害

16世紀以降、北米大陸にはスペイン・フランス・オランダなどが先立って進出し、イギリスはむしろ後発国だった。**ジャガイモ**や**トウモロコシ**などの産物が旧世界にもたらされる一方、天然痘などの感染症が新世界に入り、先住民は大打撃を受けた。これを**「コロンブス交換」**と呼んでいる。

北米に建設された植民地の中でも、1620年に**ピルグリム・ファーザーズ**が建設したプリマス植民地が著名である。**プロテスタント（ピューリタン）**である彼らは、イギリス国教会を信仰する国王の迫害を逃れて海を渡った（▼P38）。18世紀前半までに、北米東海岸には**13植民地**が形成された。

KEYPERSON

クリストファー・コロンブス

［1451〜1506］

イタリア・ジェノヴァ出身の航海者。地球球体説にもとづき、西回りでインドへ向かう航路を求め、結果的に西インド諸島のサンサルバドル島に到達。発見した土地を死ぬまでインドだと信じ続けた。ヨーロッパ中心の歴史観では「新世界を発見した英雄」であるが、近年では先住民の虐殺などの負の面が批判されることも多い。

POINT!

北米大陸には16世紀以降、ヨーロッパ人が進出。英国からはプロテスタントが渡った。

ヨーロッパ人が築いた北米植民地

ヨーロッパ人はプランテーションと呼ばれる大規模農園を築くために北米に渡り、植民地化を進めた。

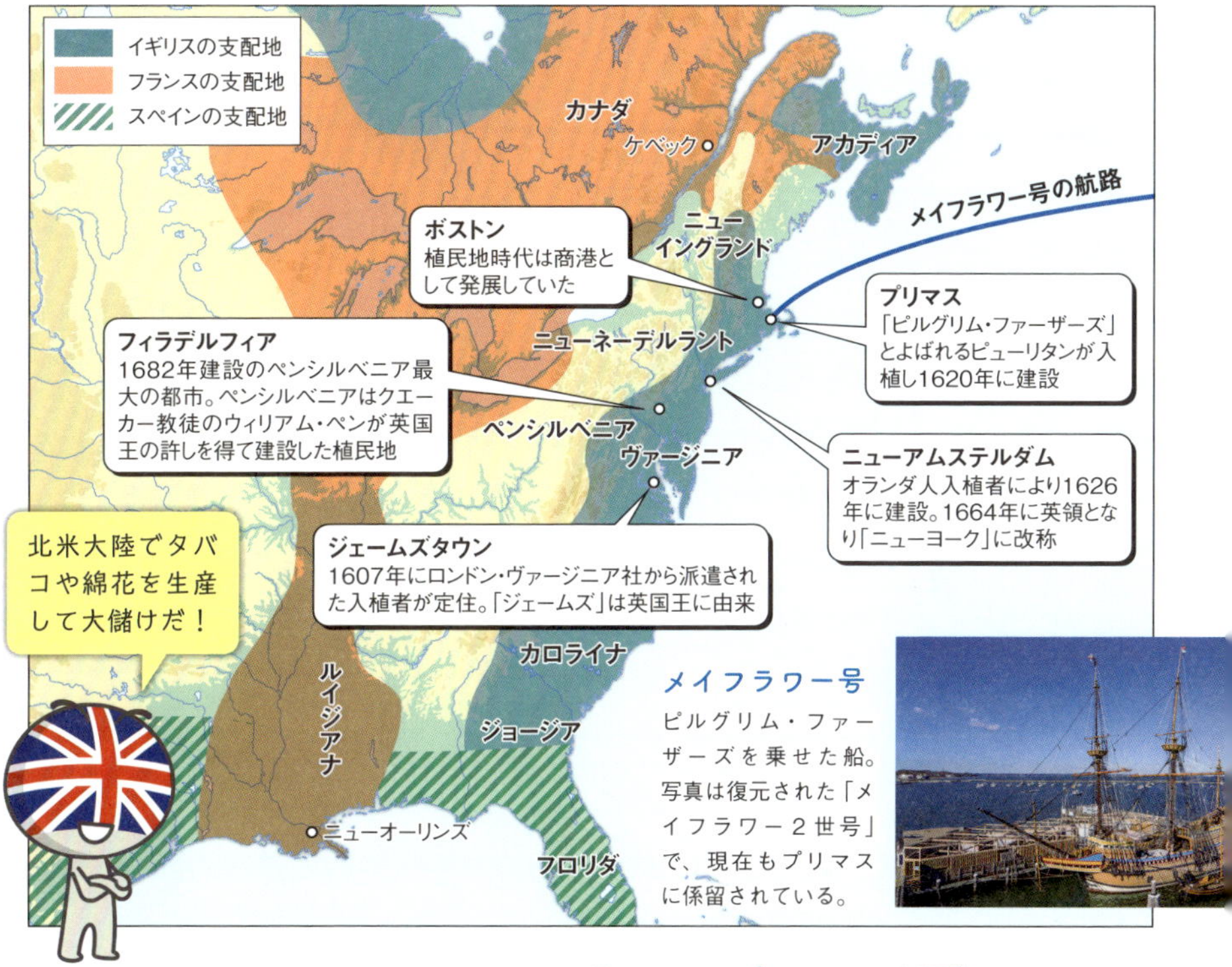
イギリスの支配地
フランスの支配地
スペインの支配地
カナダ
ケベック
アカディア
メイフラワー号の航路
ニューイングランド
ボストン
植民地時代は商港として発展していた
プリマス
「ピルグリム・ファーザーズ」とよばれるピューリタンが入植し1620年に建設
ニューネーデルラント
フィラデルフィア
1682年建設のペンシルベニア最大の都市。ペンシルベニアはクエーカー教徒のウィリアム・ペンが英国王の許しを得て建設した植民地
ペンシルベニア
ヴァージニア
ニューアムステルダム
オランダ人入植者により1626年に建設。1664年に英領となり「ニューヨーク」に改称
ジェームズタウン
1607年にロンドン・ヴァージニア社から派遣された入植者が定住。「ジェームズ」は英国王に由来
カロライナ
ルイジアナ
ジョージア
ニューオーリンズ
フロリダ
北米大陸でタバコや綿花を生産して大儲けだ！

メイフラワー号
ピルグリム・ファーザーズを乗せた船。写真は復元された「メイフラワー2世号」で、現在もプリマスに係留されている。

American History

深掘りアメリカ プランテーションの労働力となった黒人奴隷

新大陸に渡った白人は、プランテーションと呼ばれる大農場で商品作物を栽培した。疫病などで先住民が激減すると、黒人奴隷が主要な労働力となる。アフリカ西岸から大西洋を渡って運ばれた奴隷は、劣悪な環境のため命を落とす者も多かった。新大陸から欧州には砂糖や綿花、欧州からアフリカには雑貨や武器、アフリカから新大陸には奴隷が供給されたため「大西洋三角貿易」とも呼ばれる。

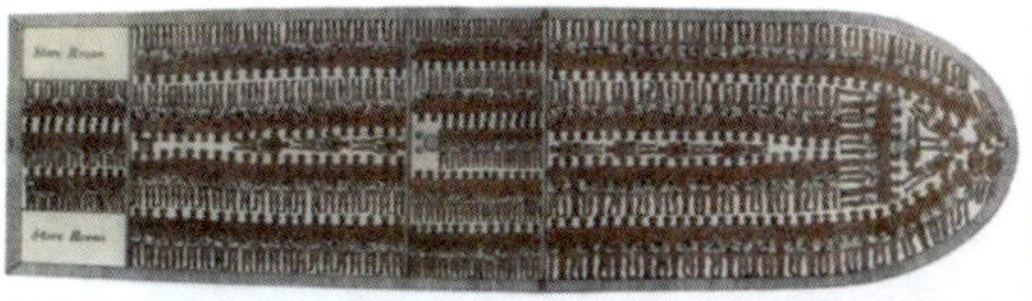

黒人奴隷を運んだ奴隷船の内部の様子。黒人は寝かされた状態で、すし詰めに押し込められた。

その時日本は？
［1615年］大坂夏の陣で豊臣氏が徳川家康に滅ぼされる。

独立戦争前夜、なぜ北米植民地と本国イギリスの対立は激化したのか？

北米で優位に立ったイギリス

北米植民地の獲得では他の列強の後塵を拝した**イギリス**だったが、次第に勢力を拡大していく。17世紀後半にはオランダからニューアムステルダムを得て、**ニューヨーク**と改称。さらに英仏の間で、欧州での戦争と呼応して植民地戦争が繰り返し起きた。

欧州で**七年戦争**が起きると、北米で**フレンチ・インディアン戦争**が勃発。勝利したイギリスは1763年に**パリ条約**を結び、北米の覇権を確立した。

イギリスの植民地は議会を持ち、住民には大幅な自治権が与えられていた。イギリスがフランスや先住民と抗争していた間は、本国からの経済的統制も緩やかだった。

植民地戦争が独立の遠因に

パリ条約後、イギリスは拡大した植民地を効率的に統治するため、統制を強め始める。度重なる戦争が財政難を招いたため、**課税も強化**された。

皮切りとなった**砂糖法**では、砂糖など植民地への輸入品への関税が引き上げられた。続く**印紙法**は、公的書類や新聞、果てはトランプにまで印紙を貼らせて本国の歳入増加を狙った。これらの政策は植民地人の反発を招く。

1773年には、イギリス東インド会社の扱う茶にかかる税を廃止する**茶法**を制定。不利益になると反発した植民地人がボストンに停泊する東インド会社の船を襲撃。この**ボストン茶会事件**が、独立戦争の導火線となった。

KEYPERSON

ポカホンタス

[1595?〜1617]

1607年に開かれたジェームズタウンの入植者たちは、先住民の協力のもとで苦難を乗り切った。入植者の一人ジョン・ロルフと族長の娘ポカホンタスの結婚は、入植者と先住民の友好の印となった。ポカホンタスは洗礼を受け、渡英時にも大歓迎を受けた。しかし、慣れない気候のため病気にかかり、短い生涯を終えた。

POINT!

財政難に陥ったイギリスは植民地統治を強化。植民地からの反発を招き、独立戦争へ。

北米植民地を得たイギリスと、支配に反発する植民地

イギリス本国は財政難を打破するため、北米植民地に課税を繰り返した。その結果、北米植民地の反発を招き、独立戦争を起こすこととなる。

イギリス

1732年　北米13植民地が成立

1607年のヴァージニア植民地が設置されて以降、イギリスの植民地は拡大を続け、1732年に13件目となるジョージア植民地を建設した。イギリスはこの13州に自治を認めた。

17～18世紀　イギリスとフランスの植民地戦争

フランス

1754年に起きたフレンチ・インディアン戦争でイギリスが勝利し、1763年にパリ条約が結ばれた。

➡**カナダ、ミシシッピ川以東のルイジアナ、フロリダがイギリス植民地になる**

たび重なる戦争で財政難だ。獲得した植民地に課税しよう

イギリスは、それぞれ自治を認めていた北米沿岸部の13植民地への課税を強化し始める。

イギリスが植民地を圧迫

1764年 **通貨法・砂糖法**　通貨法で植民地通貨の発行を禁じ、砂糖法で砂糖などの関税を引き上げた。

1765年 **印紙法**　あらゆる印刷物に課税。翌年大批判を受け廃止。

13植民地

「代表なくして課税なし！」。本国の議会に植民地の代表者は参加してないから、課税権はない

1767年 **タウンゼンド諸法**　ガラスや茶など様々なものに関税をかけた。

1773年 **茶法**　イギリス東インド会社の茶にかかる税を廃止。

ボストン茶会事件

イギリス本国が制定した茶法に反発する植民地人が、東インド会社の船を襲い、紅茶葉を海に投げ捨てた。

1774年 **ボストン港閉鎖法**

1774年 **第1回大陸会議**

13植民地の代表者による会議。

1775年 **独立戦争開戦！**

自由か、しからずんば死を与えよ！

その時フランスは？

［1774年］ルイ16世が即位し、その妻マリー・アントワネットが王妃となる

ニューヨークが世界一の都市となった理由とは？

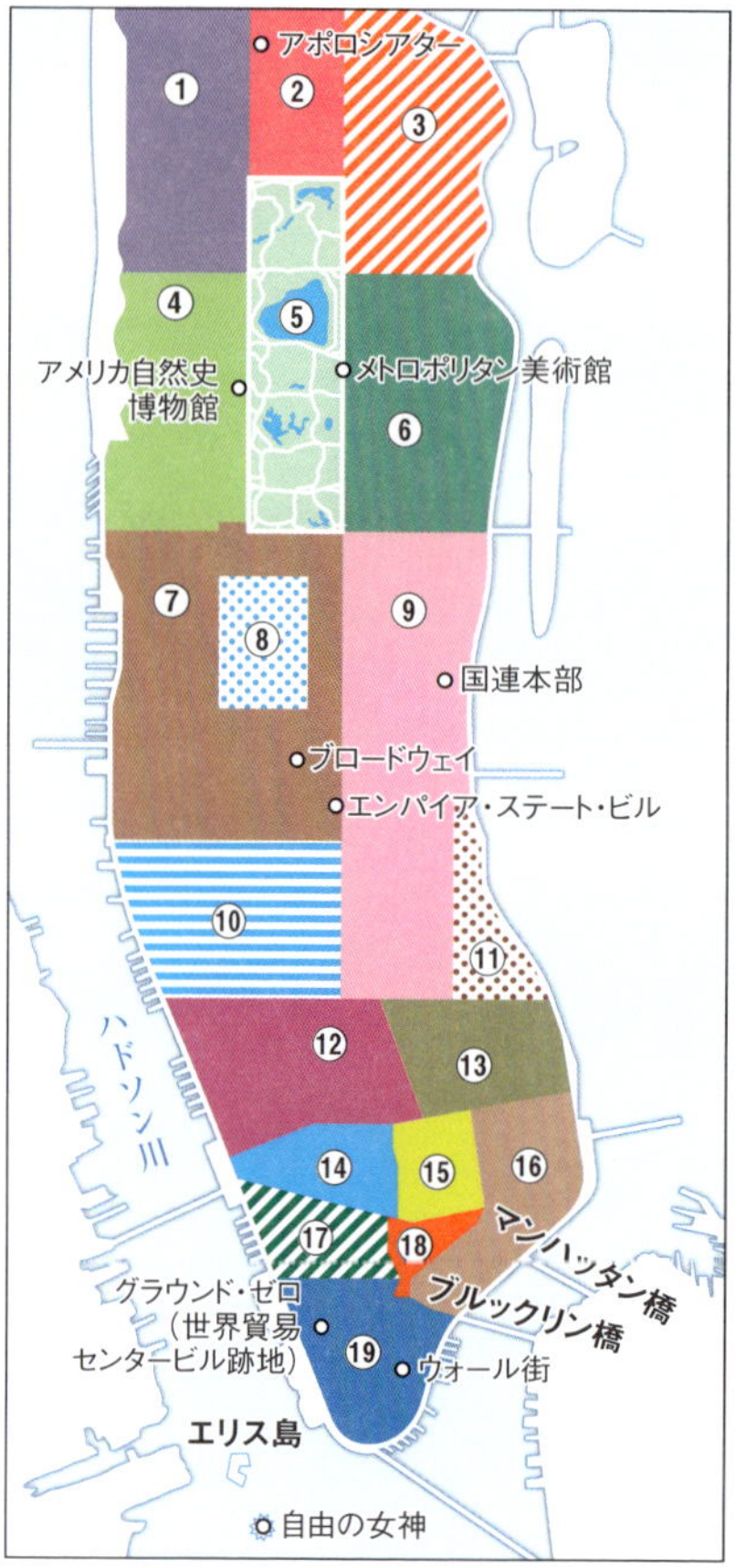

ニューヨークの中心 マンハッタン島

ニューヨーク州のマンハッタン島は、世界の経済・文化の中心地だ。

アップタウン

①モーニングサイド・ハイツ
②ハーレム
③イースト・ハーレム
④アッパー・ウエスト・サイド
⑤セントラルパーク
⑥アッパー・イースト・サイド

ミッドタウン

⑦ミッドタウン・ウエスト
⑧タイムズスクエア
⑨ミッドタウン・イースト
⑩チェルシー
⑪スタイブサント・タウン

ダウンタウン

⑫グリニッジ・ビレッジ
⑬イースト・ビレッジ
⑭ソーホー
⑮リトルイタリー
⑯ロウアー・イースト・ビレッジ
⑰トライベッカ
⑱チャイナタウン
⑲ファイナンシャル・ディストリクト

もとはオランダ領だった

アメリカ最大の都市である**ニューヨーク**。**国際連合本部**や**ウォール街**、**ブロードウェイ**などがあり、まさに世界の政治・経済・文化の中心地である。超大国アメリカを代表する都市は、どのように生まれたのだろうか。

17世紀初頭、オランダ東インド会社に雇われた英国人**ハドソン**が北米東海岸を探検。ハドソン川河口に浮かぶ**マンハッタン島**南端にはオランダの毛皮貿易の拠点が建設され、ニューアムステルダムと名づけられた。

17世紀後半、イギリスが**英蘭戦争**の際に占領し、領有権を得て、王弟のヨーク公（後のジェームズ2世）にちなみ、ニューヨークと改称した。

アポロシアター

数々の黒人ミュージシャンを輩出した劇場。かつて黒人街だったハーレムに位置する。

チャイナタウン

華僑（中国人移民）が集まるエリア。アジア以外で最大級の規模を誇る中華街である。

American History

深掘りアメリカ

自由の女神とエリス島移民博物館

ニューヨークの“顔”である自由の女神像は、独立宣言100周年を記念してフランスから贈られた。自由や平等など、独立戦争の精神に共感したフランス人が募金に協力したのである。自由の女神像のあるリバティー島に近いエリス島には、19世紀末から20世紀初頭まで移民の入国審査場があった（現在は移民博物館となっている）。移民たちは自由の女神に迎えられて入国していったのである。

建設中の自由の女神。左下に頭部が置かれている。

ニューヨーク公共図書館蔵

首都だった時期もある

独立戦争時、ニューヨークは英軍に占領され、その拠点となった。アメリカが独立を達成すると、ニューヨークは1789年から1790年まで首都となった。建国の父たちは、ニューヨークを経済の中心、他の都市を政治の中心とする構想を持っていたため、首都は**フィラデルフィア**、さらに**ワシントン**に移された。

19世紀前半、五大湖とハドソン川を結ぶ**エリー運河**が開通する。物流におけるニューヨークの地位が急上昇した。また、アイルランドでのジャガイモ飢饉をきっかけに同地からの移民が急増。以後、各地から移民が押し寄せ、**「人種のサラダボウル」**となった。急増する人口を背景に、1920年代には競うように高層ビルが建てられた。ニューヨークの摩天楼はアメリカの繁栄の象徴であった（▼P170）。

1775〜1781年

植民地軍はどうやってイギリスから独立を勝ち取ったのか？

POINT!

イギリス軍と植民地の民兵の衝突から独立戦争が勃発。植民地軍が勝利した。

大陸会議の果たした役割とは

ボストン茶会事件の発生を受けて、イギリス議会はボストン港の閉鎖など懲罰的な対応で応えた。植民地側は、自らの権利と自由を守るために第1回**大陸会議**を**フィラデルフィア**で開催する。以後、大陸会議は独立戦争でも指導的な役割を果たす。

　ボストンのあるマサチューセッツでは、本国から独立する動きが特に強かった。1775年4月、ボストン近郊の**レキシントン**と**コンコード**において、イギリス軍と植民地の民兵が衝突。**アメリカ独立戦争**が勃発した。

　直後に召集された第2回大陸会議では軍が組織され、**ワシントン**が植民地軍総司令官に選ばれた。

国際社会が味方についた

　当初は植民地内部は独立に消極的な者も多かった。しかし、トマス・ペインが**『コモン・センス』**を著して独立を説き、世論を喚起。さらに1776年7月4日には**ジェファソン**が起草した**独立宣言**が大陸会議で採択され、植民地人の意志が統一された。そして、独立を宣言した13植民地は、翌年に国名を**「アメリカ合衆国」**と定める。

　植民地軍は戦力で劣っていた。しかし、イギリスと対抗していたフランスがアメリカを支援し、ロシアも武装中立同盟を唱えてイギリスを孤立させた。さらに、欧州各地の義勇兵も独立側に身を投じる。1781年、英軍は降伏し、戦争は事実上終結した。

KEYPERSON

ベンジャミン・フランクリン

[1706〜1790]

　ボストンの貧しい職人の子として生まれ、実業家として成功。避雷針を発明した科学者でもあり、公共図書館の設立なども行った。独立戦争時には外交官としてフランスに渡り、援助を引き出している。多方面での才能や人間的魅力により、代表的アメリカ人として尊敬を集めている。

最高額の100ドル紙幣に刷られたフランクリンの肖像。

2025　2000　1975　1950　1925　1900　1875　1850　1825　1800　1700　1600

Here!

アメリカ独立戦争の対立関係

植民地の富裕層はアメリカ独立に反対していた。一方イギリス国内では、野党がアメリカ独立に賛成し、支持していた。

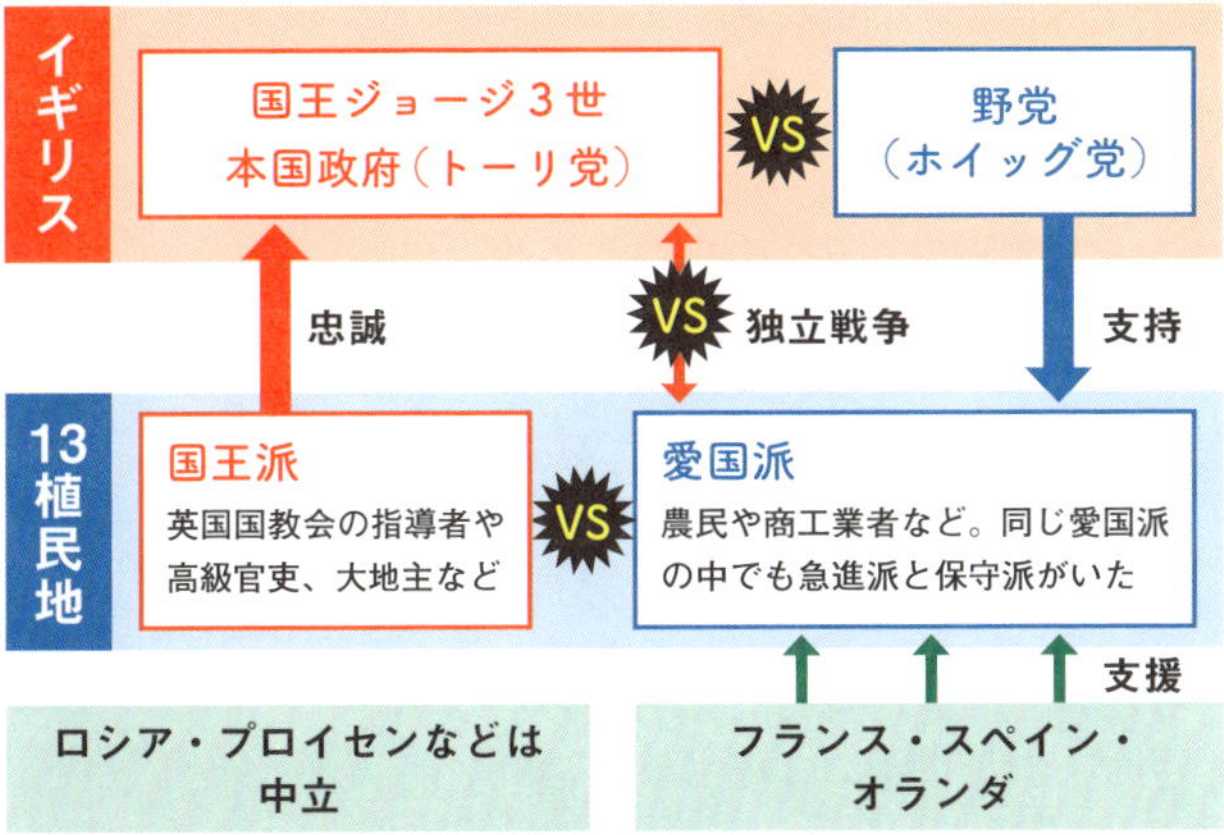

トマス・ペイン
〔1737〜1809〕
独立戦争中、匿名で『コモン・センス』を発行。大ベストセラーとなり、多くの植民地人を独立へと後押しした。

アメリカ独立戦争の動向

当初独立戦争は、数で勝るイギリス軍有利で進んだが、後半は各国の支援を得た植民地軍が有利となった。

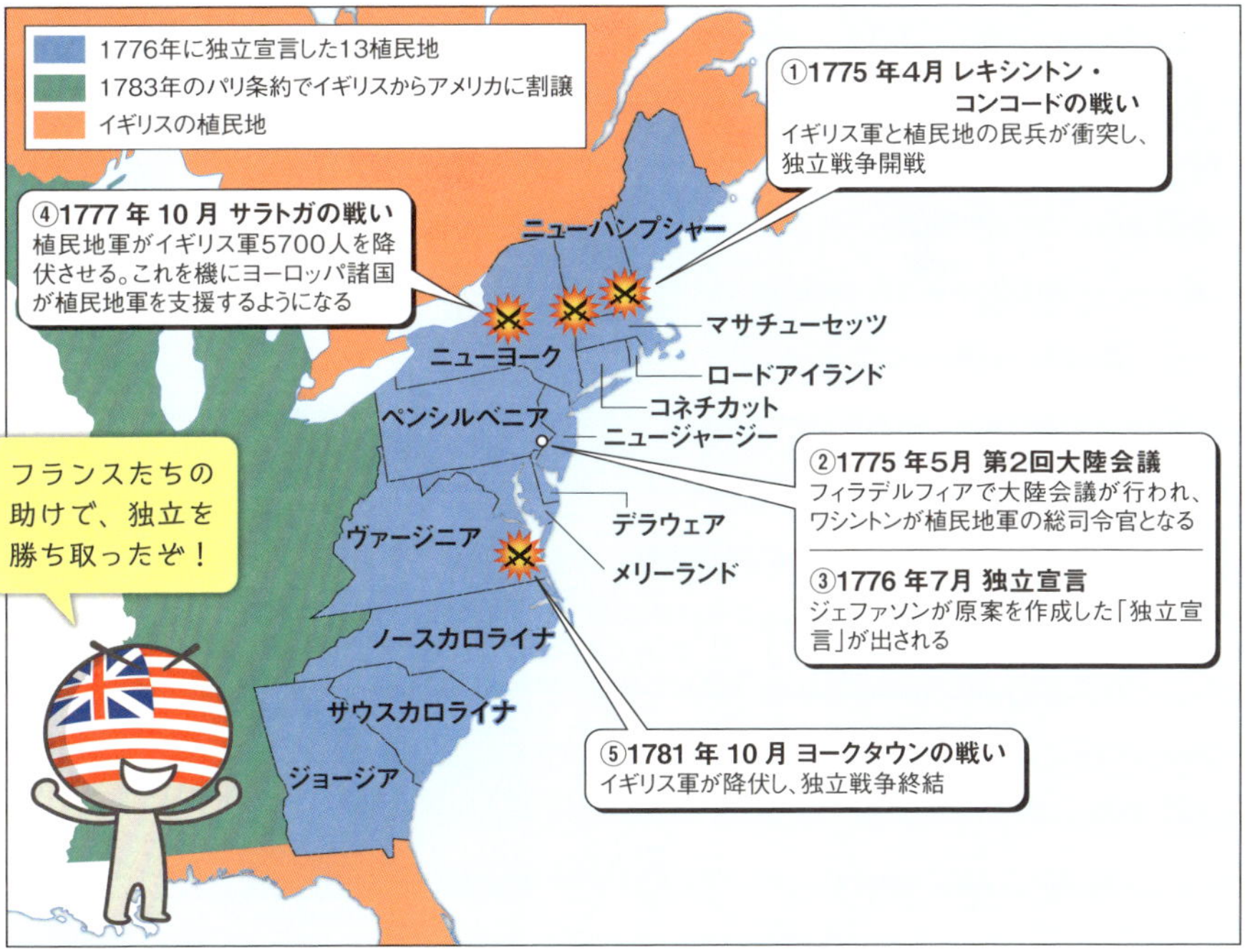

TRIVIA トマス・ペインはフランクリンの勧めでアメリカに移住。アメリカ独立後はフランスに渡り、国民公会（フランス革命でできた新たな立法府）の議員になった。

世界初の成文憲法である合衆国憲法とワシントンの大統領就任

連合政府に代わる新たな体制づくり

ヨークタウンの戦いにより、英軍と植民地軍の戦闘は終結。イギリス本国の世論も休戦に傾き、1783年の**パリ条約**で正式に講和した。アメリカは独立を承認され、ミシシッピ川にいたる広大な土地を獲得する。

独立戦争を戦った13の州（ステーツ）は、**連合政府**をつくっていた。しかし、連合政府は全国的な徴税・徴兵ができないなど権限が弱かった。そのため、独立後の経済的混乱に対処するべく、より強い中央政府の樹立が望まれた。こうして1787年、フィラデルフィアで**憲法制定会議**が開催され、4カ月に及ぶ討論の末に、**合衆国憲法**が制定。ここに米独立革命が達成される。

ワシントンが初代大統領に就任

合衆国憲法では**大統領**を長とする行政府、上院と下院からなる立法府、連邦最高裁判所を頂点とする司法府が互いを抑制する**三権分立**が規定されていた。合衆国憲法の批准（最終的な承認）にあたり、**ハミルトン**ら**連邦派**（強力な中央政府を求める批准賛成派）と、**ジェファソン**ら**反連邦派**（州ごとの権限を尊重する批准反対派）が衝突し、この対立は米国史上最初の政党政治につながっていく（▼P66）。

1789年、憲法にもとづき**連邦政府**が発足し、**ワシントン**が初代大統領、ハミルトンが財務長官、ジェファソンが国務長官に就任。翌年には首都**ワシントン特別区**が建設される。

KEYPERSON

ジョージ・ワシントン

［1732〜1799］ President 1789〜1797

独立戦争の総司令官だったワシントンは、苦戦が続いても屈せずに勝機を待ち、アメリカを勝利に導いた。彼は国民的英雄とされ、望めば絶大な権力も手に入れられたはずである。しかし、憲法制定会議の議長や初代大統領に選出されたワシントンは思慮深さを忘れなかった。彼は大統領職を2期8年で退き、長く慣例となった。

POINT!

独立したアメリカは、合衆国憲法を制定。憲法にもとづき連邦政府が発足した。

アメリカ独立宣言と合衆国憲法

独立宣言や合衆国憲法は、基本的人権や人民主権などが明文化されており、近代的な価値観や近代の国家のあり方を象徴する文章となっている。

(前略)すべての人は平等につくられ、造物主によって、一定の奪い難い天賦の権利を付与され、そのなかに生命、自由および幸福の追求の含まれることを信ずる……(後略)

岩波文庫『人権宣言集』より引用

アメリカ独立宣言

1776年の独立宣言の草稿を提出するシーンを描いた絵画。本図は2ドル紙幣の裏面にも印刷されている。

合衆国憲法前文

われら合衆国の国民は、より完全な連邦を形成し、正義を樹立し、国内の平穏を保障し、共同の防衛に備え、一般の福祉を増進し、われらとわれらの子孫のために自由の恵沢を確保する目的をもって、ここにアメリカ合衆国のためにこの憲法を制定し、確定する

米国大使館広報サイトより引用

合衆国憲法の署名

アメリカ国会議事堂に飾られている絵画で、1787年の合衆国憲法への署名のシーンを描く。当時駐仏大使だったジェファソンは描かれていない。

American History

深掘りアメリカ

アメリカの国旗「星条旗」はだれが考案したのか?

アメリカ国旗の星条旗は、星の数が州の数、ストライプの数が独立当初の13州を表している。フィラデルフィアに住む女性ベッツィー・ロスがワシントンの依頼でつくったとされ、しばしば絵画の題材にもなった。しかし、この話は独立から約100年後に創作されたものだ。一説によれば、独立宣言署名者の一人である政治家フランシス・ホプキンソンが本当の考案者であるという。

完成した星条旗をワシントンに見せるロス。

その時フランスは?

[1789年]バスチーユ牢獄が襲撃を受け、フランス革命が始まる

特集 Features

大西洋を挟んで起きた革命

イギリス革命を発端に大西洋を挟んで連鎖的に起きた革命を「大西洋革命」と呼ぶ。

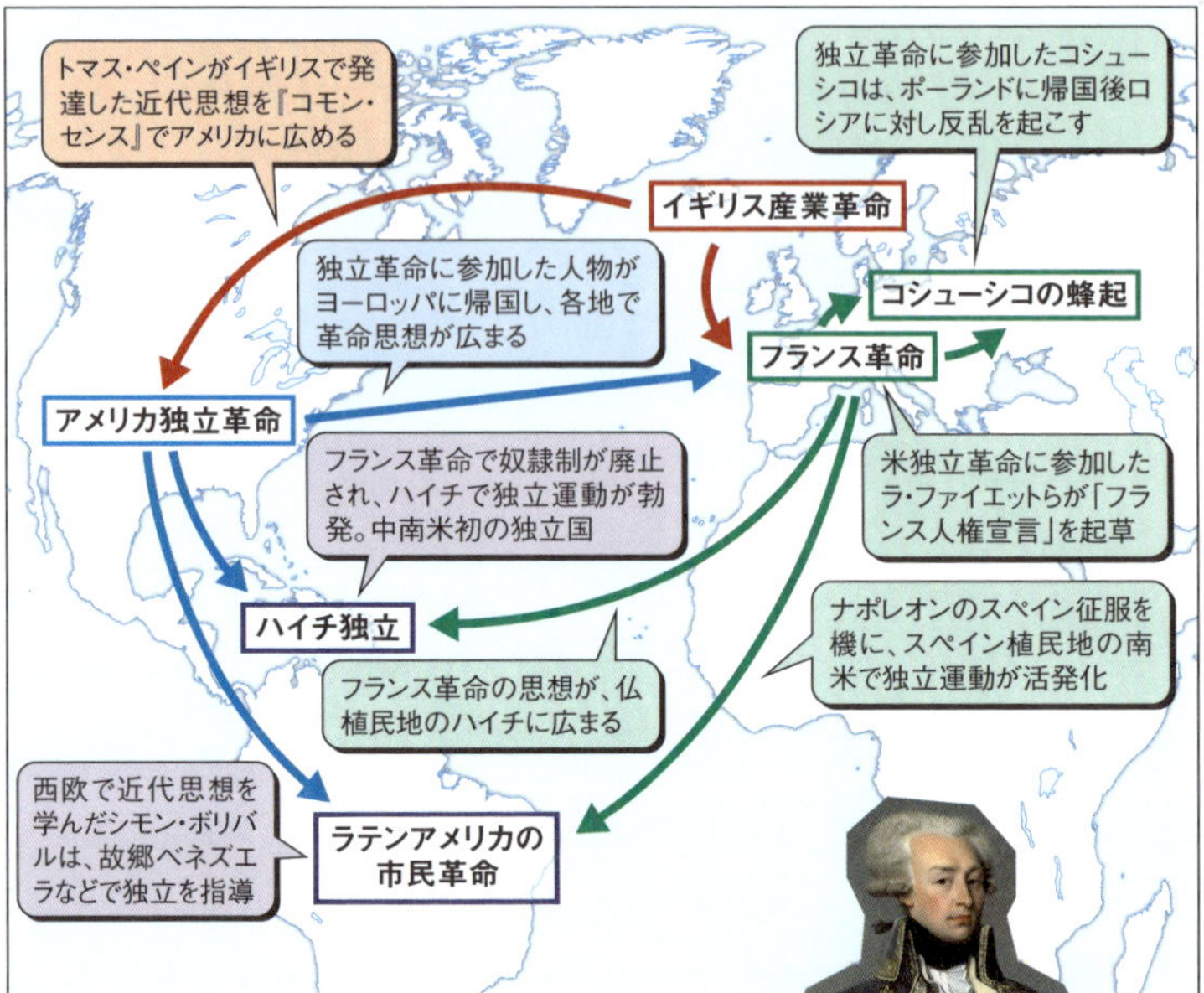

ラ・ファイエット〔1757〜1834〕
アメリカ独立戦争で義勇兵として戦い、フランスに帰国後は革命を指導し、人民の自由と平等、国民主権を明記した「人権宣言」を起草する。

アメリカ独立革命の影響と連鎖的に起こった「大西洋革命」

革命の理念が海を越えた

18世紀後半〜19世紀前半、**大西洋を挟んだ欧州と南北アメリカ**は激動の時代となった。アメリカ独立革命、フランス革命、ラテンアメリカ諸国の独立といった大変動が起きたのである。

これらは独自に起きたのではなく、互いの地域が密接に影響を与えあっていた。まず、各地の革命の理論的支柱となったのは、欧州の**啓蒙思想**である。権力が不当に行使された際に国民が抵抗する**「抵抗権」**を主張したイギリスの**ロック**の思想が特に重要である。さらに、イギリス出身のトマス・ペインは、『コモン・センス』を著して世襲君主制を批判し、アメリカの世論を独立へと傾けた。

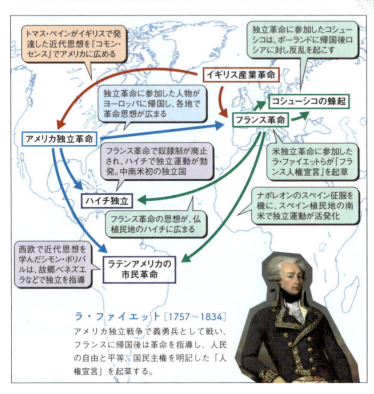

革命の伝播と近代国家の成立

ヨーロッパで生まれた近代思想は、大西洋革命で世界に伝播し、近代国家の基礎が成立した。

社会契約説の成立 イギリスの思想家ホッブスが社会契約説（社会は人民と君主の契約によって成立する）を説く

↓

ロックの社会契約説
ロックは抵抗権（君主が人民の自由・生命を侵した場合、抵抗する権利）を提唱。これをもとにフランスやドイツで啓蒙思想（旧来の社会制度への批判）が発展

← 正当化

イギリス革命
「権利の章典」に「王が議会の承認なしに法を停止・執行することは違法である」と明文化され、立憲王政が成立

↓ 議会制が伝播　↓ 抵抗権が影響

アメリカ独立革命 ロックが説いた抵抗権を明記した「独立宣言」が出される。合衆国憲法では議会・大統領・裁判所の三権分立が明文化

↓ 独立宣言が影響

フランス革命 啓蒙思想により身分制への批判が高まり革命が勃発。「独立宣言」をもとに「人権宣言」が書かれ、権利を守るために国民と国家が結合した国民国家の形成を目指す

↓ 国民国家の考えが拡大 ↓

ヨーロッパ各国の独立運動
これまでの革命の影響を受け、各地で国民国家を目指す独立運動が勃発

ラテンアメリカの独立運動
フランス・スペインなどからの独立運動が勃発し、ハイチがいち早く独立する

↓

近代国家（国民国家）が成立。
自由主義とナショナリズムを求める運動が世界に広がる

独立宣言の世界史的影響力

アメリカ独立革命がフランス革命に与えた影響も見逃せない。アメリカ独立宣言では、人間の平等や抵抗権、自然権（人が生まれながらに持っている権利）をうたっている。フランス革命時に出された**人権宣言**と比べると、その連続性は明らかだ。

独立戦争に義勇兵として参加した**ラ・ファイエット**は、帰国後にフランス革命の指導者となった。同様に義勇兵だった**コシューシコ**も、ポーランド民族運動の指導者となった。

アメリカとフランスの革命は中南米にも波及した。1804年に独立した**ハイチ**は、中南米初の独立国であり、史上初の黒人共和国であった。その後、**コロンビア**や**ブラジル**などが独立を達成する。現代の社会を形作る自由や平等などの理念は、**大西洋革命**を経て広がっていったのである。

第3章

大国への道 西部開拓と南北戦争

19世紀

年代	出来事
1789	初代大統領ワシントンが就任 P66
1793	ホイットニーが綿繰り機を発明
1800	ワシントン特別区が首都になる
1807	奴隷貿易禁止法成立
1812	米英戦争が始まる P66
この頃	イギリス製品の輸入が途絶え国内の工業が発達する
1813	マサチューセッツに最初の紡績工場が設立
1820	ミズーリ協定が成立 P72
1823	相互不干渉を表明するモンロー宣言が発表される
1828	メキシコとの国境が画定
この頃	西部への開拓・移住が活発になる
1830	先住民（ネイティブ・アメリカン）強制移住法 P68
1836	テキサス革命でアラモの戦いが勃発 P69
1837	モールスが有線電信を発明
1838	チェロキー族強制移住（涙の道）
1846	アメリカ・メキシコ戦争が始まる P68

独立後のアメリカは、**欧州からの自立**と**西部開拓**を大きな方針として国家建設が進む。急速な工業化を背景に、**モンロー**大統領の時代には**欧米の相互不干渉**が唱えられた。また、**「明白な天命《マニフェスト・デスティニー》」**という言葉で先住民の居住地だった西部への進出が正当化され、メキシコからカリフォルニアなど広大な土地を割譲された。

19世紀半ばには貿易と奴隷制をめぐって南北間の対立が深まり、**南北戦争**が勃発。**リンカン**による**奴隷解放宣言**が出されたが、黒人への差別や隔離政策は残された。戦後再建に成功して**世界一の工業国**となったアメリカは、太平洋や中南米への進出を図るようになる。

本章では、独立から**帝国主義国家**へと大きく成長した19世紀のアメリカの歩みを振り返る。

1848	カリフォルニアでゴールドラッシュが始まる ➡P71
1852	**ストウ『アンクル・トムの小屋』を発表** ➡P73
1853	ペリー率いる東インド艦隊が日本来航 ➡P82
1854	カンザス・ネブラスカ法成立 ➡P72
1861	南部11州がアメリカ連合国を建国し、南北戦争が始まる ➡P74
1862	ホームステッド法が制定される ➡P76
1863	リンカンによる奴隷解放宣言 ➡P74
1869	大陸横断鉄道開通 ➡P76
1871	岩倉使節団が訪米 ➡P82
1876	**ベルにより電話機が発明** ➡P81
1879	**エディソンにより白熱電球が発明** ➡P80
1889	第1回パン=アメリカ会議
この頃	フロンティアが消滅 ➡P78
1898	米西戦争が起こる ➡P78
1899	中国に関する門戸解放宣言 ➡P78
1902	キューバを独立させ保護国化する ➡P78
1903	**ライト兄弟が初飛行に成功** ➡P80

1789～1825年

独立後のアメリカが迎えた ヨーロッパからの経済的自立

財政問題への対処

初代大統領ワシントンのもとで船出したアメリカは、どのような課題を抱えていたのだろうか。

初期の問題は、独立戦争時に各州が抱えた**巨額の債務**である。ハミルトン財務長官は、中央銀行の設立や高関税の設定など、財政基盤の強化を進めた。しかし、ジェファソン国務長官は連邦政府の権限強化に反対。こうして憲法制定時からの**連邦派《フェデラリスト》・反連邦派《リパブリカン》の対立が激化**していった。

1800年の大統領選挙では連邦派と反連邦派が激しく争い、結局後者のジェファソンが勝利した。選挙による劇的な政権交代だったので、**「1800年の革命」**とも呼ばれる。

自立を促した米英戦争

19世紀初頭、英仏間ナポレオン戦争下で、**イギリスは多数のアメリカ船を占有し、船員を徴用**した。これを受けて中立の立場をとるアメリカでも、**反英の世論**が高まった。

ついに1812年、マディソン大統領の決断で、**米英戦争が勃発**した。アメリカは首都ワシントンD.C.を占領されるなど苦戦したが、両国で勝敗がつかないまま講和した。米英戦争はアメリカのナショナリズムを刺激し、イギリス工業製品の輸入途絶が**アメリカ国内の工業を発達**させた。

1823年には、**モンロー大統領**が相互不干渉を唱え、欧州から自立する外交原則を打ち出した。

KEYPERSON

トマス・ジェファソン

[1743～1826] President 1801～1809

黒人奴隷や先住民は、アメリカ独立宣言でうたわれた自由や平等を享受できなかったが、宣言の起草者として知られるトマス・ジェファソンは奴隷制に反対する理念を持っていた。彼によるヴァージニア州憲法の私案では、奴隷制の漸次的廃止も盛り込まれている。しかし彼自身もまた、奴隷所有者だったという矛盾からも目を逸らせない。

POINT!

ヨーロッパとの政治的・経済的な関与を避け、独立国家としての政治体制を築いた。

2025 2000 1975 1950 1925 1900 1875 1850 1825 1800 1700 1600

Here!

独立後の大統領と政治の流れ

連邦政府の権限を強化するという、合衆国憲法の是非をめぐる連邦派と反連邦派の対立は独立後も続いた。

アメリカの成立とイギリスへの依存

工業化とヨーロッパからの自立

初代 ワシントン 連邦派（中立）〈在：1789～97年〉

- アメリカ「建国の父」
- フランス革命に中立を宣言
- 連邦派のハミルトンを財務長官、反連邦派のジェファソンを国務長官に任命

⬇連邦派・反連邦派のバランスを保つ

ワシントン内閣内

各州の独立性を高めるべきだ

反連邦派 国務長官 ジェファソン

対立

連邦派 財務長官 ハミルトン

強い連邦政府にすべきだ

⬇

反連邦派はリパブリカン党を結成

連邦派はアダムス政権後に衰退

2代 アダムス 連邦派〈在：1797～1801年〉

- アダムス政権下で連邦派・反連邦派の対立激化
- 同じ連邦派のハミルトンと対立

3代 ジェファソン リパブリカン党〈在：1801～09年〉

- 反連邦派初の大統領に（「1800年の革命」）
- ミシシッピ以西のルイジアナを仏から買収

⬇州権主義の立場である一方で、領土拡大に踏み切る

4代 マディソン リパブリカン党〈在：1809～17年〉

- 米英戦争の開始（1812年）

⬇ヨーロッパからの経済的自立を実現

5代 モンロー リパブリカン党〈在：1817～25年〉

- フロリダをスペインより買収
- 合衆国の孤立主義を表明する「モンロー教書」を発表

⬇ヨーロッパからの干渉を排除

American History

深掘りアメリカ

欧州との相互不干渉を唱えた「モンロー＝ドクトリン（主義）」

第5代大統領モンローは、欧州が中南米の独立運動に介入することに反対し、代わりにアメリカも欧州の問題に関与しないという原則を表明した（相互不干渉）。この背景には、アラスカを領有して南下を図るロシアへの牽制もあった。モンロー主義は、長期にわたってアメリカ外交の伝統となっていく。「アメリカ・ファースト」を掲げたトランプの政策も、じつはこの伝統的な姿への回帰といえるだろう（▶P144）。

モンロー主義の尊重を訴え、欧州の干渉を拒絶するアメリカを風刺している。

その時イギリスは？

［1814年］スティーヴンソンが実用蒸気機関車を開発

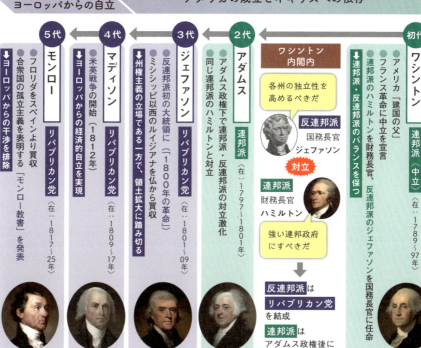

アメリカの急速な発展と領土拡大はどのように進んだのか？

ジャクソン時代の民主主義

アメリカは19世紀末まで領土拡張を続け、特に**米英戦争後は西部の開拓・移住が活発**になる。1830年代には**「交通革命」**で道路や運河・鉄道が建設され、利便性も増した。

1829年に初の西部出身大統領となったジャクソンは**各州で白人男性の普通選挙を拡大**し、アメリカ式の民主主義を完成させた。一方で先住民にミシシッピ川以西への移住を強いる**先住民強制移住法**を制定するなど、苛烈な政策を実行。大統領の強権ぶりは、ジャクソンの政敵が彼を「国王アンドリュー1世」と揶揄するほどだった。ジャクソンの支持者は民主党を、反対派はホイッグ党を結成した。

「アラモを忘れるな《リメンバー ザ アラモ》」

アメリカの領土拡大は流血も伴った。メキシコ領だったテキサスでは、アメリカ人の入植者が反乱を起こす。なかでも**入植者らが全滅したアラモ砦の戦い**は、アメリカの世論を高揚させた。独立を達成したテキサスは後にアメリカに編入されたが、反発したメキシコとの武力衝突は避けられなくなった。

そして1846年、領土紛争をきっかけに**アメリカ・メキシコ戦争（米墨戦争）が勃発**する。勝利したアメリカは、カリフォルニアなどの広大な領土を獲得した。カリフォルニアに金鉱が発見されると、一攫千金を求めた移民が殺到し（**ゴールドラッシュ**）、開発が一気に進むことになる。

KEYPERSON

アンドリュー・ジャクソン

[1767～1845] President 1829～1837 民

米英戦争時のニューオーリンズの戦いで国民的英雄となる。彼以前の大統領が教養ある名士だったのとは対照的に、粗野な「たたき上げの人物《セルフメイド・マン》」だった。大統領選のとき、政敵から「間抜け」を意味するロバと呼ばれたが、本人は気に入ってシンボルとした。これにより、ジャクソンから始まる民主党のシンボルはロバになった。

POINT!

西部開拓が活発になった背景には、交通革命や先住民の排除、米墨戦争などがあった。

2025 2000 1975 1950 1925 1900 1875 1850 1825 1800 1700 1600

Here!

領土拡大を続けたアメリカ

独立直後は東部の13州のみを領土としていたが、フランスからルイジアナ、スペインからフロリダを購入するなど、西側に領土を拡大。この西部開拓の時代に交通網も発達した。

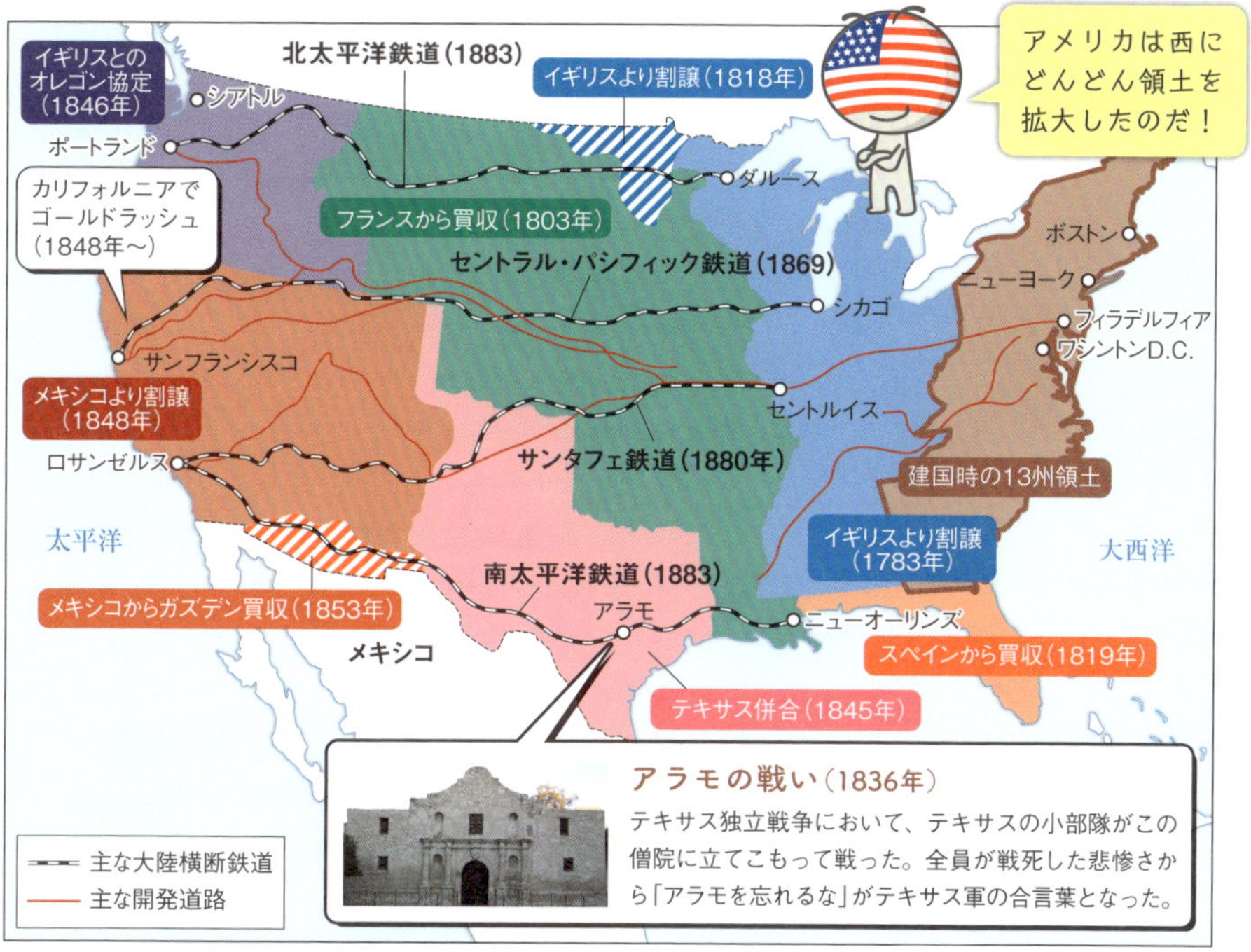

アラモの戦い（1836年）

テキサス独立戦争において、テキサスの小部隊がこの僧院に立てこもって戦った。全員が戦死した悲惨さから「アラモを忘れるな」がテキサス軍の合言葉となった。

チェロキー族の「涙の道」

先住民強制移住法は、肥沃な土地を白人に開放するために制定された。先住民たちはミシシッピ川以西へと移動を強いられ、過酷な移動により多くの命が犠牲となった。

MOVIE GUIDE

『大草原の小さな家』

西部開拓期の暮らしを描く

1870年代の西部開拓時代を舞台に、当時の生活を描いた大人気テレビドラマ。原作はローラ・インガルス・ワイルダーによる児童小説シリーズ。ミネソタに住む開拓民であるインガルス一家が直面する様々な出来事を通して、家族愛を中心に心温まるエピソードが描かれた不朽の名作。

原作／ローラ・インガルス・ワイルダー
監督・主演／マイケル・ランドン
放送年／1974～83年

TRIVIA ゴールドラッシュにおいて、働く金鉱労働者たちから人気を集めたキャンバス地の丈夫な作業着は、のちにデニム地に変更され現在のジーンズとなった。

特集 Features

西部開拓を助長した「明白な天命」と開拓者を魅了したゴールドラッシュ

「アメリカの進歩、明白な天命」

右手に文明の書、左手に電線を持つ女神が東から西へ進み、西部開拓を表現している。女神が通過した後には鉄道や開墾など、文明の進歩が見られる。白人入植者たちは、西部への領土膨張は天命（destiny）であり、明白（manifest）だと正当化した。

ウーンデッドニーの虐殺（1890年）

スー族の約300人が合衆国政府軍に虐殺された事件。この虐殺を最後に、先住民の抵抗運動は終わりを告げた。

ジェロニモ［1829〜1909］

アパッチ族の戦士ジェロニモは、西部開拓により家族を虐殺され、復讐を決意。激しい抵抗運動を行ったが、1886年に降伏した。

開拓者を駆り立てたものとは

アメリカの西部開拓は、米英戦争終結から南北戦争までの間に最も盛んだった。アメリカ人たちは、なぜ困難な開拓に身を投じたのだろうか。「フロンティア」と呼ばれる未開拓地は、下層から成りあがることを可能にする実力主義の世界だった。西部の土地を安く農民に払い下げる政策も、入植を後押しした。

1840年代には、「明白な天命《マニフェスト・デスティニー》」という言葉が生まれた。文明の遅れた土地を開拓し、アメリカ領とすることは神の使命だというのである。この考えは西部開拓だけでなく、テキサス併合や**アメリカ・メキシコ戦争**のような外敵との衝突も正当化した。

金を発掘する鉱山労働者たち（1852年）。

カリフォルニア（サンフランシスコ）へ向かう船

ニューヨークやボストンの港にはカリフォルニアへ向かう人々が殺到。カリフォルニアの人口は約１万4000人だったが、ゴールドラッシュ後の３年で20万人を超えた。

With Japan

日本との関係

ジョン万次郎が見たゴールドラッシュ

1841年、土佐の漁師だった14歳の万次郎は、４人の仲間とともに出漁した際に遭難。アメリカの捕鯨船に救出され、そのまま渡米した。船長の厚意で教育を受けた万次郎は、帰国の資金を稼ぐため、ゴールドラッシュに沸くカリフォルニアで働いた。貯めた資金で船を購入し、万次郎は念願の帰国を果たす。幕末維新の動乱の中で、海外の知見を持つ万次郎は幕府に重く用いられた。

ジョン万次郎
［1827～1898］
帰国後は日米和親条約の締結に尽力した。

「荒野のガンマン」の時代

1848年にはカリフォルニアで金鉱が発見され、**ゴールドラッシュ**が起きた。翌年から押し寄せた移民たちは**「49ers（フォーティナイナーズ）」**と呼ばれたが、アメリカ人だけでなく中国など他国からの移民も多かった。

実際に富を手にした移民は少なかったが、カリフォルニアが開発されたことで、**西から東に向かう新たな開拓の波が生じた**。ノースダコタ州からテキサス州にいたる未開拓地域は**「フロンティア・ストリップ」**と呼ばれた。

1860～80年代の西部開拓時代は、カウボーイや保安官が活躍した西部劇の時代である。同時に、**アパッチ族の戦士ジェロニモなど先住民の決死の抵抗も展開**された。1890年、ウーンデッドニーの虐殺を最後に先住民の組織的抵抗は終わり、フロンティアの消滅が宣言されたのである。

南北戦争の背景となった北部と南部の対立はなぜ起きたか？

南部と北部の産業構造の違い

60万人以上の死者を出した内戦で、アメリカ史上最も大きな犠牲を出した南北戦争。そもそも、なぜ**北部と南部の対立**は起きたのだろうか。

北部では１８４０年代から産業革命が始まり、**工業化**が進んだ。良質なイギリス製品に対抗しアメリカの製品を守るため、北部は**保護貿易**を主張。一方で乾燥地帯の多い南部では、大農場で黒人奴隷を使役し**綿花**を栽培した。主に繊維工業がさかんなイギリスに輸出していたため、**自由貿易**を主張した。

西部の開発が進むと、新しい州が連邦に加わっていく。新たな州を、**奴隷を認めない自由州にするか奴隷州にするか**をめぐり、南北は紛糾したのである。

対立を激化させた奴隷制度

１８２０年、ミズーリを州へ昇格させる際に結ばれた**ミズーリ協定**では、**北緯36度30分を自由州・奴隷州の境界にする**という妥協が成立した。

しかし、奴隷制をめぐる対立は収まらず、１８５４年には**カンザス・ネブラスカ法**が成立する。これは、自由州・奴隷州の選択を住民にゆだねるというものである。カンザスなどでは住民同士の主導権争いが激化し、暴力沙汰が頻発した。

奴隷制への賛否は二大政党の再編も促した。北部の奴隷制反対派は共和党を結成し、ホイッグ党に代わって二大政党の一角となる。民主党も南部と北部に分裂してしまった。

KEYPERSON

ハリエット・タブマン

［1822〜1913］

メリーランド州の奴隷として生まれた黒人女性で、1849年に北部へ単身で逃亡した。その翌年に逃亡奴隷法が強化されたが、彼女は危険を冒して南部に潜入し、奴隷を北部やカナダに脱出させた。南北戦争時にはスパイとして北軍の作戦に貢献。まだ実現していないが、オバマ政権時代に新20ドル札の顔になることが決定した。

POINT!

産業構造の違いが南北間に溝をつくり、奴隷制度の問題が更なる対立を生み出した。

南北の社会構造の比較

産業構造の違いなどが原因で、独立後の1820年代から次第に北部と南部の違いが明確になった。この違いはのちに1861年の南北戦争へとつながった。

北部		項目		南部
約2100万人	61%	人口（1860年）	39%	約900万人（白人／約550万人、黒人奴隷／約350万人）
奴隷反対運動を掲げ、旧ホイッグ党を中心に結成	共和党	政党	民主党	ジャクソン期に全国政党として成立。奴隷制を容認
南部の奴隷解放を主張し、北部の労働力として求めた	反対	奴隷制	賛成	奴隷を継続して使役するため奴隷制を支持
保護貿易や奴隷制廃止実現のため中央集権的な強力な政府を主張	連邦主義	体制	州権主義	地方分権を支持し、政府の権力が増大することに反対
ニューイングランドによる資本主義的商工業	工業	経済構造	農業	大農園主による綿花などのプランテーション
国内製品を売るため、輸入品に高関税を掛けた	保護貿易	貿易	自由貿易	綿花などをイギリスに輸出するため自由貿易を主張

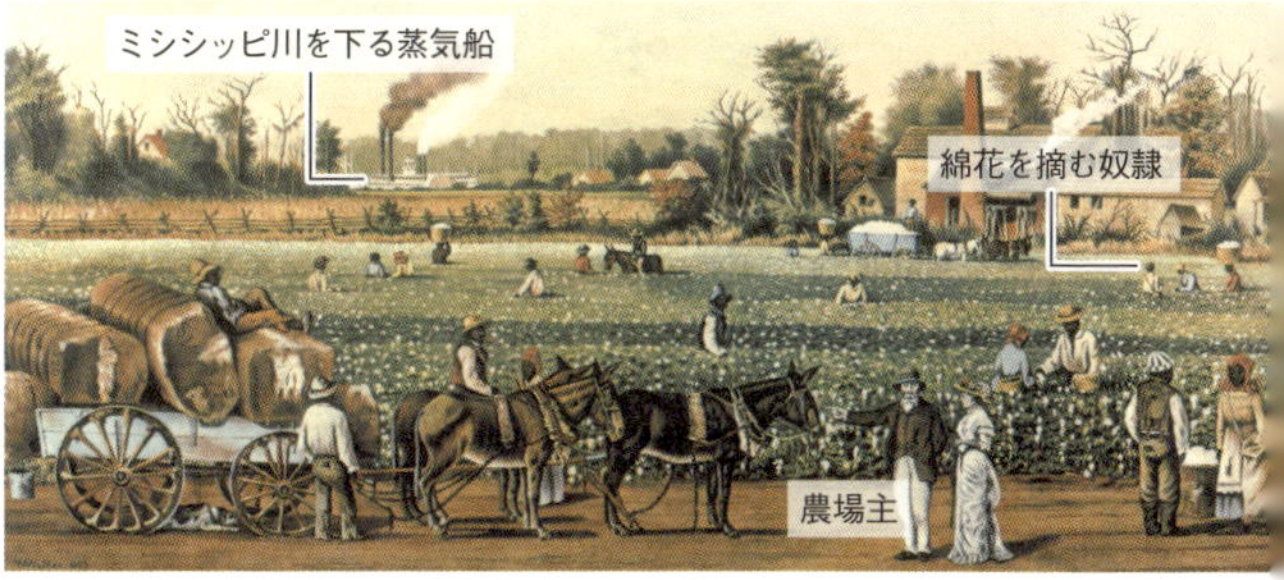

ミシシッピ州の綿花プランテーション

ホイットニーの綿繰り機が発明されたことで、南部の綿花栽培の需要が急増。綿花の摘み取りは手作業によるものだったため、黒人奴隷が多く使役された。

American History

深掘りアメリカ 奴隷の惨状を描いた『アンクル・トムの小屋』

ストウが1852年に発表した『アンクル・トムの小屋』は大ベストセラーとなり、北部の世論を奴隷制廃止に傾倒させた。ストウはアンクル・トムを善良で忍耐強い人物として描き、白人の奴隷主を残忍な人物として描いた。歴史上で大きな役割を果たしたと評価される一方、黒人を実態以上に美化しており、奴隷制反対派のプロパガンダ小説にすぎないという面も否定できない。

ストウ〔1811〜1896〕
コネチカット州に生まれ、牧師の娘として育つ。

宣伝ポスター
発売初年度に国内30万部以上もの売り上げを記録し、「聖書につぐベストセラー」とも呼ばれた。

TRIVIA リンカンはストウに「小さなご婦人のあなたが、この大きな戦争を引き起こした本を書いたのですね」と冗談めかして話しかけた。これに対しストウは、リンカンこそ奴隷解放のために立ち上がったと称賛の言葉をかけたという。

南北戦争の戦況を変えたリンカンの奴隷解放宣言とは？

近代史上最悪の内戦が勃発

　1860年の大統領選で共和党の**リンカン**が当選すると、南部諸州は連邦を離脱。ジェファソン・デイヴィスを大統領とする**アメリカ連合国を建国**した。南部にとって奴隷制は死活問題であったが、北部はアメリカの一体性を崩した南部に反発する。

　1861年4月、南北戦争が勃発した。連発式ライフル銃などの新兵器が投入されたため犠牲は拡大し、内戦は双方の予想を超えて長期化する。

　大統領就任当初のリンカンは奴隷制拡大には反対しつつも、既存の奴隷州の制度まで介入する意思はなかった。しかし、戦争の長期化によってリンカンは**奴隷解放**に舵を切った。

高度な政治判断だった奴隷解放

　リンカンは奴隷制の廃止により、**英仏など国際世論**を味方につけようとした。また、奴隷が脱走すれば南部の経済に打撃を与え、北軍の兵士として利用できるという狙いもあった。こうして、1863年1月に**奴隷解放宣言**が出されることになった。リンカンの狙いは的中し、**戦争は1865年に北軍の勝利で終結**した。

　戦後、荒廃した南部諸州は次々と連邦に復帰する。南北戦争から1877年までは、解放された黒人の地位などの課題に対処した**「再建の時代」**であった。南部では共和党の急進派が再建を主導し、黒人参政権や無料公教育などの大胆な社会改革が行われた。

KEYPERSON

エイブラハム・リンカン

［1809〜1865］ President 1861〜1865 共

　貧しい開拓農民の子であったが、苦学して弁護士となり、大統領にまで上り詰めた。奴隷解放宣言を行い、北部を勝利に導いた大統領として現代でも尊敬を集めている。一方で、奴隷制に反対する立場をとりながら、黒人に白人と同等の権利を与えるつもりもなかった。リンカンの政策は、北部の世論を冷静に読みとった上でのものだったのだ。

POINT!

南北戦争でリンカンは奴隷解放宣言を発表。国内外の世論を味方につけて北部が勝利した。

南北戦争開戦の流れ

奴隷制をめぐる問題を中心に、産業構造の違いなどでも南北の利害が対立。南部諸州がアメリカ合衆国から離脱する形で南北戦争が勃発した。

アメリカ合衆国

北部
- 奴隷制反対
- 保護貿易を求める

VS

南部
- 奴隷制賛成
- 自由貿易を求める

→ **ミズーリ協定（1820年）にて妥協**

西部の新しい州において
北緯36度30分以北には奴隷制を認めない

→ 北部で奴隷制廃止が高まる

奴隷制拡大に反対する
リンカンが大統領に当選（1860年）

南部諸州が合衆国から離脱（1861年）

→ **1861年 南北戦争勃発**

北部23州
アメリカ合衆国

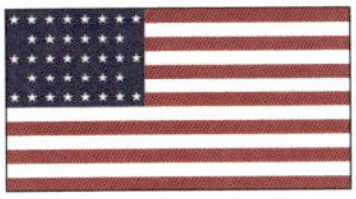

奴隷制には反対だ！

南部11州
アメリカ連合国

合衆国から離脱してやる！

ゲティスバーグの戦い（1863）

南北戦争の最大の激戦。ゲティスバーグは鉄道や主要道路が集まる、補給と部隊増強の要所だった。激しい砲撃戦で、両軍合わせて5万人近くが犠牲になった。

government of the people, by the people, for the people
（人民の、人民による、人民のための政治）

リンカンによる「ゲティスバーグの演説」

激戦地ゲティスバーグでの戦死者追悼集会で、「人民の、人民による、人民のための政治」という名言を残した。

TRIVIA 南北戦争で使用されたライフル銃は、のちに日本の戊辰戦争でも活用された。長崎に渡った中古品のライフル銃を長州藩が大量に買い上げ、旧幕府軍との戦いを有利に進めていった。

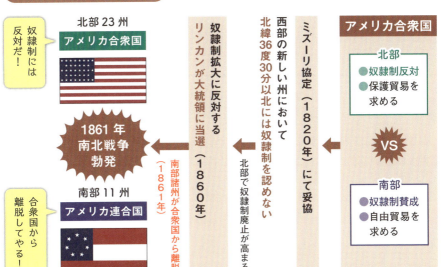

アメリカはどのようにして世界一の工業大国になったのか？

経済が成長した「金ぴか時代」

再建の時代には、黒人の地位向上が試みられた。しかし、南部の白人たちは**反黒人組織であるクー・クラックス・クラン（KKK）を結成**するなど、急進的な改革に猛反発した。こうして再建政府の改革は挫折し、**黒人の政治的権利は剥奪された**。大半の黒人は土地などの資本を所有できず、貧しい農業労働者のままであった。

再建の時代に続く1880年代末までの時代は、マーク・トウェインの著作にちなみ**「金ぴか（金めっき《ギルデッド・エイジ》）時代」**と呼ばれる。拝金主義を皮肉ってつくられた言葉だが、アメリカはこの時期に急速に資本主義を発展させ、**世界一の工業大国**に成長していった。

急速な工業化の光と影

もともと、アメリカは広大な土地と資源を持っている。**19世紀に鉄道網が整備**されると、五大湖沿岸の工業製品と西部・南部の食料や原燃料などが結びつき、たがいに需要を刺激した。主に欧州からの移民も増大し、急速な工業化を支えたのである。

南北戦争中には、西部の公有地を開拓者に無償で払い下げる**ホームステッド法**が制定された。鉄道網の発達などもあって西部の開発が進み、農業や鉱業の部門でも生産力が増大した。

資本主義が進展すると、同業の企業が結合する**トラストなどの独占**が進んだ。一方、激しい労働争議が頻発するなど、階層間の分断も深刻であった。

KEYPERSON

アンドリュー・カーネギー

［1835〜1919］

スコットランドの職人の家に生まれ、家族とともにペンシルベニア州に移住した。13歳のときに紡績工場で働きはじめ、のちに電信局や鉄道会社などにも従事。南北戦争期に鉄の需要が高まったのを機に製鉄業に乗り出し、「鉄鋼王」へと上り詰めた。カーネギー財団など、文化・慈善事業を通じて富を社会に還元したことでも有名である。

POINT!

南北戦争後、交通網の整備や移民の激増などが工業化を支え、資本主義が急速に発展した。

2025 2000 1975 1950 1925 1900 1875 1850 1825 1800 1700 1600

/Here!\

世界一の工業大国に君臨したアメリカ

北部を中心にめざましい工業発展を遂げたアメリカ。交通網の整備により国内市場も強く結びつくようになり、移民の増加も経済の発展を後押しした。

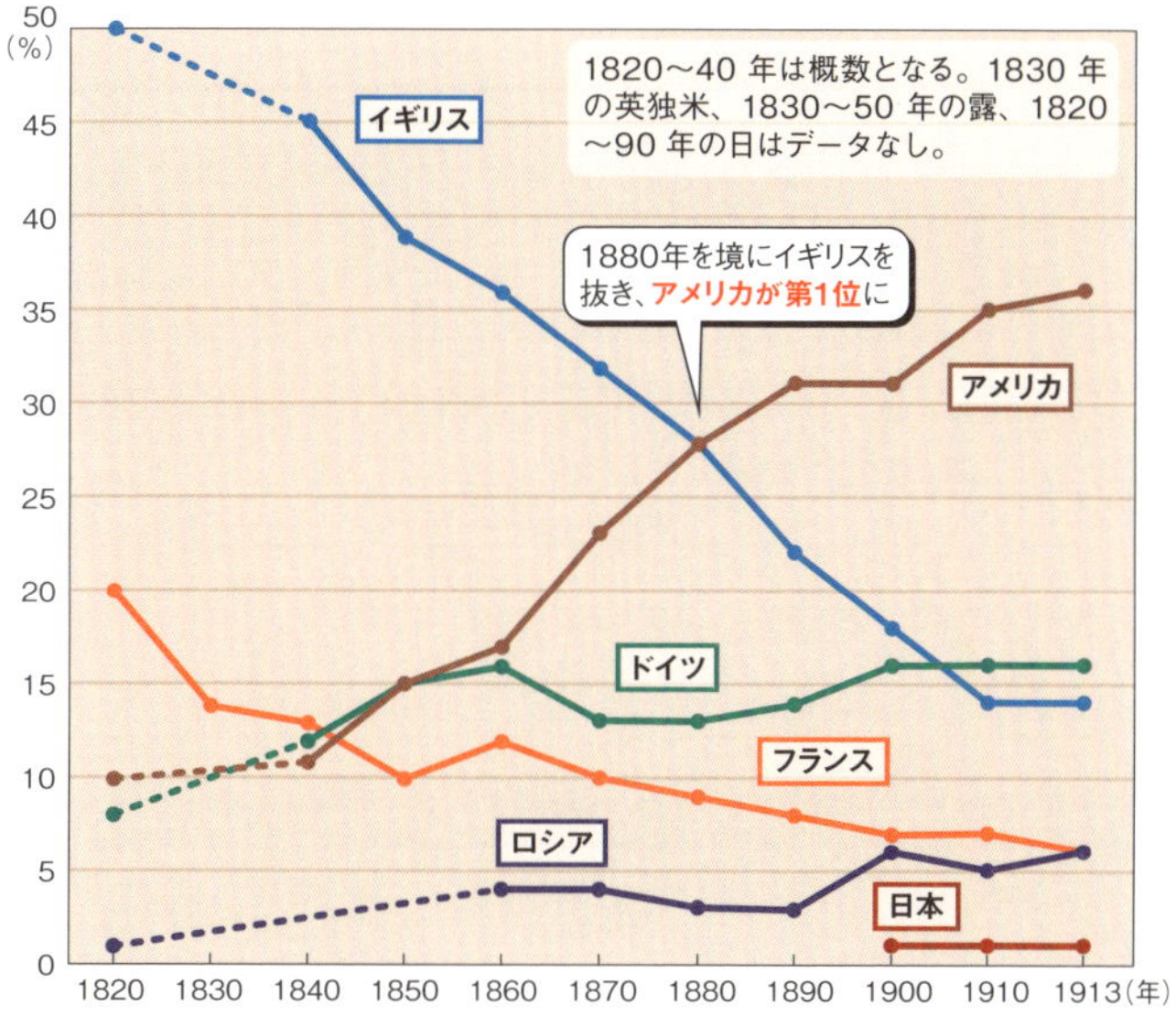

J. クチンスキー『世界経済の成立と発展』をもとに作成

工業生産数に占める各国の割合

19世紀後半頃から、アメリカの工業生産が急増していることがわかる。1880年を境にイギリスを抜き世界第１位になっている。

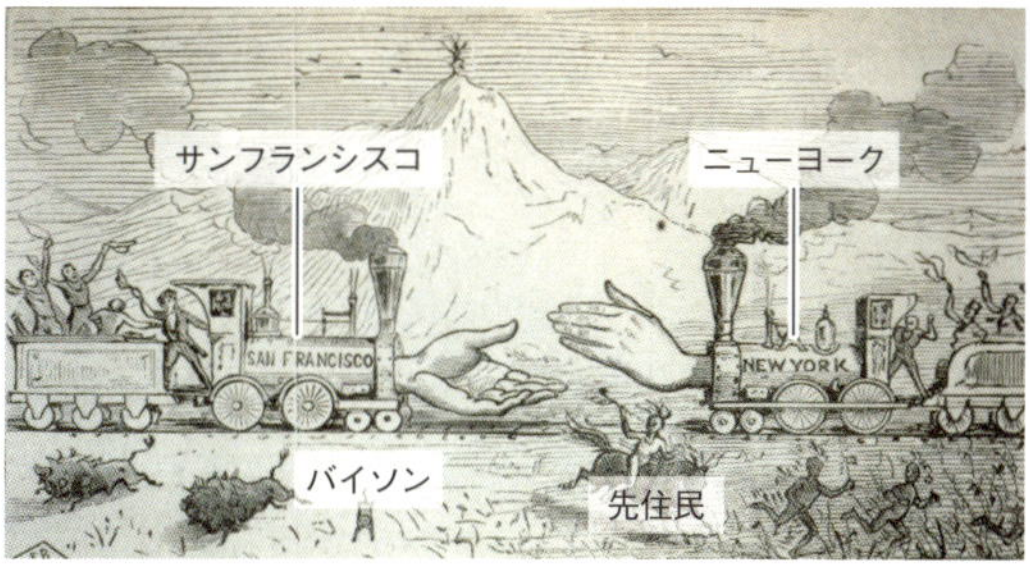

大陸間横断鉄道

19世紀までに４本もの横断鉄道が建設され、鉄道網が発達。西部の市場と東部の工業地帯がアメリカの工業国化を支えた。

白人至上主義団体KKK

黒人差別を風刺した漫画。KKKと白人同盟の握手の下で、殺された子供を抱く黒人夫婦と木に吊るされた黒人が描かれている。

MOVIE GUIDE

『風と共に去りぬ』

南北戦争期の激動の時代

南北戦争期の南部が舞台。気高い女性スカーレットは、思いを寄せるアシュレーの婚約の話に怒り悲しむ。ところが、その夜に南北戦争が勃発。時代に翻弄されながらも、たくましく生きていくスカーレットの半生が描かれていく。高い評価を受けている一方、奴隷制度を肯定的に描いているという批判も強い。

原作／マーガレット・ミッチェル
監督／ビクター・フレミング
主演／ビビアン・リー、クラーク・ゲーブル
公開年／1939年

その時日本は？

［1889年］2月11日、第2代内閣総理大臣の黒田清隆のもとで大日本帝国憲法が公布される

カリブ海や太平洋まで進出し帝国主義時代を迎えたアメリカ

米西戦争で海外領土を獲得

19世紀末、アメリカは対外膨張主義に転じ、**帝国主義国家**へと変貌した。その理由は、国内のフロンティアが消滅し、海外市場を求める声が強まったからである。

スペイン領のキューバで独立運動が活発化すると、米世論はキューバに同情的になった。マッキンリー大統領は1898年に軍事介入を開始し、**アメリカ・スペイン戦争**（米西戦争）が勃発。勝利したアメリカはキューバを独立させ、保護国化した。さらに**スペインからフィリピンやグアム、プエルトリコを獲得**した。アメリカはフィリピンの民族運動にも弾圧を加え、太平洋に拠点を築くことになった。

カリブ海を自国の内海に

中国に関しては他の列強がすでに進出しており、アメリカは後発だった。そのため、国務長官ジョン・ヘイは**門戸開放宣言**を出し、中国の領土保全や通商の機会均等を訴えた。

マッキンリー後の大統領**セオドア・ローズヴェルト**は「**棍棒外交**」という帝国主義政策を展開。勢力圏の中米に対して軍事介入もいとわない政策をとった。その一例がパナマの独立だ。**パナマ運河建設**の必要性を認めると、強引にコロンビアからパナマを独立させ、運河の建設権を得た（1914年完成）。

また、国内では労働者や女性の地位向上、汚職の撲滅といった改革の声が強まり、**革新主義**の政策を行った。

KEYPERSON

ジョセフ・ピュリッツァー

[1847〜1911]

イエロー・ジャーナリズムの全盛期、ハーストのライバルとなったのがピュリッツァーである。知識人の読み物だった新聞に、平易で卑俗な内容や人目を引く見出しを導入し、大衆的な人気を勝ち取った。現在でも毎年、新聞や雑誌、文学、音楽などの分野で優れた仕事をした者に「ピュリッツァー賞」が贈られている。

POINT!

19世紀末に北米のフロンティアが消滅し、海外進出、領土拡大の機運が高まった。

アメリカの帝国主義政策

19世紀末から20世紀初頭にかけて、アメリカは積極的に海外進出を行い、カリブ海や太平洋、極東にまで領土を広げた。

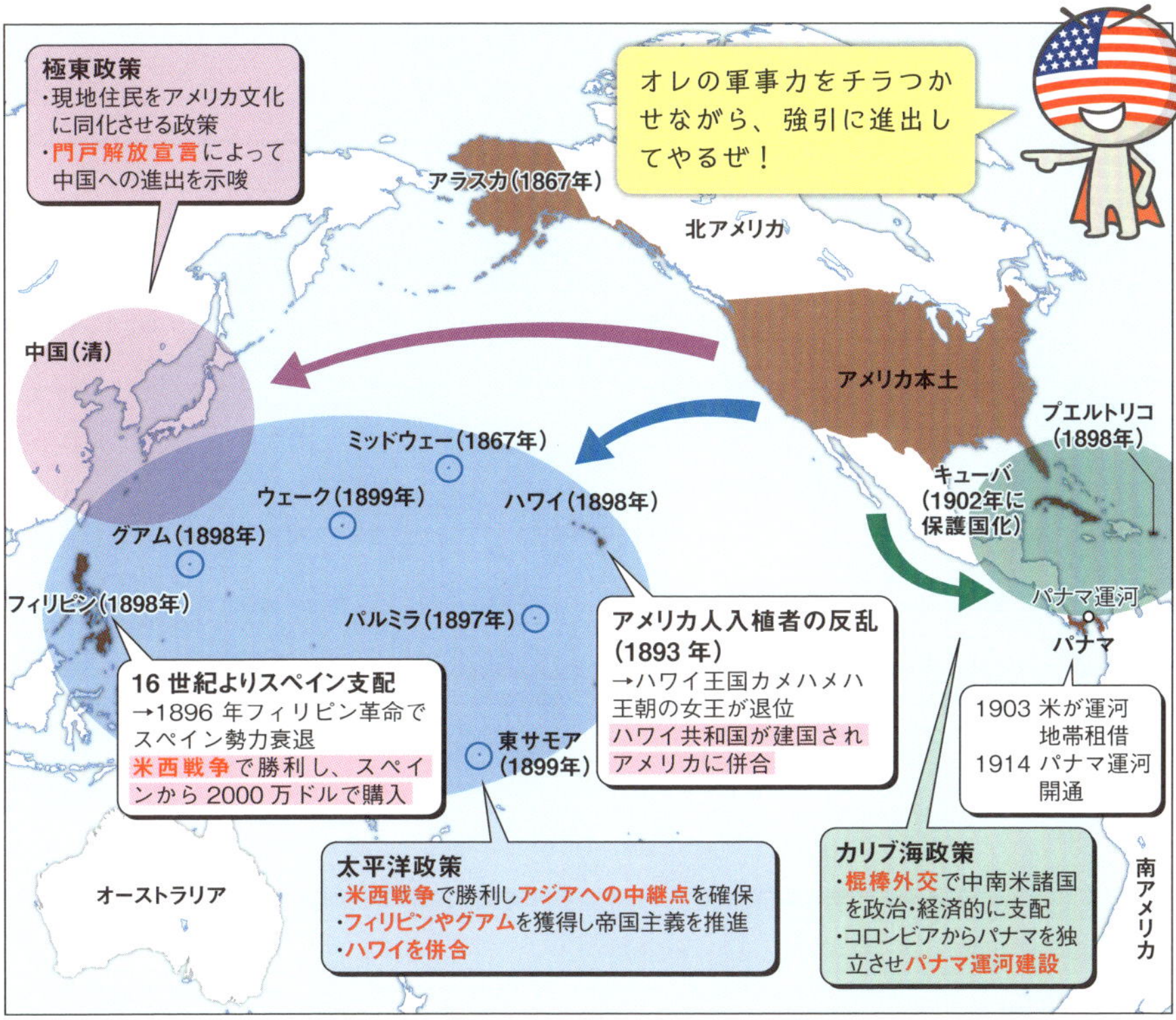

American History

深掘りアメリカ

米西戦争とイエロー・ジャーナリズム

19世紀末頃、「新聞王」と呼ばれた経営者ハーストは、通俗的・煽情的な紙面で多くの読者を獲得した。ハーストのような報道の手法は「イエロー・ジャーナリズム」と呼ばれている。1898年、米軍艦メイン号がキューバのハバナ湾で謎の爆発事故を起こすが、ハーストの所有する「ニューヨーク・ジャーナル」紙では爆発をスペインの仕業と断定し、世論を米西戦争へと先導した。

$50,000 REWARD.—WHO DESTROYED THE MAINE?—$50,000 REWARD.

NEW YORK JOURNAL AND ADVERTISER

DESTRUCTION OF THE WAR SHIP MAINE WAS THE WORK OF AN ENEMY.

$50,000! $50,000 REWARD!

Assistant Secretary Roosevelt Convinced the Explosion of ... an Accident.

The Journal Offers $50,000 Reward for the Conviction of the Criminals Who Sent 258 American Sailors to Their Death. Naval Officers Unanimous That the Ship Was Destroyed on Purpose.

$50,000! $50,000 REWARD!

NAVAL OFFICERS THINK THE MAINE WAS DESTROYED BY A SPANISH MINE.

戦艦メイン号破壊を伝えるニューヨーク・ジャーナルの紙面。

TRIVIA ハワイはアメリカ人入植者のクーデタでカメハメハ王朝が倒れ、最後の女王リリウオカラニは約 20 年軟禁された。1898 年にアメリカに併合され準州となり、1959 年にハワイは 50 番目の州となった。

偉大な発明家が多く生まれ「発明大国」になったアメリカ

トーマス・アルバ・エディソン
〔1847～1931〕
蓄音機、白熱電球などの数多くの発明を行い、生涯で1300以上もの特許を取得。また、世界初の発明会社を設立した。

エディソンの発明した蓄音機。ベルとの電話機開発競争には敗れたが、その技術を応用し蓄音機を発明した。

人類初の飛行を遂げたライト兄弟
1903年12月17日、ノースカロライナ州の砂丘にて、動力飛行機による人類初の飛行に成功した。

科学者だった建国の父

白熱電球や蓄音機を発明した**エディソン**、電信機を発明した**モールス**、飛行機を発明した**ライト兄弟**など、アメリカは偉大な発明家を多数輩出してきた。自然科学分野のノーベル賞受賞者数は、アメリカが他を圧倒している。

18世紀のヨーロッパでは、人間の理性を信じて迷信を否定する啓蒙思想が興隆した。**ロック**や**ルソー**らの考えは、**アメリカ独立革命を含む市民革命の思想的背景**となった。建国期の政治家**フランクリン**は、雷が電気であると実証した。**第3代大統領ジェファソン**も、農学や建築などの分野で才能を発揮した。アメリカは建国当初から科学的精神を持ち合わせていたのである。

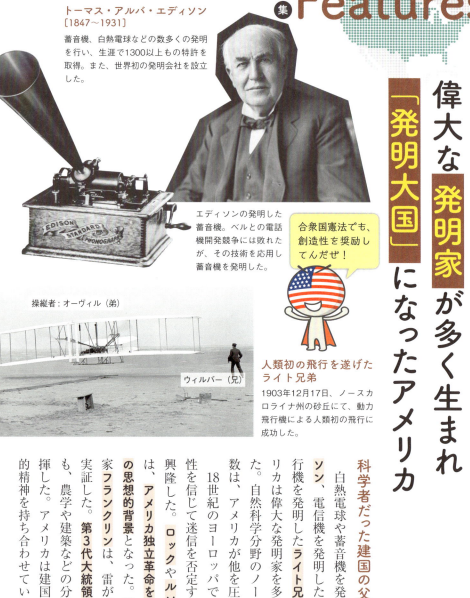

ニコラ・テスラ〔1856〜1943〕

セルビア出身の物理学者。交流送電を広めるため1884年に渡米しエディソンの下で働くが、直流送電を使用するエディソンと対立。晩年は霊界などオカルト的な研究も行っていたとされ、現在も信奉者は多い。

アレクサンダー・グラハム・ベル〔1847〜1922〕

スコットランド出身。1876 年にフィラデルフィアで開催された万国博覧会で電話機を公開し、注目を集めた。

ベルによる初期の電話機。最初に電話機を発明したのはメウッチともいわれるが、ベルは実用的な電話の開発に貢献した。

American History

深掘りアメリカ 発明家を守る「特許法」を推奨したリンカン

1790年に特許法を制定し、建国当初から発明の保護・奨励に積極的だったアメリカ。南北戦争当時の大統領リンカンも1846年に造船技術に関わる発明で自ら特許を取得した。「特許制度は、天才の炎に利益という油を注いだ」というリンカンの言葉は、今でも米国商務省に刻まれている。発明家の保護・資金供給を可能にした特許は発明意欲をかきたて、アメリカは19世紀半ばに特許の登録件数で世界一となった。

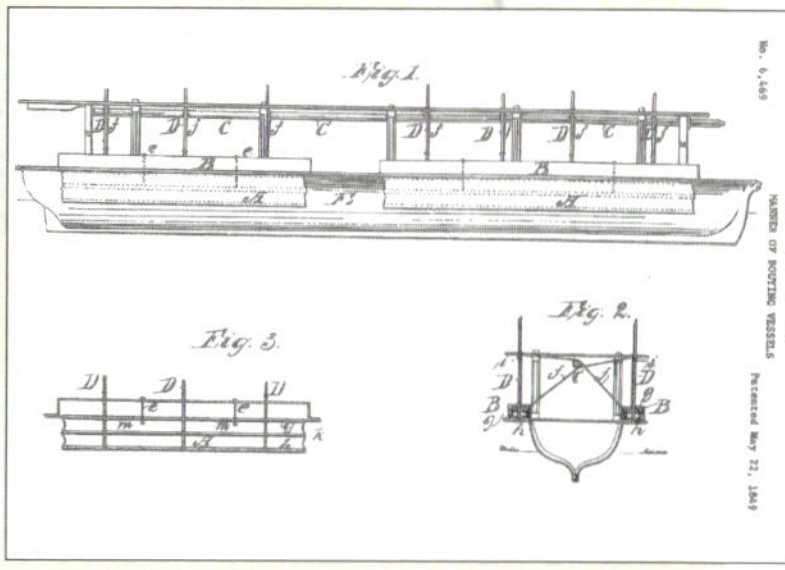

リンカンが取得した「浅瀬を航行する船」の特許（米国特許番号6,469号）。

世界最大の科学大国へ

自由を重んじる価値観やフロンティア・スピリッツ（開拓者精神）は、科学的な創造心を後押しした。合衆国憲法にも発明者の権利を守る規定があり、それが**特許法**のもとになった。

アメリカの自由や先進性に惹かれて移住した科学者・発明家も多い。**グラハム・ベル**はスコットランド生まれで、はじめカナダに渡ってアメリカで電話の特許を取得した。

19世紀後半の列強では第2次産業革命が起き、石油や電気を動力源とする重化学工業が発展。アメリカはドイツと並び第2次産業革命を牽引すると、**19世紀末には世界最大の工業国に成長した**。

アメリカ発の科学技術は人類全体に恩恵を与えたが、その一方で**原子爆弾**の発明（▼P104）など、負の側面をもたらしたことも忘れてはならない。

日露戦争後に一変した？ペリー来航以後の日米関係の変遷

日米関係の始まり

日本の門戸が開ける

日米和親条約（1854年）

ペリーの来航で日本が開国

日米修好通商条約（1858年）

領事裁判権（治外法権）、関税自主権など日本に不平等な条約を結ぶ

万延元年遣米使節団が渡米

日本にとって開国後初となる米正式訪問（1860年）。**勝海舟**や**福澤諭吉**らが随行

岩倉使節団が渡米

不平等条約の改正のため派遣され（1871～73年）、全権大使の**岩倉具視**らが米大統領グラントに謁見。副使以下約50人、**津田梅子**などの留学生を含む大規模な使節団となった

ペリー
［1794～1858］

アメリカ東インド艦隊司令長官。2度にわたり日本へ来航し、下田・箱館の2港を開港させた。 メトロポリタン美術館蔵

使節団のアイドル

万延元年の使節団では、英語が話せて社交的な少年トミー（立石斧次郎）が大人気に。トミーは岩倉使節団にも参加した。

万延元年遣米使節団を迎える大統領

使節団はワシントンでブキャナン大統領と謁見し、日米修好通商条約の批准書交換を行った。

アメリカはなぜ日本を開国させた？

世界地図上では遠く見える日本とアメリカだが、太平洋を挟んだ隣国同士であり、その関係は密接だ。

1840年代に太平洋岸に領土を得たアメリカは、太平洋における**捕鯨**や中国との貿易の際の**補給基地**として日本に目をつけた。1853年、フィルモア大統領は**ペリーを派遣し、翌年に日本を開国させた。**

1871年には、幕末の不平等条約の改正を目指した**岩倉使節団**が訪米し、グラント大統領と面会した。グラントは南北戦争時の英雄だが、政治腐敗などのため大統領としての評価は低い。日本とは縁が深く、退任後に大統領経験者として初めて訪日している。

友好関係

日米が提携関係へ

桂・タフト協定（1905年）

日本の韓国指導権と米のフィリピン統治を相互承認

⬇日本が日露戦争で中国大陸への足がかりを得たためアメリカはこの協定で日本の脅威に対抗する

ポーツマス条約調印（1905年）

日露戦争の講和条約

⬇米は中国での権益を得ることを期待し講和を仲介

桂・ハリマン協定（1905年）

米の鉄道企業家ハリマンが満鉄共同経営を提案

⬇桂首相が内約するも、のちに日本政府により拒否

米は反日感情を強める

緊張関係

反日感情の高まり

日本人排斥運動の激化（1906年）

サンフランシスコでの日本人学童の入学拒否事件

満洲をめぐる争い

南満洲鉄道株式会社の設立（1906年）

満洲市場に「門戸開放」を求める米との関係悪化

米が南満洲鉄道の中立化を提案（1909年）

米国務長官が6カ国に提案するも、4カ国が拒否

満洲事変で関係悪化が決定的に（▼P100）

日本め、日露戦争の資金も講和も協力したのに、結局満洲を独り占めか…！

ヘンリー・デニソン
高平小五郎
小村寿太郎

ポーツマス条約時の日本講和団

米のローズヴェルト大統領の仲介で講和会議が行われ、講和団が渡米。随行したヘンリー・デニソンは、米出身の日本の外交官として不平等条約改正や、日清・日露戦争の外交文書起草など日本の外交の要となる人物だった。

日本とアメリカ、協調と対立

19世紀末、**アメリカはハワイを併合**し、フィリピンを獲得した。一方の日本は日清戦争と日露戦争を通じて列強の一員となっていく。**日本は、太平洋地域でアメリカの脅威となった**のである。

セオドア・ローズヴェルトは、日本とロシアが牽制し合う状況が、アメリカにとって望ましいと考え、日露戦争の講和を仲介した。また、陸軍長官タフト（のち大統領）と桂太郎首相の間に**桂・タフト協定**が結ばれ、日本は朝鮮半島を、アメリカはフィリピンを植民地支配することを相互に承認した。

しかし、日露戦争後の日本は露・英・仏との協調を深め、極東の「門戸開放」を求めるアメリカの利害と対立。**アメリカの対日感情は悪化し、日本人移民排斥運動も発生**した。太平洋とアジアを舞台に、日米関係の緊張は高まったのである。

第4章

二つの大戦を経てアメリカの時代へ

20世紀前半

年代	出来事
1904	パナマ運河の建設が始まる
1913	カリフォルニア州排日土地法が制定
1914	8月、パナマ運河が開通する
	8月、第一次世界大戦に対し中立を宣言 ↓P86
1917	1月、ウィルソンが「勝利なき平和」を発表
	4月、ドイツに宣戦、第一次世界大戦に参加
1918	ウィルソンの十四カ条の平和原則を発表 ↓P86
1919	ヴェルサイユ条約が結ばれる ↓P88
1920	国際連盟が成立（米は不参加）↓P88
	禁酒法が施行される ↓P90
この頃	エンタメ・娯楽文化が花開く（黄金の20年代）↓P92
1921	ワシントン会議が開催される ↓P88
1922	ワシントン海軍軍備制限条約が成立 ↓P88
1924	移民法により、アジアからの移民が禁止される
1929	世界恐慌（ウォール街の株価大暴落）↓P96

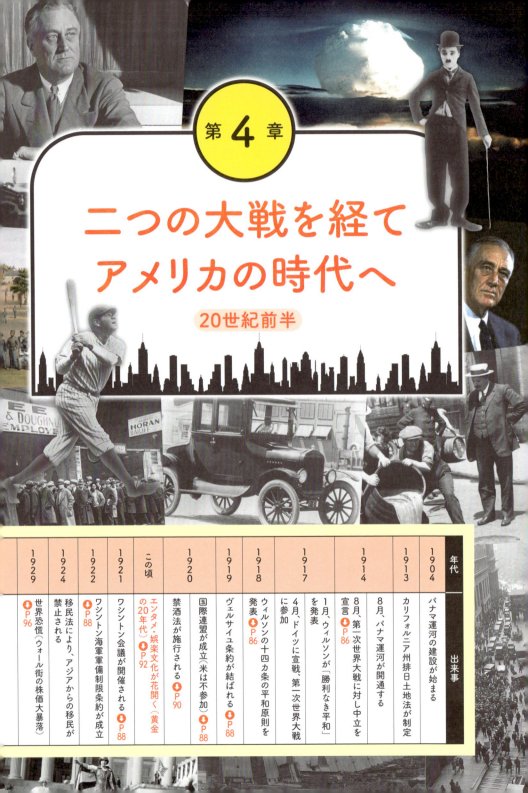

長く中立主義を貫いていたアメリカだが、ドイツの無制限潜水艦作戦を契機に**第一次世界大戦**に参戦。戦後は**ウィルソン**大統領が国際連盟樹立を提唱するなど（加盟はせず）、国際協調を主導していく。

大戦後は未曾有の好景気に沸き、エンタメ・娯楽文化が花開く。しかしそんな**「黄金の20年代」**は1929年の世界恐慌により終焉。**フランクリン・ローズヴェルト**大統領が**ニューディール政策**を行い、経済の立て直しを図った。

恐慌は世界に暗い影を落とし、欧州ではファシズムが台頭。また満洲や東南アジアをめぐって日米関係も悪化する。勃発した**第二次世界大戦**ではドイツや日本を下して連合国を勝利に導き、**世界の覇権国**として地位を確立したのだった。

1931	ニューヨークにエンパイア・ステート・ビル開業 P93
	9月、満洲事変により日米関係悪化 P100
1933	ニューディール政策が始まる P96
1934	ベーブ・ルースが来日し日米野球開催 P95
1935	ワグナー法（全国労働関係法）成立
1939	4月、テレビ放送が始まる
	9月、第二次世界大戦が始まる P98
1941	3月、武器貸与法が成立する P98
	12月、日本の真珠湾攻撃。太平洋戦争が始まる P98
1942	ミッドウェー海戦で米軍勝利 P102
1944	ノルマンディー上陸作戦開始 P103
1945	2月、ヤルタ会談が行われる P102
	7月、ポツダム会談が行われる P103
	8月、広島・長崎に原爆を投下 P105
	8月、日本がポツダム宣言を受諾
	10月、国際連合が発足する

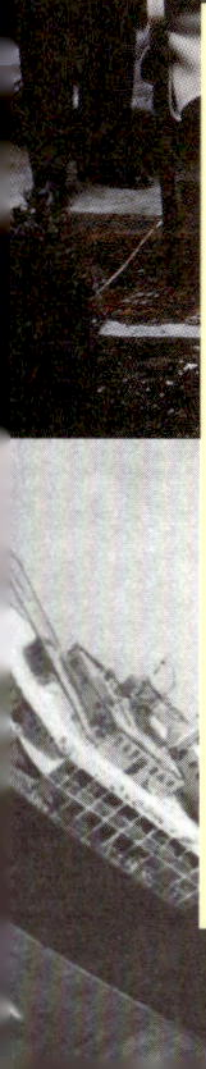

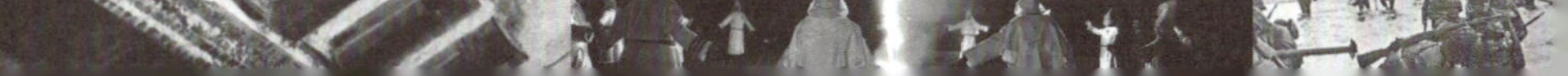

中立を守っていたアメリカはなぜ第一次世界大戦に参戦したのか？

進歩派ウィルソンの登場

モンロー教書が発表されてから、アメリカは欧州列強の争いに関与しない**孤立主義**の伝統を守ってきた。だがその原則は、20世紀に入って崩れていく。

1912年の大統領選挙では、共和党が分裂したことにも助けられ、民主党のウィルソンが当選した。「ニュー・フリーダム」をスローガンとしたウィルソンは、**累進所得税制度などの進歩的な国内改革を行う**。一方、中米カリブ海の政情にたびたび介入する外交姿勢は共和党と共通していた。革命後、混乱が続くメキシコに軍事介入したのが好例である。1914年に第一次世界大戦が勃発すると、**ウィルソン大統領は中立を宣言**した。

従来の孤立主義を放棄

大戦中、イギリスがドイツを**海上封鎖**したことでアメリカの貿易先は英仏連合国が中心となり、経済的な結びつきが強まった。ドイツは海上封鎖へ対抗し、指定の海域以外を通る船は中立国であっても無警告で撃沈する**無制限潜水艦作戦**を開始。これを受け、ウィルソンはドイツに宣戦布告した。

しかし、参戦の動機には、**戦後秩序の構築をアメリカが主導したい**という思惑もあった。戦時中、ウィルソンは民族自決、国際機関の設立などを謳う**十四カ条の平和原則**を発表する。世界平和と民主主義を掲げたウィルソンによる新しい政治の提唱は、世界に大きな影響を与えた。

POINT!

アメリカはドイツによる無制限潜水艦作戦を契機に、連合国側として大戦に参戦した。

KEYPERSON

セオドア・ローズヴェルト

[1858〜1919] President 1901〜1909 共

1901年、マッキンリー暗殺に伴い、史上最年少の42歳で大統領に就任。彼のカリブ海政策は「穏やかに語り、しかし棍棒を携えて歩む」という言葉に表れている。幼少期は病弱だったが、ボクシングなどの運動に打ち込んで克服した逸話を持つ。第一次世界大戦中には自ら戦地に赴こうとして、政府に拒否されている。

大戦を終結させたアメリカの参戦

第一次大戦の勃発時は中立の立場を取ったアメリカだが、無制限潜水艦作戦を受けて反ドイツ世論が高まり、孤立主義を放棄して大戦に参戦した。

1914年
第一次世界大戦の勃発
➡ウィルソン大統領は孤立主義を継続
アメリカは中立を宣言

1915年
ルシタニア号事件
➡アメリカ人も多数犠牲となる
アメリカ世論が反ドイツへ

1917年
ドイツの無制限潜水艦作戦
➡中立国アメリカの船も撃沈される
アメリカがドイツへ宣戦布告

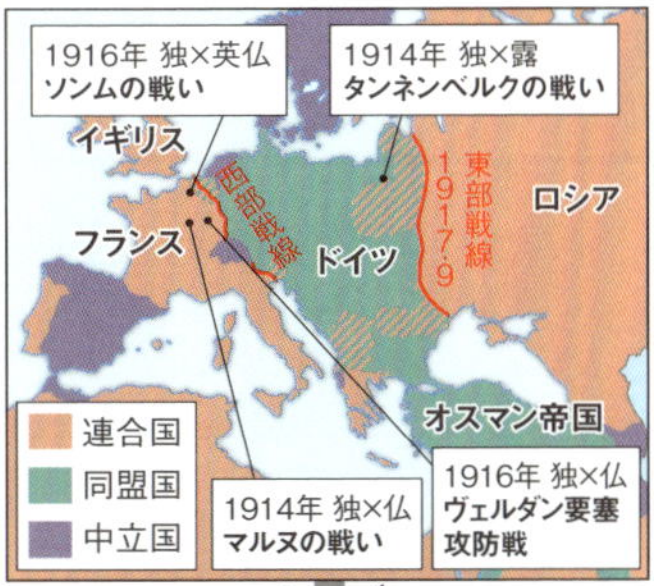

中立の立場から連合国として参戦へ

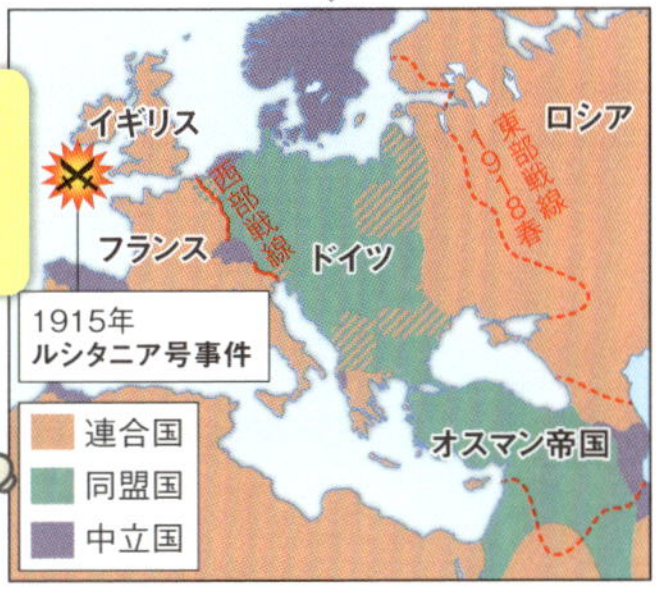

アメリカが参戦した経済的背景

- 戦後秩序の構築を主導したい
- 輸出が停止し、英仏への支援が不可能になることへの恐れ
- 戦争長期化により、英仏のアメリカへの戦債返済が困難になる恐れ

American History

深掘りアメリカ

米世論を反ドイツに傾けた「ルシタニア号事件」

1915年、イギリス客船ルシタニア号がドイツに撃沈され、1198人が死亡した。アメリカ人128人も犠牲になったため、米世論は反ドイツへと傾斜し、２年後のアメリカ参戦の伏線となった。ルシタニア号は戦時禁輸品である弾薬なども輸送していたが、その事実は隠蔽された。ルシタニア号事件は、ドイツの野蛮さを宣伝する連合国側のプロパガンダとして大いに利用されたのである。

1915年５月の英国新聞に掲載されたルシタニア号沈没のスケッチ。

TRIVIA 腕時計の使用は、広域にわたって塹壕が築かれた戦場において、同時刻に作戦を決行できるように第一次世界大戦で用いられたことが始まりとされている。

1918～21年

提唱国のアメリカが国際連盟に加盟しなかったのはなぜか？

国連加盟に反対した議会

1918年、ドイツの降伏を受け第一次世界大戦は終結した。ドイツには過酷な賠償が課され、**民族自決権**も東欧の一部の国に限られた。一方で平和維持機関である**国際連盟**の設立は、講和条約の**ヴェルサイユ条約**に盛り込まれ、実現した。

ところが、米議会によって**アメリカの国際連盟への加盟は否決**されてしまう。米議会はモンロー主義にもとづいて**孤立主義**を掲げる共和党が優位となっていたため、国際問題への介入を望むウィルソンの意向は受け入れられなかったのである。こうして提唱国にもかかわらず、アメリカは国際連盟に加盟できなかった。

戦間期の国際関係を主導

大戦中のアメリカは戦時体制を敷き、言論は抑圧された。1920年の大統領選挙では、国民の戦争疲れを背景に共和党のハーディングが勝利。**20年代は共和党の大統領が続く**。

第一次大戦後には、戦争の惨禍への反省から**国際協調**の機運が高まった。国連には加盟しなかったものの、共和党政権も戦後国際秩序の建設に意欲的に取り組んだ。1921年に始まった**ワシントン会議**で、戦艦保有量を制限する**軍縮**を主導する。さらに、米英仏日の四カ国条約により、**アメリカの脅威となる日英同盟は廃棄**された。

戦間期のアメリカ外交は、このように一定の成果を挙げたのである。

KEYPERSON

ウッドロー・ウィルソン

[1856～1924] President 1913～1921 民

ニュージャージー州知事を経て大統領に当選。1919年、国連加盟を訴える遊説中に病に倒れたが、大統領が執務不能になった事じつは、退陣まで国民に隠されたという。その間は妻イーディスが大統領職務の決裁を代行した。

上院に国連加盟を反対され、国民に支持を訴えに行くウィルソンの風刺画。

POINT!

アメリカは孤立主義を主張する議会の反対により、国際連盟への加入が叶わなかった。

協調外交とその崩壊

国際連盟の発足など国際協調の流れが生まれ、各国で軍縮も行われた。しかし世界恐慌を契機に協調外交は崩壊していった。

米の孤立主義

国際協調の流れ

国際協調の崩壊

ヨーロッパ	アメリカ	日本
1918年 第一次世界大戦 終結／1919年 ヴェルサイユ条約調印		
1920年 米ウィルソンの提唱で国際連盟設立		
加盟（英・仏・伊）	非加盟	加盟
1919年 ヴェルサイユ体制 ヨーロッパ内の平和・安全 ➡ドイツの再起を英仏が抑制	孤立主義にもとづき、上院の反対で加盟できず  ウィルソン大統領	**1921年 ワシントン体制** アジア・太平洋の平和・安全 ➡日本の中国大陸進出を米英が抑制
軍縮 **1922年 ワシントン海軍軍備制限条約** 米・英・日・仏・伊の主力艦を保有制限		
1925年 ロカルノ体制 ドイツと、フランス及びベルギーの国境不可侵を定める 1926年 ドイツが国際連盟加盟	**1924年 ドーズ案／29年ヤング案** ドイツの賠償金問題に関与。返済期限の延長や減額を提案し、ドイツの救済を計画	1923年 アメリカの画策で日英同盟が解消される
不戦 **1928年 パリ不戦条約** 米・仏の提唱により15カ国間で戦争放棄を誓約する初の条約		
1929年 世界恐慌		
世界恐慌を受け、アメリカ資本に依存していたドイツは、賠償金の返済が困難に	**1931年 フーヴァー・モラトリアム** ドイツの賠償金に対し、支払期限を1年猶予→効果なし	不景気を脱すべく、「満洲は日本の生命線」をスローガンに満洲開拓の機運が高まる
軍縮 **1930年 ロンドン海軍軍縮会議** 米・英・日の補助艦を保有制限		
1933年 ナチス政権誕生 ヴェルサイユ体制打破を掲げる 1933年 ドイツ、国際連盟脱退	フーヴァーに代わって大統領となったフランクリン・ローズヴェルトがニューディール政策で経済立て直しを図る	1931年 満洲事変を起こす 1933年 国際連盟脱退

American History

深掘りアメリカ

第一次世界大戦を機に実現した女性参政権

アメリカで女性参政権を初めて認めたのは1869年のワイオミング準州だったが、西部以外の州では導入が遅れた。しかし、長期間の女性参政権運動が成果を挙げ、さらに第一次世界大戦中には女性たちが出征した男性労働者の代わりを務めたことで、地位を向上させた。1920年、「性別を理由に参政権を制限してはならない」とする合衆国憲法修正第19条が発効し、全米で女性参政権が実現した。

財務省舎前にて婦人参政権を求めてデモを行うアメリカ人女性（1913年3月）。

TRIVIA

国際連盟加盟にあたり米議会で問題になったのは、各国の領土保全を尊重すると規定された規約第10条だけであり、第10条に留保を付ける条件であれば議会と妥協できる可能性が高かった。しかし、ウィルソンが妥協を拒んだため加盟は見送られた。

「黄金の時代」となった1920年代 アメリカの繁栄と負の側面

アメリカが好況に沸いた理由

第一次世界大戦中、アメリカは物資や戦債の購入などで連合国を支援したため、**債務国から債権国へと転換する**。次第にニューヨークは国際金融市場の中心となっていった。

1920年代は共和党の大統領が3代続き、企業寄りの政策を行った。これにより、アメリカは未曽有の好景気を実現する。**自動車**や**家電製品**が普及し、その需要が好況を支えた。

共和党政権は、ヨーロッパの復興がアメリカの繁栄に不可欠であると考えていた。そのため、ドイツの戦後賠償金支払いの負担を軽減する案**（ドーズ案／ヤング案）**を作成し、ドイツの再建に積極的に関与した。

経済的繁栄の光と影

アメリカの20年代は繁栄の時代だったが、負の面も存在した。

大戦末期に**ロシア革命**が起きたことで、アメリカ国内では社会主義への恐怖（レッド・スケア）が広まり、社会主義者が弾圧される**「赤狩り」**が**激化**した。イタリア系移民のサッコとヴァンゼッティが、政治信条を背景に冤罪で処刑される事件も起きた。**人種差別組織KKK**も再び活発化する。

この頃制定されたのが**禁酒法**だ。原動力となった禁酒運動は、19世紀から続く社会改良運動の一つである。だが、酒の密造などで巨額の利益をあげた**アル・カポネ**に代表されるギャングの暗躍を招き、1933年に廃止された。

POINT!

1920年代は華々しい繁栄の一方、人種差別やギャングの暗躍など社会矛盾も生じた。

KEYPERSON

ヘンリー・フォード

[1863〜1947]

20世紀初頭に大量生産・大量消費社会を生み出した、最も重要な実業家。自動車の部品製造や組み立てなどの作業を単純化し、ベルトコンベアによる流れ作業による生産システムを実用化した。これにより、高級品だった自動車は一気に大衆化する。自社の従業員がフォード車を買えるよう、十分な賃金も支払った。

1920年代の社会矛盾

大衆消費社会を迎え、豊かな生活が訪れた一方、禁酒法の制定やマフィアの暗躍、KKKの台頭など社会矛盾が拡大した。

禁酒法（1919年）
アルコール飲料の売買が禁止され、ニューヨークの下水道に密売酒を捨てる人々。1921年頃の写真。

アル・カポネ〔1899～1947〕
禁酒法時代に酒の密造と密売を行って巨額の富を築いたギャング。シカゴの裏社会で暗躍した。

KKK（クー・クラックス・クラン）の復活
南北戦争後に結成された人種差別組織。19世紀末に自然消滅したが、1915年頃に復活。1920年代にはカトリック、ユダヤ、東洋人などへも差別を広げた。

サッコ・ヴァンゼッティ事件（1927年）
無政府主義者かつイタリア系移民の２人に対する冤罪事件。２人は証拠不十分のまま殺人罪で逮捕・処刑され、不公平な裁判に世界中で抗議が起きた。

American History

深掘りアメリカ

伝説のFBI長官 エドガー・フーヴァー

州の枠を超えた犯罪全般を捜査対象とする連邦捜査局（FBI）。この組織を整えた人物が、エドガー・フーヴァーだ。1924年、彼は29歳の若さで捜査局（FBIの前身）の長官に就任。司法長官の自宅が襲撃される事件で徹底的な「赤狩り」を行った。歴代大統領の機密情報も所有し、半世紀近くFBIの長官として君臨し続けた。

MOVIE GUIDE

『シカゴ』

1920年代のアメリカを描く

ブロードウェイ・ミュージカルが原作の映画。ロキシーは殺人の罪で投獄されるが、そこで憧れのスターであるヴェルマに出会う。

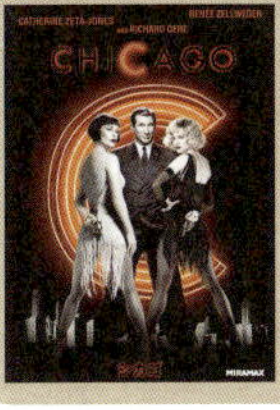

禁酒法時代、マフィアが暗躍する1920年代のシカゴを舞台に、衝撃のスキャンダルが描かれる。

監督／ロブ・マーシャル
主演／レニー・ゼルウィガー
公開年／2002年

Blu-ray・DVD 発売中／発売元：NBC ユニバーサル・エンターテイメント
*2024 年 7 月の情報です。

その時日本は？
［1922年］被差別民の差別解放を目指す、全国水平社が設立される

特集 Features

アメリカ独自の娯楽文化が花開き 訪れた「黄金の20年代」

生活

電化製品の普及

1920年にラジオ放送が開始。1929年には全米の約7割の家庭に電気が通っており、その4分の1ほどに洗濯機、8割にアイロンがあった。

T型フォード

フォード社は流れ作業方式で、自動車の大量生産を実現。T型フォードは低価格大衆車としてモータリゼーションをもたらした。

音楽

ルイ・アームストロング
〔1901～1971〕

20世紀を代表するジャズ・ミュージシャン。即興演奏に優れ、ジャズの発展に貢献した。

娯楽の多様化と大衆化

1920年代、アメリカ労働者階級の飲酒量は減少したといわれる。これは禁酒法の効果というよりは、好景気によって可処分所得が増え、**多様な娯楽が普及した**要因が大きい。

1920年、**ラジオ放送が開始**された。ラジオでの試合中継を通じて、野球やフットボールなどのプロスポーツの人気が高まる。**自動車の普及**により、ドライブも市民の娯楽となった。

第一次世界大戦期の工業化により、南部の黒人が労働力として大量に北部に移住した。この影響で、黒人音楽である**ジャズ**が白人にも浸透。安価なレコードの登場もあり、**ルイ・アームストロング**らの演奏家が活躍した。

出来事

ニューヨークの発展

高層ビルが立ち並び、繁栄の象徴となったニューヨーク。一方で狭いアパートで暮らす移民労働者も多かった。

チャールズ・リンドバーグ
〔1902～1974〕

アメリカの飛行家。1927年、単独でニューヨークとパリ間の大西洋横断無着陸飛行に初めて成功し、アメリカを熱狂させた。現代でも1920年代における代表的な出来事として語られる。

広告

コカ・コーラの広告

1923年のアメリカの雑誌に掲載されたもの。大衆の購買意欲を刺激するような多くの広告がつくられた。

映画

チャールズ・チャップリン
〔1889～1977〕

イギリスから渡米し、ハリウッドで活躍したコメディアン。「喜劇王」として知られ、俳優だけでなく、監督や脚本家としても活躍した。

人々を魅了した映画スター

「繁栄の20年代」に花開いた娯楽として、代表的なのが**映画**だ。20世紀初頭から、**ロサンゼルス市のハリウッド**が映画の街となった。年間のほとんどが晴れているという気候、広大な土地、変化に富んだ地形が撮影に便利だったためである。

　ハリウッド映画は、人気俳優を起用して多くの作品をつくる**「スター・システム」**を採用した。**チャーリー・チャップリン**や**グレタ・ガルボ**といったスターたちが、銀幕を彩った。１９２７年には**アカデミー賞**も創設された。

　大都市には超高層ビルが立ち並び、景観も様変わりした。ニューヨークのエンパイア・ステート・ビルは高さ３８１ｍを誇り、**１９５４年まで世界で最も高いビル**だった。アメリカの繁栄を象徴するビルだが、竣工は皮肉にも大恐慌最中の１９３１年だった。

特集 Features

アメリカで誕生した野球はどのようにして日本に渡ったのか？

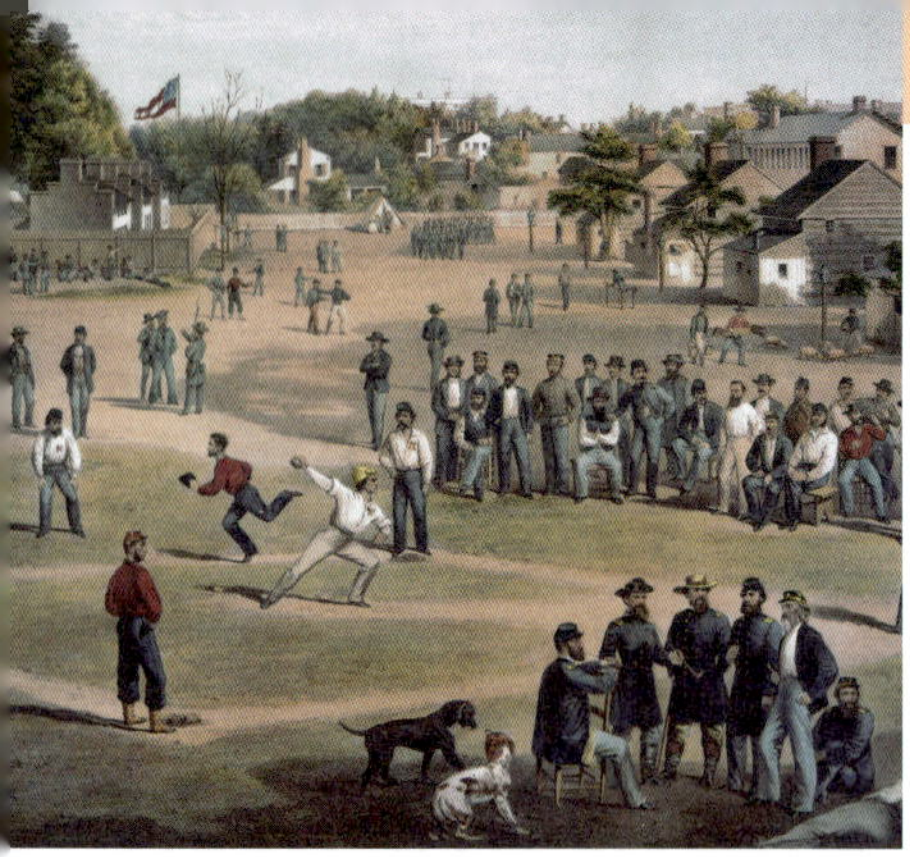

南北戦争と野球

南北戦争中、野球は兵士や捕虜のレクリエーションとしてプレイされた。絵は南軍捕虜収容所で野球をする北軍捕虜たち（1863年）。

野球チームの誕生（1869年）

アメリカ初の野球チームであるシンシナティ・レッドストッキングスが結成された。

野球の歴史

1845年	アレキサンダー・カートライトが現在の野球につながるルールを定める
1857年	9イニング制が採用される
1865年	**南北戦争によって**野球が西部や南部にも広まる
1869年	初のプロチームである**シンシナティ・レッドストッキングス**が誕生
1872年	**アメリカ人教師ホーレス・ウィルソン**が日本の学生に野球を伝える
1894年	中馬庚《ちゅうまかのえ》が**ベースボールを「野球」と訳す**
1903年	ア・リーグとナ・リーグの間に協定が成立し、**ワールドシリーズが開始**
1903年	早稲田が慶應に試合を申し込んで**早慶戦**が始まる
1915年	全国中等学校優勝野球大会（現在の**夏の甲子園大会**）開始
1929年	大リーグで**背番号の採用**が始まる
1934年	**ベーブ・ルース**などアメリカの大リーグ選手が来日し**日米野球**18試合が日本各地で行われる
1936年	東京巨人、大阪タイガースなどの7球団が**日本職業野球連盟を創立**
1943年	戦争の激化で**学生野球が中止**される（44年にはプロ野球も中止）
1946年	学生野球、社会人野球、プロ野球が復活
1947年	ジャッキー・ロビンソンが黒人として初の大リーグ選手となる
1950年	セントラル・パシフィックの**2リーグ制が開始**する

■アメリカの歴史　■日本の歴史

野球殿堂博物館のサイトを参考に作成

野球が普及した意外な理由

アメリカで国民的な人気を誇る野球は、**日本人メジャーリーガー**の活躍などで日本でも注目されている。アメリカ野球と大リーグは、どのような道を歩んできたのだろうか。

9人制や3アウト制、9イニング制など、今日の見慣れた野球のルールは、19世紀半ば頃に整備された。また、**南北戦争の勃発**も野球の普及に大きな役割を果たした。戦局が膠着した多くの戦場で、兵士たちが気晴らしのため野球に興じたのである。

南北戦争後には、プロ野球の歩みが始まった。初のプロチームである**シンシナティ・レッドストッキングス**が創設されたのは1869年のことである。

1934年 日米野球のポスター

提供／公益財団法人 野球殿堂博物館

伝説の選手 ベーブ・ルース〔1895〜1948〕

主にニューヨーク・ヤンキースで活躍した外野手。年間ホームラン60本の記録を作った。二刀流の選手でもあり、アメリカ野球史上最高のオールラウンダーと評価される。

ベーブ・ルースの来日（1934年）

日米野球の際、東京駅にて大歓迎を受けるベーブ・ルース。野球評論家の鈴木惣《そう》太《た》郎《ろう》が渡米し、ベーブ・ルースのポスターを見せて本人に来日を懇願したことで日米野球が実現した。

沢村栄治〔1917〜1944〕

東京ジャイアンツ発足当時の投手。現在でも、その年に最も活躍した投手に贈られる「沢村栄治賞」があり、その功績は大きい。

日本野球発祥の地

現在の神保町、学士会館の敷地内に立つ碑。元は東大の前身・開成学校の敷地で、教師ホーレス・ウィルソンがこの地で学生に野球を教えた。

ベーブ・ルースと日本の縁

20世紀初頭、全米の頂点を決める**ワールドシリーズ**が導入されるなど、大リーグの制度がほぼ固まった。１９２０年代にはラジオが普及し、中継を通じた野球人気も高まっていく。

ベーブ・ルースは、この時代に国民的スターとなった。主にニューヨーク・ヤンキースで外野手として活躍し、通算７１４本塁打を放った。キャリアの初期は投手でもあり、**1918年に「二桁勝利・二桁本塁打」を記録**している。２０２２年、大谷翔平選手がこの記録に１０４年ぶりに並んだ。

アメリカ人教師ホーレス・ウィルソンが**日本に野球を伝えたのは1872年のこと**である。日本でも野球熱が高まり、**1934年にはベーブ・ルースら大リーグ選抜チームが来日**した。日本のプロ野球リーグが創設されたのは、その2年後のことだった。

世界恐慌が起きた要因と景気対策「ニューディール政策」とは？

「暗黒の木曜日」はなぜ起きた？

未曽有の好況を呈した１９２０年代のアメリカだったが、20年代後半には**建築・製造業の成長は頭打ち**になっていた。投資のための資金は株式市場に流入し、実態にもとづかない株価の上昇（バブル）が発生する。

１９２９年10月24日、ニューヨークの**証券取引所で株価が大暴落**し、バブルが崩壊（暗黒の木曜日）。不況の影響は工業・農業などあらゆる部門に及び、失業者は全米の労働者の4分の1となる**約１３００万人**に達した。

ジョン・スタインベックの小説「怒りの葡萄」では、大恐慌期の貧しい農民を主人公に、資本主義の矛盾が描かれている。

政府が積極的に経済に関与

共和党の**フーヴァー政権**は恐慌対策に失敗し、代わって１９３２年の大統領選挙では民主党の**フランクリン・ローズヴェルト**が当選する。彼の**ニューディール政策**では、政府が失業やデフレに積極的に介入した。

また部門別に生産量を調整して価格の引き上げを狙った**全国産業復興法**（**NIRA**）や**テネシー川流域開発公社**（**TVA**）**の設立**など、公共事業による失業者の救済を図った。

ニューディール政策が実際にどれほどの効果を挙げたかについては、現在も議論がある。30年代後半には再び景気が悪化し、**第二次世界大戦**によってようやくアメリカ経済は復興した。

POINT!

世界恐慌が起こり、アメリカではは経済対策としてニューディール政策が実行された。

KEYPERSON

フランクリン・ローズヴェルト

［1882〜1945］ President 1933〜1945 民

恐慌と第二次世界大戦という困難な時期の指導者として、史上唯一の４選を果たした大統領。就任演説での「我々が恐怖すべきは、恐怖そのものである」という言葉が有名である。ラジオで国民に直接語り掛ける「炉《ろ》辺《へん》談《だん》話《わ》」というスタイルで強固な支持を集めた。39歳でポリオに罹患してからは両足に麻痺が残り、車椅子を使用していた。

世界恐慌の要因と復興

好景気のアメリカでは株取引が盛んになった。しかし購買力が追いつかず株価だけが上がり続け、ついに1929年暴落。その影響は世界中に及んだ。

1920年代
大量生産・大量消費の時代到来

人々は借金をして電化製品や株を買い求める

需要の低下
生産数 ＞ 国民の購買力

需要と供給バランス崩壊

供給の増加
- 工業：自動車・電機・建設など新しい産業の発展
- 農業：第一次世界大戦後、輸出が止まる

生産過剰に

1929年10月24日
株価暴落 世界恐慌の始まり

ニューディール政策の実施 ※主な政策を抜粋

内政（3R政策）

救済
- **金本位制廃止**
  ➡金が貨幣価格の基準となる金本位制を廃止し、ドルと金の交換を停止して米ドルの流出を防止

回復
- **農業調整法（AAA）**
  ➡農業生産の制限や補助金支援、農産物の価格引き上げ
- **全国産業復興法（NIRA）**
  ➡国家における産業統制を行い、労働条件も改善

改革
- **テネシー川流域開発公社（TVA）**
  ➡テネシー川流域で総合開発を行う公社を設立し、失業者に仕事を与える
- **ワグナー法**
  ➡団結権・団体交渉権の保障で労働者の組織化

第二次世界大戦の軍需で景気回復

株価暴落後、ウォール街のニューヨーク証券取引所に殺到した人々。

1931年のシカゴで、失業者向けのスープキッチンに並ぶ失業者たち。

1930年代にテネシー川流域開発公社が建設したノリスダム。ニューディール政策では、ダム建設が失業者救済につながった。

その時中国は？
［1928年］1927年に南京に国民政府を建てた蒋介石が国民政府主席となり中華民国を統一した

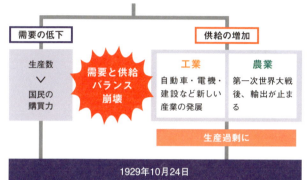

第二次世界大戦の勃発とアメリカの「四つの自由」とは？

孤立主義的だった米外交

1920年代アメリカで始まった恐慌は、列強にも打撃を与えた。ドイツ、イタリアなどでは**ファシズムが台頭**し、対外侵略の度合いを強めた。

1930年代半ばまで、ローズヴェルト政権は内向的な外交を行う。中南米に対して軍事介入を控える**「善隣外交」**が展開され、ファシズム対反ファシズムの構図をとるスペイン内戦にも不介入の立場をとった。

そんな中1939年9月、ドイツがポーランドに侵攻して**第二次世界大戦が勃発**。フランス降伏と日独伊三国同盟の締結は、アメリカ国民に衝撃を与えた。アメリカは当初参戦しなかったが、孤立主義は修正を迫られた。

「普遍的な価値」のために参戦

1940年に空前絶後の3選を果たしたローズヴェルトは、アメリカを**「民主主義の偉大な兵器廠《へいきしょう》」**にすると述べた。さらに41年の年頭教書演説で、ローズヴェルトは全人類が享受すべき**「四つの自由」**を提唱した。ファシズム陣営から、人類の普遍的な価値である民主主義を守ることがアメリカの使命だと訴えたのである。

41年3月、**武器貸与法**が成立する。連合国に対する武器の貸与・譲渡が可能になり、**アメリカの中立は崩れた**。そして同年12月、日本が真珠湾を奇襲攻撃したことで、**アメリカは日本に宣戦布告**。続いて独・伊とも開戦し、アメリカは大戦に参戦することになった。

KEYPERSON

ジャネット・ランキン
[1880〜1973]

1916年、女性として初めて連邦議会議員となる。共和党のモンタナ州選出の下院議員だった。第一次世界大戦の参戦には反対し、1941年の対日参戦の決議にも、全議員で唯一の反対票を投じた。二つの世界大戦に反対した唯一の国会議員である。戦後もベトナム戦争に反対するなど、非難を受けながらも平和主義を貫いた。

POINT!
中立の立場をとるアメリカだったが、ファシズムの台頭を受け、連合国側で参戦した。

世界恐慌による経済悪化と大戦への道

「持つ国」（米・英・仏）

植民地を豊富に所有
➡植民地との間に排他的な経済ブロックを形成し経済の安定化を図る（**ブロック経済**）

国際貿易縮小 ➡

「持たざる国」（伊・独・日）

植民地を持たずブロック経済をつくれない
➡**経済危機を受け領土拡張主義へ**

⬇

ムッソリーニ率いるファシスト党が主張したファシズムは、ヒトラーにも大きな影響を与えた。

フランクリン・ローズヴェルト大統領

ファシズムの台頭

独裁権力で、国民を抑圧する国家体制が登場

- 伊 ファシスト党のムッソリーニによる政治
- 独 ナチ党のヒトラーによる政治
- 日 軍国主義による国家体制

⬇

アメリカの中立が崩れる

「四つの自由」演説（1941年１月）

「四つの自由」（言論および表現の自由、信教の自由、欠乏からの自由、恐怖からの自由）を守るためファシズム勢力と戦うと演説

武器貸与法の成立（1941年３月）

連合国に対し、無利子などの負担が少ない条件で武器を貸与。イギリス、フランスに限らず、ソ連や中国など連合国全体を援助

➡**軍需産業で失業者が激減、景気回復につながる**

⬇

アメリカが第二次世界大戦に参戦

1941年12月７日 太平洋戦争に突入

武器貸与法により、アメリカからイギリスに渡ったトミーガン。

American History

深掘りアメリカ 第二次世界大戦下の総動員体制による影響は？

第二次世界大戦は、アメリカ国民の生活や意識にも大きく影響した。政府は企業に戦車や艦船などの軍需産業への転換を促し経済回復を果たす。一方でそれが政府・軍部・企業が癒着する「軍産複合体」が生まれる要因となった。また軍需産業における女性の動員や女性陸軍の創設など、女性も戦争に大きく関わることとなり、映画でも連帯や愛国心を訴える作品が多く制作された。

第二次世界大戦におけるアメリカの女性陸軍部隊（WAC）募集ポスター。

TRIVIA 20世紀初頭にアメリカで誕生した合成樹脂から作られた薄いラップは、第二次世界大戦中に蚊帳としてや、武器を湿気から守るための包装フィルムとして使われた。それが現在の食品用ラップの起源とされる。

なぜ、日米は太平洋戦争で戦火を交えることになったのか？

日本の暴走を放置したアメリカ

1920年代、アメリカ主導で構築された国際秩序が**ワシントン体制**であり、中国の領土保全などがうたわれた。しかし、世界恐慌の直撃を受けた日本では**対外膨張主義**が強まり、1931年に**満洲事変**を起こした。**日本がワシントン体制を破壊したこと**が、日米の衝突につながったのである。

しかし、フーヴァー政権も初期のフランクリン・ローズヴェルト政権も、日本の暴走を止めることはなかった。恐慌への対処に追われた上、孤立主義が国民に根付いていたためである。ローズヴェルトは中国の国民党政権を支援したが、**対日交渉には消極的**な姿勢をとった。

最後通牒となったハル・ノート

事態が変わるのは、1940年9月のことである。日独伊三国同盟が締結され、さらに日本が仏領インドシナ北部に進駐。**日本がファシズム陣営に与したこと**で、民主主義を提唱するアメリカの敵であることが明確化した。

アメリカは日本に**経済制裁**を行い、日本も姿勢を硬化させた。ソ連が連合国側で参戦するとアメリカは強気になり、一切の譲歩をしなくなる。国務長官ハルが、中国からの完全撤退などを含む**「ハル・ノート」**を提出すると、**東条英機内閣は開戦の意思を固めた**。

日本は外交的迷走の末に戦争に突入したが、アメリカが日本を追い詰めた側面も否定しがたいのである。

POINT!

満洲事変で日米の溝は深まり日米交渉が行われたが、真珠湾攻撃を契機に開戦となった。

KEYPERSON

コーデル・ハル
[1871〜1955]

国務長官として日本に「ハル・ノート」を提示したことで知られる。ハル・ノート自体は非公式の覚書にすぎず、最後通牒とみなすのは適当でない、とする見解もある。ハルは国際連合の創設に尽力し、国連憲章にもその思想が盛り込まれている。1945年のノーベル平和賞受賞者であり、「国連の父」と呼ばれている。

2025 2000 1975 1950 ★ 1925 1900 1875 1850 1825 1800 1700 1600
/Here!\

日米交渉の決裂と開戦

1941年４月から 11月までの間に開戦を回避するための交渉が行われたが、失敗に終わり日米開戦にいたった。

1937年　満洲事変～日中戦争の勃発

アメリカは**蒋介石の中華民国政府を承認**し、**中国との貿易で利益を得ていた**ため日本の中国進出に抗議し、**輸出品の規制**を始める。

1939年　日米通商航海条約破棄を通告

日本の軍需物資輸入割合（1940年）

軍需物資の大半をアメリカから輸入していた日本。日米貿易断絶を受け、資源確保のため東南アジアに進出した。

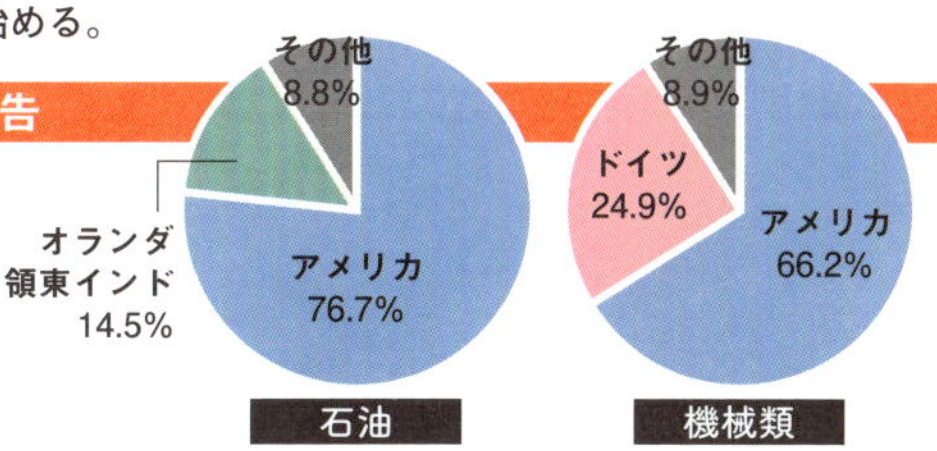

日独伊三国同盟調印後の様子。日本大使の来栖がチャーノとヒトラーの隣で演説している。

日米の国力差など、日本人の精神力ではね返せるだろう…

1941年10月18日に首相に就任。前任の近衛内閣の段階で日米交渉は行き詰まっており、東条は開戦に踏み切った。

開戦までの日米交渉の流れ

1940年　日独伊三国同盟締結

日本のファシズム化が明確となり、**日米対立が決定的に**

1941年４月　日米交渉の始まり

開戦回避のため、**11月まで交渉を続ける**

1941年７月　日本軍が南部仏印に進駐

東南アジアに進出した日本。アメリカは経済制裁として**石油輸出を禁止**

1941年11月　「ハル・ノート」要求

アメリカは日本に中国からの撤退を要求。
日本は妥協できず、開戦を決意。**日米交渉が決裂**

1941年12月　日本軍が真珠湾攻撃
太平洋戦争突入

日本軍はハワイにある**米軍基地を奇襲**。
宣戦布告前の攻撃にアメリカは対日参戦を決める

American History

深掘りアメリカ

渦巻く反日感情の中で苦悩を抱えた日系アメリカ人

20世紀初め以降、日本人移民への反感が強まるが、特に太平洋戦争で顕著となる。日系アメリカ人は資産を没収され、12万人以上が強制収容所に送られた。なお、ドイツ系やイタリア系移民は対象外だった。日系人の中には合衆国への忠誠を示すため軍に志願する者もいた。日系人で組織された第442連隊は、米国史上最も多くの勲章を受けた部隊とされる。

フランスにて戦場に向かう第442連隊。

その時ドイツは？
［1941年］ドイツ軍は突如としてソ連侵攻を行い、独ソ戦を開始した

太平洋と欧州、二つの戦線を主導し連合国を勝利に導いたアメリカ

攻勢に転じたきっかけ

太平洋戦争の勃発直後、日本より戦争準備の遅れていたアメリカは劣勢となった。しかし、米海軍は１９４２年6月の**ミッドウェー海戦**で日本海軍に大勝。その後、半年に及ぶガダルカナル島の攻防戦に勝利し、太平洋での戦局はアメリカ優位に傾いた。

欧州戦線でも、**スターリングラードの戦い**でソ連がドイツに勝利し、連合国が優勢となった。１９４４年には、アメリカを中心とする**連合国軍がノルマンディーに上陸**し、ドイツに対する反攻を開始した。

ドイツは１９４５年5月に降伏。日本も、**原爆投下**と**ソ連の対日参戦**が決め手となって無条件降伏した。

戦中から始まっていた戦後体制

連合国の勝利が確実になると、ローズヴェルト大統領は戦後秩序の構築を主導するため、英・ソ・中の首脳と会談を重ねた。アメリカは大戦を通じて**世界の覇権国**となったが、独ソ戦で大きな犠牲を払ったソ連の発言力にも配慮せねばならなかった。

１９４５年2月の**ヤルタ会談**ではソ連の対日参戦などが決められ、米ソの両大国が軸となる戦後の国際秩序の始まりとなった（ヤルタ体制）。この2カ月後にローズヴェルトは病死し、**トルーマン**が大統領に昇格する。

大戦末期には、ナチスから解放されたドイツや東欧の扱いをめぐり、**米ソ間の対立**は不可避となっていた。

KEYPERSON

ドワイト・D・アイゼンハワー

［1890～1969］ President 1953～1961 共

軍人として高い調整能力を発揮し、1944年には「史上最大の作戦」とされたノルマンディー上陸作戦を指揮・成功させた。戦後には「赤狩り」の不安感を背景に、温厚な人柄をアピールして大統領選に勝利する。職業軍人であったが政治姿勢は穏健で、むやみな国防費の増額には反対した。「アイク」の愛称で親しまれた。

POINT!

米は太平洋戦線、欧州戦線いずれも戦果を挙げ、大戦中から国際秩序を主導した。

太平洋戦争以降のアメリカの戦局

当初は日本軍の優勢が続くも、太平洋戦線、欧州戦線いずれもアメリカが戦果を挙げた。

太平洋戦線	欧州戦線	主な会談
1941年 太平洋戦争勃発、アメリカの参戦		
日本軍の優勢続く	戦火拡大、独ソ戦開始	
転換点 1942年6月 **ミッドウェー海戦**で日本軍に勝利 1942年8月 ～43年2月 ガダルカナル島の戦いで日本軍に勝利	転換点 1942年11月 連合国軍が北アフリカに上陸 1943年2月 **スターリングラードの戦い**でドイツ軍がソ連に降伏 ※アメリカは交戦せず	1943年1月 **カサブランカ会談** 米・英 ➡ 対イタリア の作戦決定 同年11月 **カイロ会談** 米・英・中 ➡ 日本 に対する戦後の領土処理 **テヘラン会談** 米・英・ソ ➡ ドイツ に対する戦争方針とノルマンディー上陸作戦の日程設定
1944年7月 米軍が**サイパン島を占領** 同年10月 米軍がレイテ島上陸 同年11月 米、本格的に**日本本土空襲開始** 1945年2月 米軍がマニラを奪還 同年3～4月 **米軍が硫黄島占領、沖縄に上陸** 同年7月 日本にポツダム宣言受諾を要求 同年8月6日 **広島に原爆を投下** 同年8月9日 **長崎に原爆を投下**	1943年7月 連合国軍が**シチリアに上陸** イタリアのムッソリーニが逮捕され、ファシスト党が解散する 同年9月 イタリアが連合国に無条件降伏 1944年6月 連合国軍が**ノルマンディー上陸作戦**開始 1945年5月 ベルリン陥落。ドイツが連合国に無条件降伏	1945年2月 **ヤルタ会談** 米・英・ソ ➡ ドイツ 降伏までの最終計画 ソ連の対日参戦確認 同年7月 **ポツダム会談** 米・英・ソ ➡ 日本 に無条件降伏勧告
1945年9月2日 太平洋戦争、日中戦争、第二次世界大戦が終結		

ノルマンディー上陸作戦（1944年）

米アイゼンハワー司令官の指揮で行われた「最大の作戦」。写真は内陸に進軍するアメリカ軍兵士たち。

ヤルタ会談（1945年2月）

米・英・ソの首脳間で、ソ連の対日参戦や、南樺太・千島のソ連帰属など秘密協定が結ばれた。

MOVIE GUIDE

『父親たちの星条旗』

アメリカ兵視点の硫黄島の戦い

日米の激戦地となった硫黄島で、日本軍に勝利し山の頂上に星条旗を立てた米軍兵士たち。その写真は米国民の戦意を高める象徴的なものとなった。帰国後に英雄とされた彼らの苦悩を描く。硫黄島の戦いを日本兵視点で描いた『硫黄島からの手紙』（2006年）の姉妹作品。

監督／クリント・イーストウッド
主演／ライアン・フィリップ
公開年／2006年

ブルーレイ 2,619円（税込）／DVD 1,572円（税込）／発売元:ワーナー・ブラザース ホームエンターテイメント／販売元:NBC ユニバーサル・エンターテイメント

TRIVIA

1942年9月9日と29日の2日間、アメリカ本土のオレゴン州ブルッキングス市を爆撃した藤田信雄飛曹長は、空襲を受けた同市から1962年に招待を受け、「歴史上唯一アメリカ本土を空襲した敵軍の英雄」として名誉市民の称号を贈られた。

なぜ「マンハッタン計画」が行われ日本に原爆が投下されたのか？

アインシュタインとオッペンハイマー

アインシュタインはフランクリン・ローズヴェルト大統領に書簡を書き、ドイツが新型爆弾を開発する可能性を警告した。戦後、オッペンハイマーがプリンストン高等研究所の所長に任命されると、2人は頻繁に意見を交わしたという。

トリニティ実験の様子（1945年7月）

アメリカは人類初の核実験を行い、オッペンハイマーらが開発したプルトニウム核爆弾の爆発を行った。

核兵器開発競争

アメリカが1952年11月にマーシャル諸島のエニウェトク環礁で行った核実験（アイビー作戦）。冷戦下、米・ソ・英・仏・中・印が相次いで核実験を行った。

一通の手紙から始まった計画

アメリカの手によって、人類史上初めて開発された核兵器。そのもとになった理論は、ドイツのオットー・ハーンらによって発見された。

1939年、ナチスの迫害によりアメリカに亡命していたアインシュタインは、F・ローズヴェルトへの書簡の中で、**ドイツが新型爆弾を開発する可能性**を警告する。これが、アメリカの核兵器開発のきっかけとなった。

原子爆弾の製造計画は**マンハッタン計画**と呼ばれ、ユダヤ系アメリカ人科学者のオッペンハイマーが主導した。計画には著名な科学者が多く加わっていたが、アインシュタインは関与していない。

広島への原爆投下（1945年8月6日）

旧広島県産業奨励館は、原爆ドームとして原子爆弾の悲惨さを今に伝える。1996年世界遺産に登録された。

原子爆弾による被害

項目	広島市	長崎市
被害日時	8月6日（月） 8時15分	8月9日（木） 11時02分
当時の人口	約35万人 ※当日市内にいた人も含む	約24万人
被災者計	約22万人	約15万人
死亡者	約14万人	約7.4万人
負傷者	約8万人	約7.5万人
人口に対する被災者の割合	約63%	約62%

MOVIE GUIDE

『オッペンハイマー』

「原爆の父」の伝記映画

「マンハッタン計画」で原爆の開発に成功したオッペンハイマー。しかし原爆が投下され、その惨状を耳にすると深く苦悩を抱えてしまう。冷戦や赤狩りなど、激動の時代に栄光から没落に転じていくオッペンハイマーを描く。

監督／クリストファー・ノーラン
主演／キリアン・マーフィー
公開年／2023年

長崎への原爆投下（1945年8月9日）

原爆投下後に長崎上空で見られたキノコ雲。第1目標は小倉とされていたが、天候の影響や、造船所・兵器工場があることから第2目標の長崎に投下された。

原爆はなぜ投下されたのか

1945年7月、アメリカの国威を賭けた研究の結果、**世界初の核実験が成功**した。このときにはすでにドイツは降伏しており、日本の敗北も時間の問題だった。しかし、米ソの対立はすでに始まっており、アメリカは**原爆の破壊力を見せつけて優位に立とう**とした。

8月、**広島に「リトルボーイ」**（ウラン爆弾）、**長崎に「ファットマン」**（プルトニウム爆弾）が投下された。新兵器の威力を都市部で測るという実験的な意味合いもあった。

原爆の威力に衝撃を受けたオッペンハイマーは、**戦後に水爆の開発に反対し、公職から追放**された。アインシュタインも核兵器廃絶を強く訴えている。しかし、核兵器を保有することで相手からの攻撃を抑止できるという理論により、戦後には大国の**核兵器開発競争が激化**するのであった。

TRIVIA

1949年に日本人初のノーベル物理学賞を受賞した湯川秀樹だが、彼がアメリカに留学中、アインシュタインが訪ねてきて「何の罪もない日本人を、原爆で傷つけてしまった。許してほしい」と泣きながら何度も謝ったという。

第5章

ソ連と対立した東西冷戦時代

20世紀後半

年代	出来事
1946	チャーチルの「鉄のカーテン」演説が行われる
1947	2月、パリ講和条約
	3月、トルーマン＝ドクトリンを発表 ↓P108
	6月、マーシャル＝プラン発表 ↓P108
1949	4月、北大西洋条約機構（NATO）が結成 ↓P108
この頃	マッカーシーを中心に「赤狩り」が広がる
1950	6月、朝鮮戦争が始まる ↓P108
	9月、マッカラン法が成立 ↓P110
1951	9月、サンフランシスコ平和条約
	9月、日米安全保障条約に調印
1954	ビキニ環礁で水爆実験実施
この頃	白人中間層に大衆消費社会が広がる ↓P112
この頃	キング牧師による公民権運動が活発になる ↓P116
1957	アイゼンハワー＝ドクトリンを発表
1959	キューバ革命

第二次世界大戦後のアメリカは、**トルーマン**大統領の下で国際政治に積極的に関与することを表明。圧倒的な軍事力と経済力を背景に**パクス・アメリカーナ（アメリカによる平和）**と呼ばれる国際秩序を形成した。

戦後は若者文化が台頭し大衆消費社会を迎えるが、一方で黒人などのマイノリティは差別を受け続けた。やがて**公民権運動**が活発化し、公民権法と投票権法が成立する。

東西冷戦下では**赤狩り**の嵐が吹き荒れ、**ケネディ**大統領の時代には**キューバ危機**、**ジョンソン**大統領の時代には**ベトナム戦争**が激化。財政は次第に悪化し、**ニクソン**大統領は苦肉の策で対処せざるを得なかった。

本章では、傷つきながらも資本主義陣営のリーダーとして戦い続けたアメリカの姿を追いかけたい。

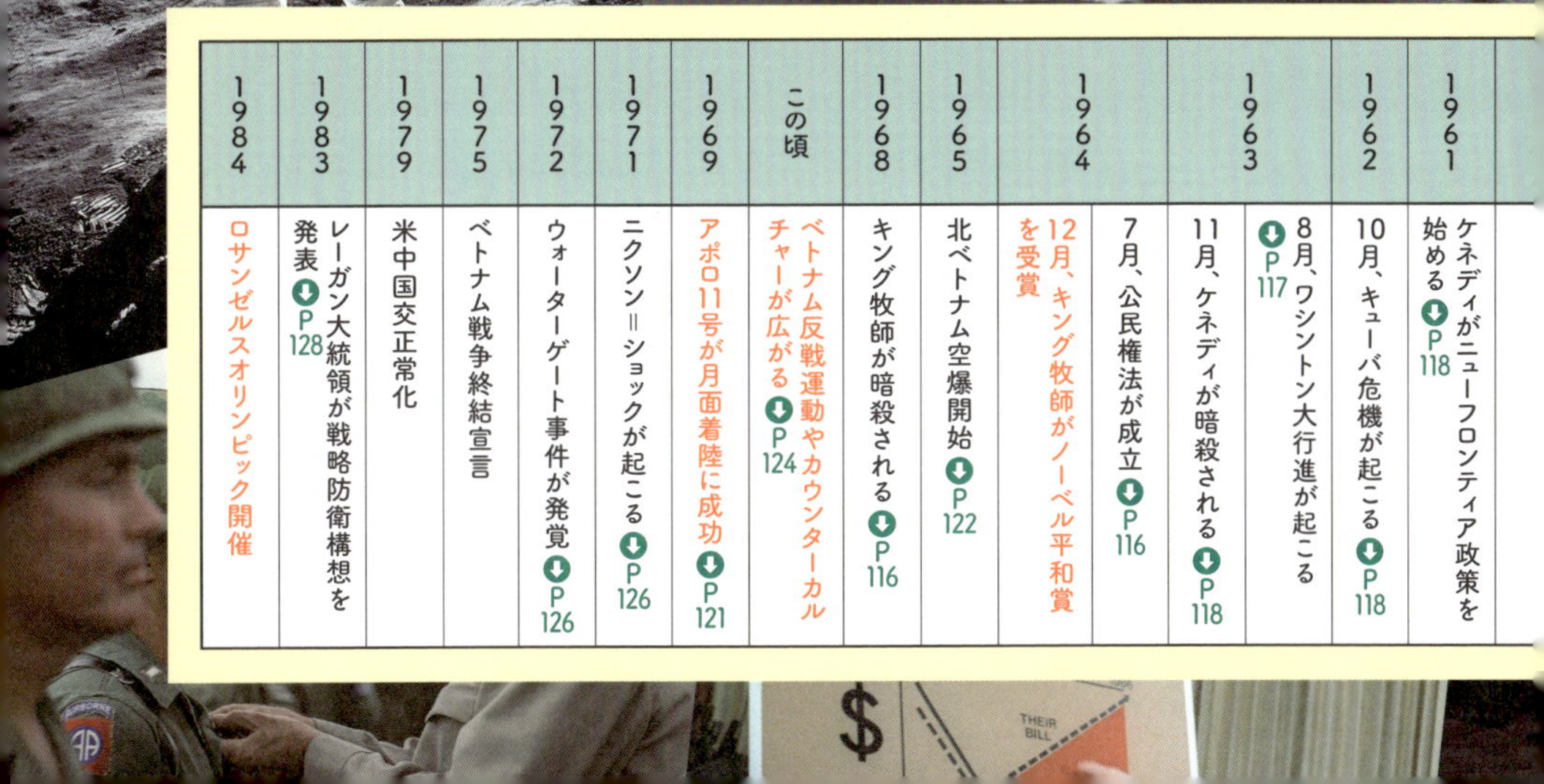

1961	ケネディがニューフロンティア政策を始める P118
1962	10月、キューバ危機が起こる P118
1963	8月、ワシントン大行進が起こる P117 / 11月、ケネディが暗殺される P118
1964	7月、公民権法が成立 P116 / 12月、キング牧師がノーベル平和賞を受賞
1965	北ベトナム空爆開始 P122
1968	キング牧師が暗殺される P116
この頃	ベトナム反戦運動やカウンターカルチャーが広がる P124
1969	アポロ11号が月面着陸に成功 P121
1971	ニクソン＝ショックが起こる P126
1972	ウォーターゲート事件が発覚 P126
1975	ベトナム戦争終結宣言
1979	米中国交正常化
1983	レーガン大統領が戦略防衛構想を発表 P128
1984	ロサンゼルスオリンピック開催

1945〜50年

どのようにしてアメリカは西側諸国のリーダーになったのか？

世界一の超大国になったアメリカ

第二次世界大戦で国土が戦場となり、経済的にも疲弊していたヨーロッパ諸国には、もはや大戦後の世界をリードしていく力はなかった。国際政治を主導できるのは、経済面でも軍事面でも**世界一の超大国となったアメリカ**以外にはないといえた。またこの頃世界では、ソ連を中心とした社会主義勢力と米英仏などの資本主義勢力との間で、東西冷戦が始まっていた。

そんな中で**トルーマン大統領**は、「アメリカには、東側陣営に対抗し、世界の自由な諸国民を支援する義務がある」とする**トルーマン＝ドクトリン**を発表。今後はアメリカが国際政治に積極的に関与していくことを表明した。

西側諸国への支援を開始

アメリカは欧州の西側諸国に対して、**マーシャル＝プラン**と呼ばれる経済援助を行い、復興を支援。また軍事面も盤石にするため、西側諸国と集団安全保障同盟の**北大西洋条約機構（NATO）**を結成した。

一方東アジアでは、ソ連や中国、北朝鮮という社会主義勢力拡大の防波堤として、戦後占領していた日本に着目。日本を西側陣営に組み込むために、経済復興を支援する方向へと占領政策を転換した。また1950年に北朝鮮と韓国の間で**朝鮮戦争**が始まると、韓国を支援するため米軍を派遣した。

こうしてアメリカによる世界統治「**パクス・アメリカーナ**」が始まった。

KEYPERSON

ダグラス・マッカーサー

[1880〜1964]

日本の占領を司る最高機関である連合国最高司令官に任命され、総司令部（GHQ）を指揮した。東京・日比谷にある第一生命ビルにGHQ本部を置き、社長室を自らの執務室とした。今でも同室は、当時のまま保存されている。朝鮮戦争が始まると国連軍総司令官に就任したが、その方針をめぐりトルーマン大統領と対立。解任され日本から去った。

POINT!

社会主義勢力拡大を阻止するため、西側陣営の中心として、積極的に国際社会に介入した。

第二次世界大戦後のアメリカ外交

ソ連や中国、北朝鮮という社会主義勢力の拡大を警戒したアメリカは、ヨーロッパへの軍事や経済支援を進め、米ソの対立は深まっていった。

1945 第二次世界大戦終結

▼

1946.3 **チャーチルによる鉄のカーテン演説**

- 東欧諸国の共産主義化を警戒

▼

1947.3 **トルーマン＝ドクトリン**

- ギリシアとトルコへの軍事援助を、アメリカが肩代わりすることを発表
  世界各地の国際紛争にアメリカが介入するきっかけとなる

▼

1947.6 **マーシャル＝プラン**

- 戦争で荒廃したヨーロッパの経済援助を提案

▼

ソ連と東欧諸国は不参加を表明

▼

1948.3 **西ヨーロッパ連合条約**

- イギリス、フランス、ベルギー、オランダ、ルクセンブルクの５カ国で、ソ連を仮想敵国とした同盟を締結する。当初アメリカは不参加

▼

1949.4 **北大西洋条約機構（NATO）**

- アメリカ、カナダと欧州10カ国によって同盟締結。その後拡大を続け、冷戦後には旧東欧諸国が参加。近年ではフィンランド、スウェーデンが加わり32カ国となった

アメリカの支援総額

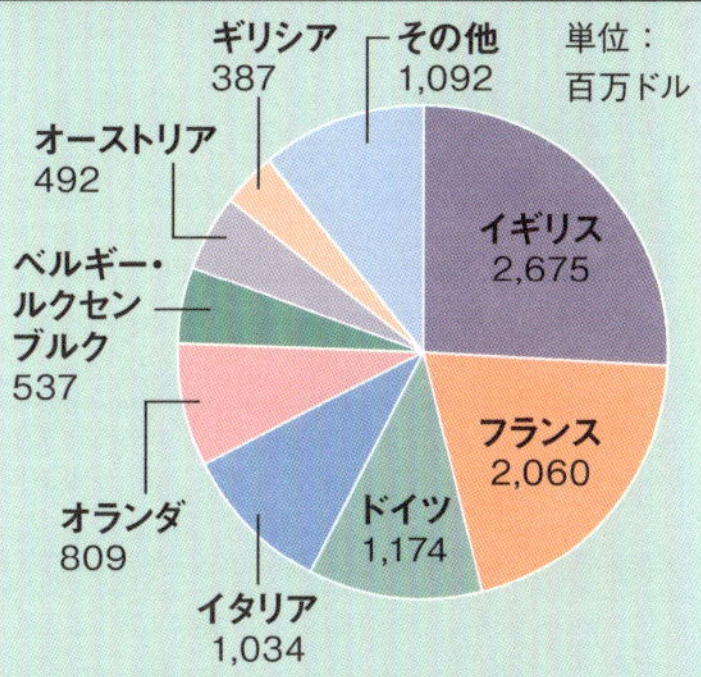

マーシャル＝プランによる1948年４月～1951年６月の支援総額は102億6000万ドルだった。

NATOとワルシャワ条約機構の冷戦対立

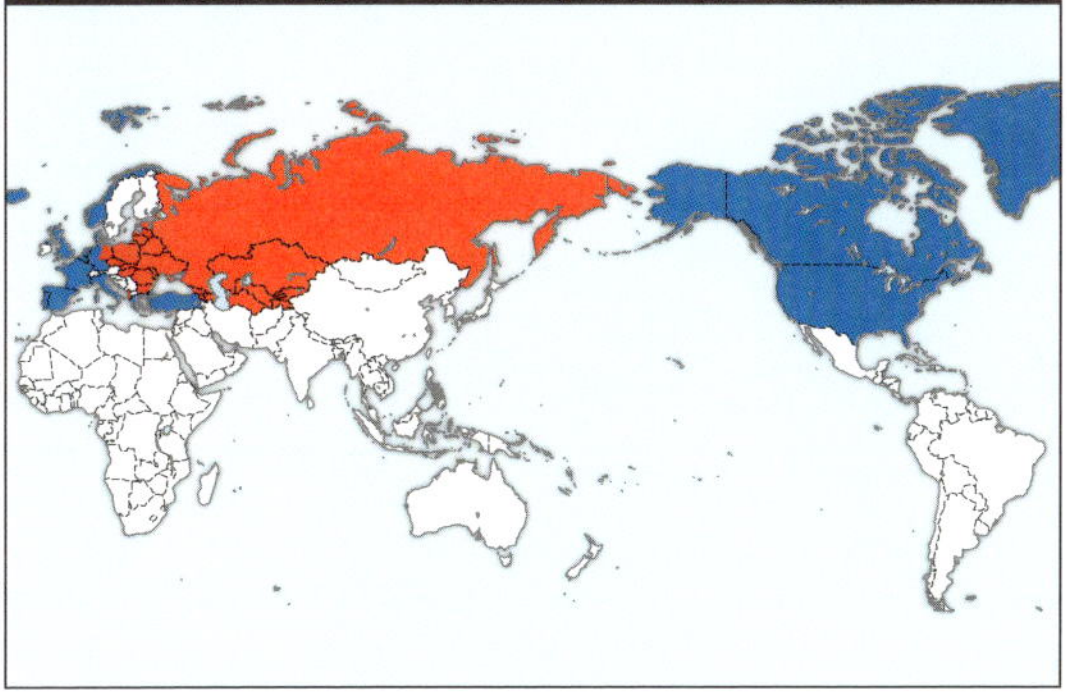

アメリカは西ヨーロッパ諸国、オセアニア、中東諸国、日本や韓国などと同盟や条約を結び、社会主義勢力に対抗した。

ワルシャワ条約機構
1955 年成立、1991 年解消

ソ連と東ヨーロッパ諸国の軍事同盟。加盟国はソ連・ブルガリア・ハンガリー・東ドイツ・ポーランド・ルーマニア・チェコスロバキア・アルバニア（1968年脱退）

NATO（北大西洋条約機構）
1949 年成立

原加盟国はアメリカ・カナダ・イギリス・ベルギー・オランダ・ルクセンブルク・ノルウェー・デンマーク・アイスランド・ポルトガル・イタリア・フランス。のちにギリシア・トルコ・西ドイツ・スペインなどが加盟。

その時中国は？

［1949年］毛沢東を主席として中華人民共和国が建国される

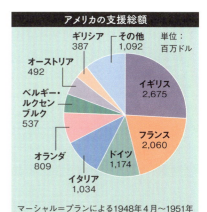

1947〜54年

東西冷戦下で赤狩りの嵐が吹き荒れた理由とは？

冷戦の影響が国内にも及ぶ

東西冷戦が始まったばかりの頃、アメリカでは「国内においても、共産主義勢力が連邦政府の支配を企てているのではないか」といった不安感が高まっていた。１９４７年、トルーマン大統領は**忠誠審査令という大統領令**を発し、連邦政府３００万人以上の職員の中に、全体主義的思想の持ち主がいないかなどについての調査を命じた。

さらに**連邦下院非米活動委員会**は、ハリウッドの映画人をターゲットに、共産主義者のあぶり出しを開始。過去にわずかでも共産主義を容認する発言をした者はやり玉に挙げられ、映画界からの追放を余儀なくされた。いわゆる**「赤狩り」**の始まりだった。

１９５４年まで続いた赤狩りの嵐

赤狩りは、１９５０年に上院議員の**マッカーシー**が、共産主義者リストの存在をちらつかせつつ、「国務省の中にも多数の共産主義者がいる」という演説を行ったことで頂点に達する。連邦議会は、共産党と関わりのある人物が国防関係の職務に就くことを禁じた**マッカラン法**を成立させた。

赤狩りの嵐は１９５４年頃まで続いた。この時期のアメリカは、異常なまでの**共産主義恐怖症**に覆われていた。

一方経済は、減税や公共事業への投資などによって活性化し、右肩上がりの成長を遂げた。人々の生活は安定し、豊かになった。アメリカは経済面では、揺るぎない自信にあふれていた。

KEYPERSON

ジョセフ・マッカーシー

[1908〜1957]

アメリカ国内にいる共産主義者を次々と告発することで脚光を浴びるまで、マッカーシーはさしたる業績もない地味な上院議員だった。彼の告発のほとんどは根拠のないものであり、次第にその強引な手法に疑義が呈されるようになって、1954年には上院から非難決議が採択されるにいたった。その後は酒に溺れ、1957年に死去した。

POINT!

異常なまでの共産主義恐怖症に陥ったアメリカで赤狩りが始まる一方、経済面は安定した。

2025　2000　1975　1950　1925　1900　1875　1850　1825　1800　1700　1600

Here!

赤狩りの標的とされたハリウッド

連邦下院非米活動委員会は「非アメリカ的」とされる人物の摘発を目的とした調査取り締まり機関で、ハリウッド関係者などから共産主義者の疑いがある人物をリストアップしていた。ハリウッドには非米活動委員会に協力する人々もおり、その中心が「アメリカの理想を守るための映画同盟（通称 MPA)」だった。一方で、聴聞会への出席や証言を拒否し、議会侮辱罪に問われて映画界を追放された10人は、敬意を込めて「ハリウッド・テン」と呼ばれる。

連邦下院非米活動委員会（HUAC）

協力 ← **アメリカの理想を守るための映画同盟(MPA)**

サム・ウッド	監督
セシル・B・デミル	監督
ウォルト・ディズニー	監督
ジョン・ウェイン	俳優
ゲーリー・クーパー	俳優
ロバート・テイラー	俳優
ロナルド・レーガン	俳優
etc.	

拒否

証言を拒否。議会侮辱の罪で映画界を追放される。のちに「ハリウッド・テン」と称された。

協力

司法取引

元共産党員のエリア・カザン（監督）は、HUAC から嫌疑を掛けられ、リリアン・ヘルマン（脚本家)、ダシール・ハメット（小説家）など11人を密告する。

ハリウッド・テン

ドルトン・トランボ	脚本家
ジョン・ハワード・ローソン	脚本家
アルバ・ベッシー	脚本家
レスター・コール	脚本家
リング・ラードナー・ジュニア	脚本家
アルバート・マルツ	脚本家
サミュエル・オルニッツ	脚本家
ハーバート・ビーバーマン	製作者 監督
エドワード・ドミトリク	監督
エイドリアン・スコット	製作者 脚本家

エリア・カザン〔1909〜2003〕

『紳士協定』『波止場』で２度のアカデミー賞監督賞を受賞。1999年にアカデミー賞名誉賞を獲得したが、受賞の場ではかつての告発を批判する立場の映画人からブーイングを浴びた。

MOVIE GUIDE

『真実の瞬間』

悪名高い“赤狩り”を描く

マッカーシズムが横行する1950年代のハリウッドを、映画人の立場から初めて取り上げた作品。密告を拒否して映画界から追放される主人公を、ロバート・デ・ニーロが好演する。

監督／アーウィン・ウィンクラー
主演／ロバート・デ・ニーロ
公開／1991年

American History

深掘りアメリカ アメリカを追放された喜劇王チャップリンの悲劇

赤狩りの標的になった一人に、喜劇王チャップリンがいた。その平和主義的な作風が共産主義的とみなされたのだ。1952年、チャップリンがプレミア興行のためロンドンに渡航したとき、政府はチャップリンに対して、再入国許可を行わないことを発表。そのためチャップリンはスイスに移住した。アメリカのアカデミー賞がチャップリンにアカデミー賞名誉賞を贈ることを決め、彼の名誉が回復されたのは、晩年の1972年のことである。

1972年、20年ぶりに帰国し、アカデミー賞名誉賞を受賞したチャップリン。

その時日本は？

〔1950年〕職場などで日本共産党員を追放するレッドパージが行われる

平和の中で進む大衆消費社会と社会に息苦しさを覚えた若者文化

中間層の生活

ベビーブームに乗り開発された住宅。大量生産技術を使った同じような形の家が並ぶ。

テレビを購入する家族。1950年には約9％だった世帯普及率は1960年には約87％に伸びた。

MOVIE GUIDE

『フォレスト・ガンプ／一期一会』

走ることで運命を切り開いた男

アラバマ州の小さな町に生まれたピュアな青年フォレスト・ガンプが、並外れた足の速さと優しさで1950年代から80年代のアメリカを走り続ける物語。ベトナム戦争やピンポン外交、ウォーターゲート事件などの歴史的な出来事も数多く登場する。

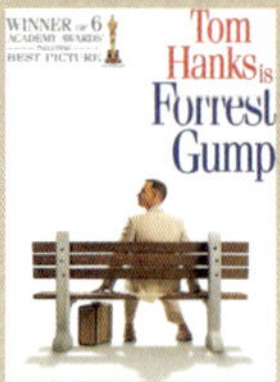

監督／ロバート・ゼメキス
主演／トム・ハンクス
公開／1994年

急速に普及する郊外型住宅とテレビ

1950年代は、「どんどん豊かになっていくアメリカ社会」を多くの人が実感できた時代だった。

戦争が終わって平和が戻ったことで、**ベビーブーム**が到来。人々は、住宅産業が売り出した**家族向けの郊外型住宅**を買い求めた。郊外で暮らすには車が必需品になるため、**自動車**も飛ぶように売れた。また50年代は、**テレビ**も急速に普及。昼間はサラリーマンとして働いている夫も、夜は専業主婦の妻や子どもと一緒に、リビングでテレビを楽しむという光景が、多くの家庭で見られた。ただし黒人などのマイノリティは、こうした豊かな社会の恩恵を受けることはできなかった。

伝説のスター

キング・オブ・ロックンロールと称されるエルヴィス・プレスリー。世界で最も売れたソロアーティストで、700以上の曲を残した。

『理由なき反抗』のジェームズ・ディーンとナタリー・ウッド。

若者の憧れ

1954年頃、ダックテールにジーンズ、革ジャン姿でたむろする若者たち。

テールフィン流行の火付け役となったキャデラック。

画一的な生活への違和を表明

このように50年代は、**白人の中間層の生活の画一化**が進んだ時代だった。一方で若者の間では、画一的な社会に息苦しさを覚え、抜け出したいという欲求も高まっていた。音楽の分野で、この欲求に応えたのが**プレスリー**だった。彼の歌う黒人音楽のR&Bと白人のカントリー&ウェスタンを混ぜ合わせた**ロックンロール**に、若者は熱狂。一方で、激しく体を動かしながら歌う姿に大人たちは眉をひそめた。

映画界では、3作に主演しただけで24歳で死去した**ジェームズ・ディーン**が人気に。『理由なき反抗』では、画一的な生活に満足する親に苛立ち、非行に走る中流家庭の高校生役を好演。若者たちは自分と重ね合わせながらこの作品を見た。この「**若者の社会への違和の表明**」は、60年代に入るとさらに拡大していくことになる。

特集 Features

戦後、アメリカはなぜ日本とパートナーシップを結んだのか？

冷戦期の東アジア情勢

中国、ソ連、北朝鮮という社会主義国家が誕生。最前線の日本は、その防波堤の役割を期待された。

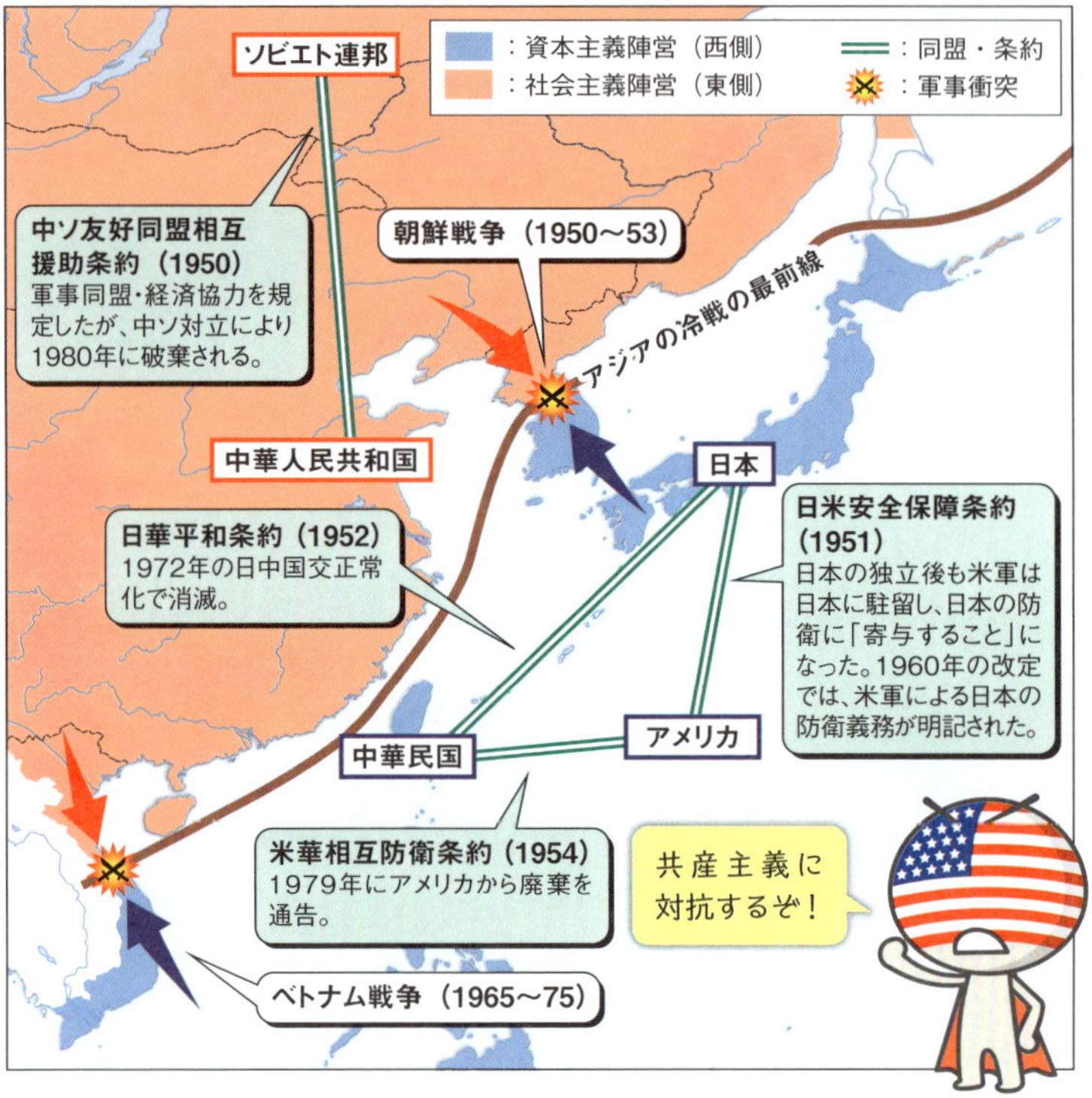

占領政策を転換

東西冷戦に突入してから、アメリカにとって日本は重要な意味を持つ国になった。当時日本の周辺では、ソ連に加えて中国と北朝鮮という社会主義国が誕生していた。これらの国ににらみを利かせるうえで、日本は**地理的に絶好の位置**にあったのだ。

当初、アメリカの日本への占領政策は、日本が再び国際的な脅威にならないように、経済力や軍事力を根こそぎ削ぐというものだったが、この方針を転換。日本を自陣営に引き入れ、**経済復興や早期独立を支援**することにした。日本は1951年、西側諸国を中心とした国々と**サンフランシスコ平和条約**を調印し、独立を回復した。

戦後日米関係のあゆみ

占領期が終わると、日米は安全保障条約を締結。西側陣営として社会主義国家に対抗した。

	アメリカ		日本	世界情勢
1945	広島・長崎に原爆を投下		ポツダム宣言受諾	国際連合発足
1946			東京裁判始まる	
1949		占領期		NATO 設立
1950	マッカーシズム（～54）		警察予備隊発足	朝鮮戦争勃発（～53）
1951	太平洋安全保障条約締結		サンフランシスコ平和条約締結	
			日米安全保障条約締結	
1952			保安隊発足	エジプト革命
1954	ビキニ環礁で水爆実験		第五福竜丸が被ばく 自衛隊発足	ジュネーヴ会議
1955				ワルシャワ条約機構成立
1960			日米新安全保障条約及び日米地位協定締結	アフリカの年
1965	ベトナム戦争介入			
1968			小笠原諸島返還	プラハの春
1970	カンボジア内戦に介入		日米新安保条約自動延長	核拡散防止条約発効
1972	ニクソン訪中		沖縄返還	

要石と見なされた沖縄

日米は、平和条約締結と同時に**日米安全保障条約**を締結。これによりアメリカは、日本の独立後も**米軍を日本国内に駐留させることが可能**になった。また沖縄に関しては、小笠原諸島などとともに引き続き占領下に置いた。中国やソ連の勢力拡大を食い止めるうえで、沖縄は要石になると見なしたためである。いまだに沖縄に米軍基地が集中しているのはそのためだ。沖縄が日本に復帰するのは、１９７２年まで待たなくてはいけなかった。

日米安保は、日本にとってもメリットが大きかった。自国の**防衛の多くを米軍に肩代わり**してもらうことによって防衛費を削減し、その分を経済政策に割り当てることができたからだ。事実、日本は軽武装・経済重視の政策により、１９５０年代から70年代にかけて**飛躍的な経済成長**を成し遂げた。

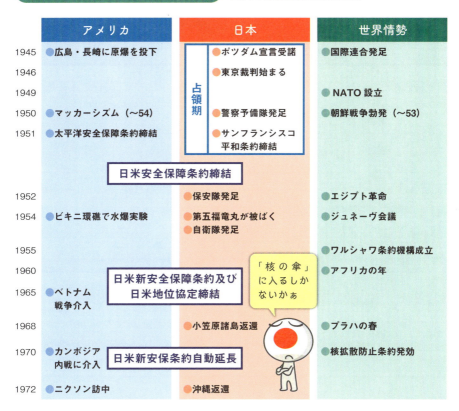

1954～68年

黒人公民権運動により社会はどう変わったか？

人種隔離が続けられたアメリカ

アメリカでは、リンカンによる奴隷解放宣言から約90年が経過した1950年代に入っても、黒人の地位は改善されていなかった。南部では学校やバス、トイレなど様々な施設が**白人用と黒人用に分けられて**いた。これは19世紀末に連邦最高裁判所が下した**「黒人を白人から隔離しても、差別ではない」という判決**が、この時代にも生きていたからだ。教育においては、白人用の学校に多くの予算が投じられる一方で、黒人用の学校は教職員や設備の不足に常時直面していた。

そうした中で連邦最高裁判所は1954年、**「公教育における人種隔離は違憲」**とする画期的な判決を出した。

バス乗車拒否運動を展開

だが、この判決に南部の白人は反発。是正を拒む学区も少なくなかった。一方黒人の間では、あらゆる差別の撤廃を求めた**公民権運動**が高まりを見せた。アラバマ州モンゴメリーでは、バスの座席が白人用と黒人用に分かれていることに抗議し、1年間にわたり集団での**バス乗車拒否**を展開。連邦最高裁判所から「バスの人種隔離は違憲である」という判決を勝ち取った。

そして公民権運動は、大統領や議会をも動かすことになる。ケネディ大統領の遺志を受け継いだ**ジョンソン大統領**の時代に、**公民権法**がついに議会で可決成立。さらには黒人の投票権の制限を禁止した**投票権法**も成立した。

KEYPERSON

マーティン・ルーサー・キング

[1929～1968]

アラバマ州モンゴメリーでバス乗車拒否運動が起きたとき、そのリーダーを務めていたのがキング牧師である。ガンディーの非暴力主義に傾倒していたキング牧師は、公民権運動においても非暴力での活動を貫き、黒人のみならず白人の中にも彼を敬慕する人は多かった。1968年、人種差別主義者により暗殺される。39歳だった。

POINT!

バス乗車拒否運動が契機となり、あらゆる差別の撤廃を求めた公民権運動が盛り上がる。

2025 2000 1975 1950 1925 1900 1875 1850 1825 1800 1700 1600

Here!

公民権法の成立を目指す

1950年代後半から60年代前半にかけて、人種差別の撤廃と憲法で定められた権利の保障を求める公民権運動が活発に行われた。

黒人差別に立ち上がる

1955 **バス・ボイコット運動**
- 非暴力の抗議としてバスの乗車を拒否

1956 **オーザリン・ルーシー事件**
- アラバマ大学入学拒否事件

1957 **リトルロック高校事件** （右下の写真）
- 黒人の入学に反対する知事が高校に州兵を送り込む

1960 **シット・イン運動**
- 食堂や公共施設で座り込み抗議を行う

1963 **ワシントン大行進**
- 20万人以上が公民権法成立を求めて行進

1964 **公民権法** が成立

1965 **投票権法** が成立

1965 **マルコムX暗殺**

1968 **キング牧師暗殺**

ワシントン大行進
リンカン記念堂に集まる群衆。キング牧師の有名な演説「私には夢がある」が行われた。

1956年、人種隔離条例に反対するため、白人専用だった座席に座る黒人男性。

白人専用だったリトルロックセントラル高校に入学が認められた黒人女性に、罵声を浴びせる白人。２人はその後、和解した。

American History

深掘りアメリカ

キング牧師と反する思想で暴力も肯定したマルコムX

マルコムXは、キング牧師と同時代を生きた黒人運動指導者だが、その主張は対照的だった。キング牧師が白人と黒人が共生できる社会を目指したのに対し、彼は白人を敵視し、白人からの分離を求めたからだ。だがイスラーム教徒であった彼は、メッカ巡礼を契機に、神の前では人は平等であることに気づき、考え方を転換させる。キング牧師の非暴力主義を評価するようになったのだ。だが1965年に暗殺される。39歳だった。

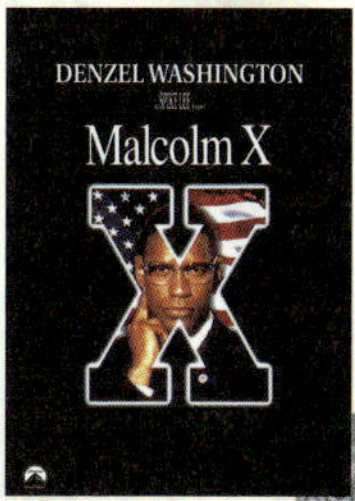

マルコムX本人（下）と『マルコムX自伝』をベースに制作された映画のパッケージ（左）。

TRIVIA バス・ボイコット運動のきっかけとなったバスは現在、ミシガン州ディアボーン市のヘンリー・フォード博物館に、席を譲らず逮捕されたローザ・パークスの像とともに展示されている。

ケネディ政権の発足とニューフロンティア政策の実施

核戦争の危機を回避

1961年、**ケネディ**が43歳の若さで大統領に就任した。彼はアイゼンハワー前政権がソ連との緊張緩和を重視していたことを批判して当選したこともあり、当初から社会主義勢力に対して強硬な姿勢を示していた。

そんな中で、アメリカから目と鼻の先にある**キューバ**が社会主義国化。さらにソ連がキューバに**核ミサイルの配備**を進めていることが判明した。ケネディはソ連の武器移送を阻むため、**海上封鎖**を発表。これにソ連が反発したため、軍事的緊張が高まった（**キューバ危機**）。両国の交渉により最終的には衝突を回避できたが、一時は世界中の人々が核戦争の勃発を覚悟した。

遊説先で凶弾に倒れる

ケネディは、**「ニューフロンティア」**というスローガンを掲げた。これは経済、教育、科学などの分野で、**アメリカの威信**をさらに高めるというものだった。例えば経済分野では減税や積極的な財政出動によって、経済成長を加速させようとした。科学分野では、「10年以内にアメリカの力で**人類を月に送り込む**」という構想を打ち上げた。

一方でアメリカではこの時期、**公民権運動**が盛り上がりを見せていた。ケネディもこの問題を直視し、公民権法の成立を目指したが、議会の抵抗に遭い、実現できなかった。そのさなかの1963年11月、遊説先のダラスで狙撃され、命を落とした。

KEYPERSON

ジョン・F・ケネディ

[1917〜1963] President 1961〜1963 民

若くして大統領に就任し、悲劇的な死を遂げたケネディは、今も人気が高い。その暗殺の真相をめぐり、国内では今なお様々な説が飛び交うほどだ。だが内政面ではさしたる業績はなく、外交面でもアメリカがベトナムに深入りするきっかけをつくったなど、批判・検証すべきことは多い。いささかイメージ先行の人物だといえる。

POINT!

「ニューフロンティア」というスローガンを掲げ改革にまい進するも、遊説先で凶弾に倒れた。

キューバ危機

人類史上で全面核戦争に最も近づいたキューバ危機は、双方の誤解や誤算があったが最終的に回避された。

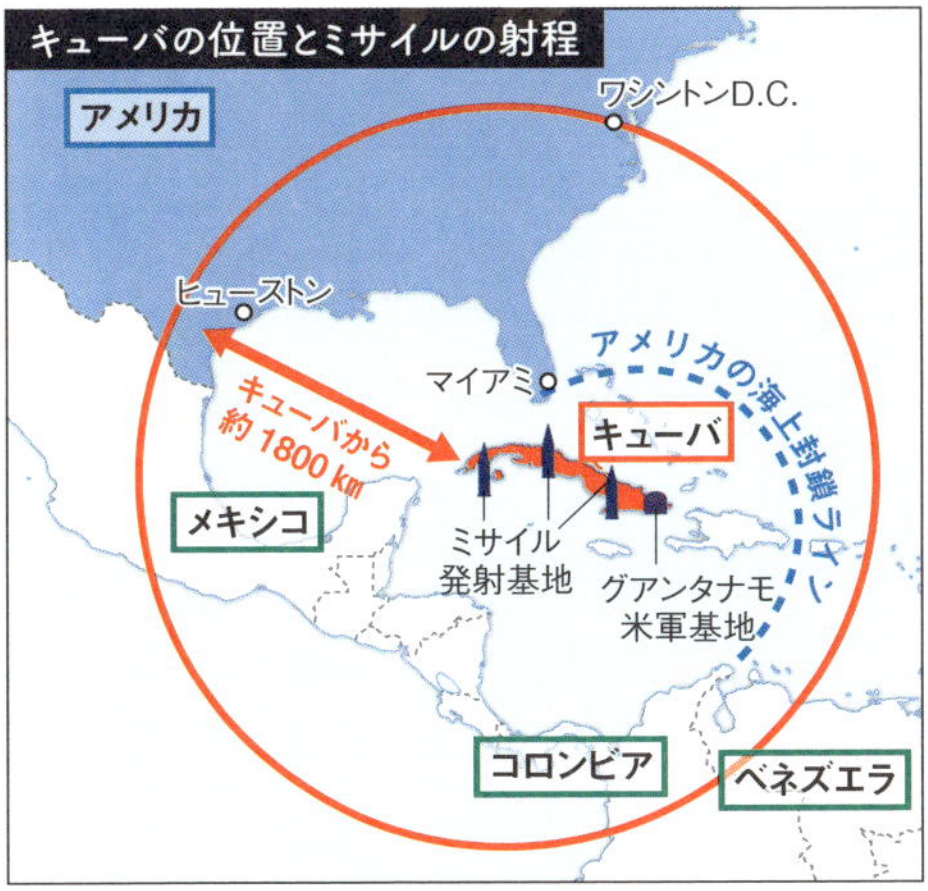

キューバのミサイル基地

1962年10月16日朝、ケネディ大統領に示されたキューバに建設中のミサイル基地の写真。

キューバ危機

甲板に爆撃機を艦載したソ連の船の上空を飛ぶ米軍の哨戒機。

ケネディの暗殺

暗殺される直前に撮影されたケネディと夫人。オズワルドという人物の単独犯行とされたが、現在も陰謀論が飛び交う。

MOVIE GUIDE

『13デイズ』

キューバ危機の内幕

ハリウッドが初めて「キューバ危機」を扱った作品で、米ソの全面核戦争に最も近づいた1962年10月16日から29日までの13日間を描いたサスペンスドラマ。第三次世界大戦という最悪のシナリオがちらつく中、ケネディ大統領、ロバート・ケネディ司法長官、ケネス・オドネル特別補佐官の３人を主軸に、ホワイトハウス対クレムリンの駆け引きや、彼ら政府首脳の苦悩と決断を描く。

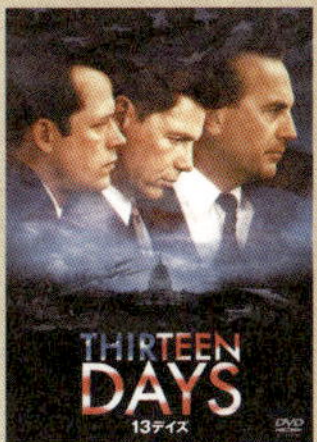

監督／ロジャー・ドナルドソン
主演／ケビン・コスナー
公開／2000年

その時インドは？

［1962年］インドと中国の国境で武力紛争が起こる（中印国境紛争）

特集 Features

宇宙開発競争

冷戦下の米ソ二大国はなぜ宇宙開発競争にまい進したのか？

ソ連が人工衛星打ち上げと有人宇宙飛行を成功させたことにショックを受けたアメリカは、威信をかけて宇宙開発に乗り出した。

アメリカ宇宙開発の父といわれるフォン・ブラウン。

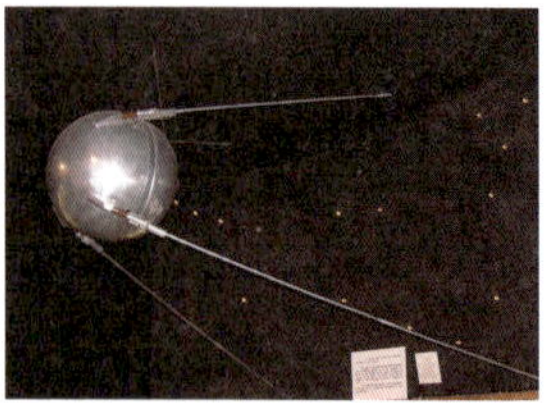

スプートニク１号の模型。

1957年10月

世界初の人工衛星スプートニク１号を打ち上げる

1957年11月

犬のライカを乗せたスプートニク２号が地球を周回する

1958年7月

アメリカ航空宇宙局（NASA）を設立する

1961年4月

ガガーリンが人類で初めて地球軌道を周回

ボストーク１号に単身搭乗して、人類初の有人宇宙飛行に成功したガガーリン。

地球は青かった

1950年代以降の米ソによる**宇宙開発競争**は、核ミサイル開発競争と不可分だった。人工衛星を打ち上げたり、人間を宇宙に運んだりする際に必要となる**ロケット技術**は、ミサイルに核を搭載し、敵地を攻撃する際にも不可欠な技術だからだ。宇宙開発でイニシアチブを握ることは、単に国の威信を保つためだけではなく、**安全保障面でも重要**なことだった。

先に宇宙開発競争をリードしたのはソ連だった。1957年に世界初の人工衛星「スプートニク1号」を打ち上げると、61年には**有人宇宙飛行**にも成功。宇宙飛行士のガガーリンは「**地球は青かった**」という名言を残した。

1961年5月

アラン・シェパードがマーキュリー3号でアメリカ人として初めて宇宙に出る

1962年2月

ジョン・グレンがフレンドシップ7で地球周回軌道を3周する

1965年3月

アレクセイ・レオーノフが約12分間の宇宙遊泳に成功する

宇宙遊泳中のアレクセイ・レオーノフ。

1965年6月

エドワード・ホワイトが約22分間の宇宙遊泳に成功する

アメリカ人初の宇宙遊泳に成功するエドワード・ホワイト。

1966年2月

ルナ9号が世界初の月への軟着陸に成功

パリ航空宇宙博物館に展示されているルナ9号のレプリカ。

1969年7月

人類初の月面着陸成功

月面に2番目に降り立ったバズ・オルドリン。写真を撮ったのは最初に降りたニール・アームストロング。

アポロ計画を推進する

ソ連の有人宇宙飛行成功のニュースに、当時就任したばかりのケネディ大統領は大変なショックを受けた。そこで表明したのが、「アメリカ人を60年代末までに月に送り、帰還させる」という**アポロ計画**だった。そしてアメリカは目標どおりに、1969年に**アポロ11号**を月面着陸させることに成功。アームストロング船長は、人類で初めて月面を歩いた。アポロ計画による**月面探査**は、72年まで続けられた。

その後アメリカは、機体の再利用が可能なスペースシャトルを開発するが、予算の増大などにより2011年に計画は終了。一方ソ連はソユーズ宇宙船を開発。現在も**国際宇宙ステーション**への往復に使用されている。近年では宇宙開発は、米露以外に欧州や中国、日本も力を入れており、**民間による開発**も活発になっている。

米ソが介入したベトナム戦争はなぜ泥沼化したのか？

独裁政権を支援するアメリカ

戦後のアメリカは、社会主義勢力の拡大を防ぐため、しばしば他国に軍事介入を行った。ベトナムへの介入は、その典型例だった。

ベトナムは以前はフランスの植民地だったが、独立戦争である**インドシナ戦争**での勝利によって独立を実現。ただし国土の統一はならず、**親ソの北ベトナム**と**親米の南ベトナム**に分かれた。南ベトナムは一部の人間が権力を握り、国民を弾圧する独裁政権だったが、アメリカはこの国を支援し続けた。やがて民衆が**南ベトナム解放民族戦線**を結成し、政府打倒の戦いを開始すると、アメリカは多くの**軍事顧問団**を南ベトナム政府に送り込んだ。

ゲリラ戦に悩まされる

そして１９６５年、米軍はついに直接**北ベトナムへの空爆**を開始。また南ベトナムでは、南ベトナム軍とともに解放戦線との戦いを始めた。こうしてベトナム戦争が火ぶたを切った。

アメリカは軍事力では北ベトナムや解放戦線を圧倒していた。だが特に**解放戦線のゲリラ戦**に悩まされ、戦況は泥沼化した。この戦争はベトナム人にとっては「民族の独立を守るための戦い」だったが、米兵にとっては意義を見いだしがたい戦争だった。１９７３年、アメリカはベトナムからの撤退を決断。その2年後に**南ベトナムが降伏**し、戦争は終結した。建国以来、アメリカにとって**初めての敗北**となった。

KEYPERSON

リンドン・ジョンソン

[1908〜1973] President 1963〜1969 民

1963年、ケネディの死去により、副大統領から大統領に就任。公民権法を成立させた功績はあるが、ベトナム戦争の泥沼化を招いた責任は大きい。政府内で戦線拡大に対する懐疑的な声が起きたときには、国防長官を解任することで続行を決断した。最後は国民からの支持を失い、大統領選への再出馬を断念せざるを得なくなった。

POINT!

ソ連に対抗するためにベトナムに介入したアメリカだったが、大きな被害を出して敗北した。

ベトナム戦争の経緯

米軍は755万トンもの爆弾を投下。約300万人のベトナム人の犠牲者を生み、現在も不発弾の被害は続いている。

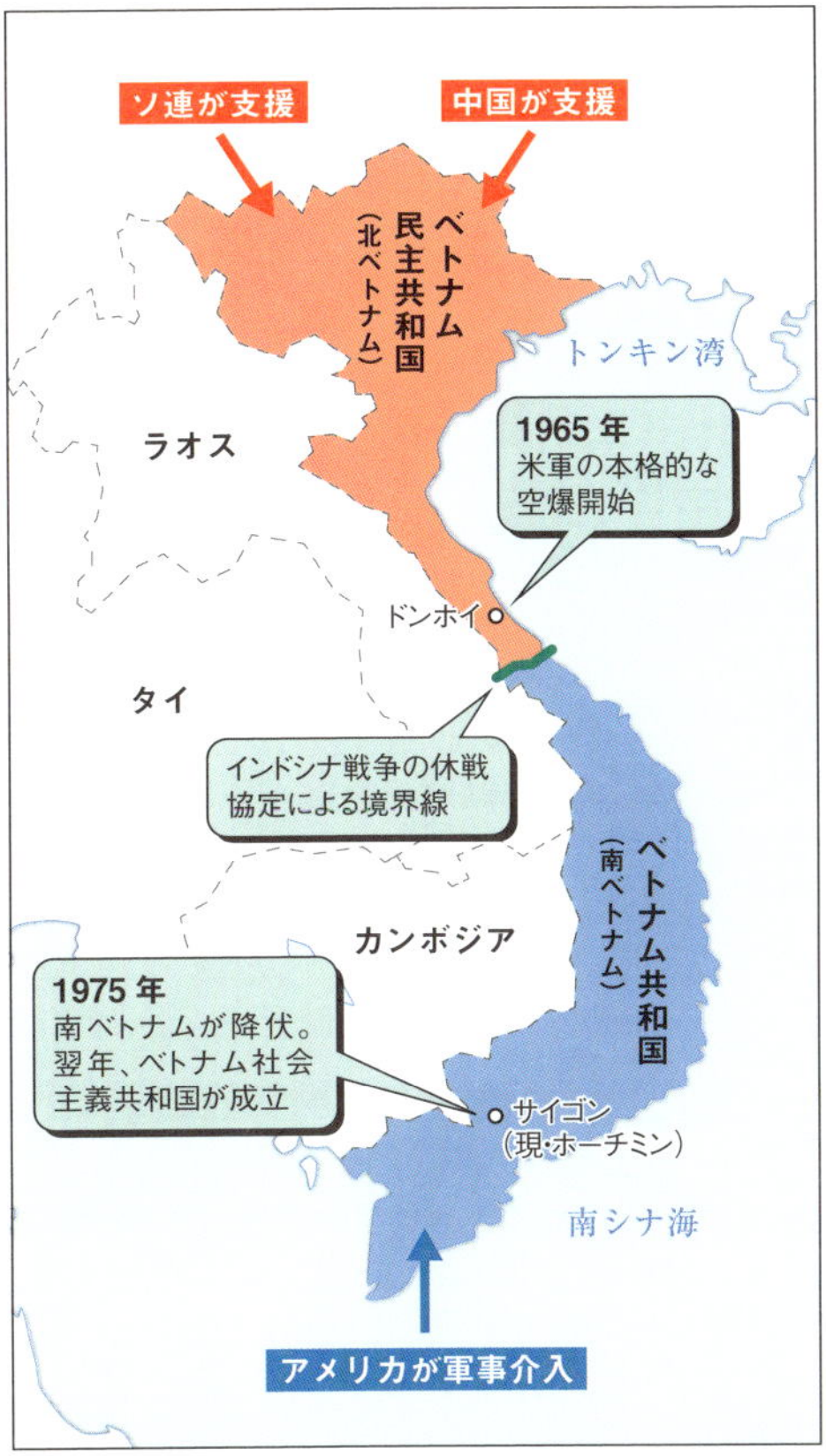

米軍の枯れ葉剤散布

ゲリラに対抗するため、猛毒のダイオキシンを含んだ枯れ葉剤を散布する米軍。健康被害などで２世、３世にも影響が及んでいる。

戦争の悲劇

米軍によるナパーム弾攻撃から逃げる子どもたち。

MOVIE GUIDE

『7月4日に生まれて』

ベトナム帰還兵の苦悩

アメリカ独立記念日の７月４日に生まれたロンは、愛国心を持つ海兵隊員としてベトナム戦争に参加する。しかし過酷な戦場で半身不随の怪我を負って帰国したロンを待ち受けていたのは、反戦デモが巻き起こるアメリカだった。自分の存在を否定される苦しみを味わったロンは、逃げるようにメキシコで自堕落な生活を送るようになる。そんな中、同じベトナム帰還兵のチャーリーと出会い、こんどは反戦運動に身を投じていく。

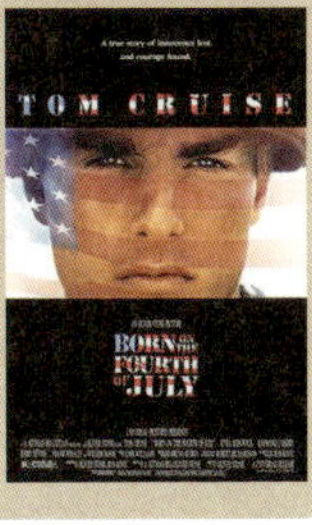

監督／オリバー・ストーン
主演／トム・クルーズ
公開／1989年

TRIVIA

ベトナムは1954年に南北に分断される形で独立して以降、軍事衝突が絶えることはなかった。南ベトナム解放民族戦線が結成された1960年以降は、さらに内戦が激化した。そのためベトナム戦争の開始時期を1965年ではなく、1954年ないしは1960年と考える識者もいる。

ベトナム反戦運動の中で台頭するカウンターカルチャー

徴兵を拒否する学生

ベトナム戦争をどう評価するかは、学生たちにとって切実な問題だった。当時アメリカでは**徴兵制**を導入していたが、1966年1月より**大学生も徴兵の対象**となったからだ。学生たちの中には戦争を批判し、徴兵カードを燃やすことで市民的不服従を示す者が多く現れた。また**デモによる抗議活動**も活発に繰り広げられた。

戦線が泥沼化し、また米兵によるベトナムの現地の村民への**虐殺事件**などが報じられると、一般の市民の間でも**戦争に反対する声**が高まっていった。政府が戦争の続行をあきらめたのは、国民からの支持が得られなくなったということも大きかった。

既存の体制への対抗

この時期の反戦ムードの中で台頭してきたのが、若者たちを中心とした**カウンターカルチャー**（**対抗文化**）だった。彼らは既存の体制や社会規範に疑義を呈し、文字通りこれに対抗しようとした。**ヒッピー**と呼ばれた若者たちは、「愛・自由・平和」をスローガンに、長髪にジーンズというファッションで、コミューンをつくって共同で生活し、マリファナなどの薬物を吸った。

また物質主義の否定とスピリチュアル世界への傾倒を特徴とする**ギンズバーグ**や**バロウズ**などの**ビートニク**と呼ばれる文学者の作品も、若者たちから好んで読まれ、カウンターカルチャーの思想的支柱となった。

KEYPERSON

モハメド・アリ

[1942〜2016]

1964年からWBC世界ヘビー級のタイトルを9度防衛していた黒人ボクサーのモハメド・アリは1967年、ベトナム戦争への徴兵を拒否したことで、タイトルを剥奪され、禁固5年の判決を受けた。だがアリはタフだった。1970年にライセンスを取り戻すと、タイトルを奪還するとともに、最高裁から有罪判決の撤回も勝ち取ったのだ。

POINT!

既成文化への反発や反戦ムードの高まりが、カウンターカルチャーの台頭を生み出す。

ウッドストック・フェスティバル
開会式でスピーチするヨーガ指導者。

カウンターカルチャーの広がり

ヒッピーやコミューン、フリー・コンサートやニューシネマなど、様々な文化や表現を生み出した。

1950年代
社会への違和を表明
↓
1960年代
カウンターカルチャーの台頭

ベトナム反戦運動（1960年代末）
ビートニク

→ **ニューレフト（新左翼）**
→ **ヒッピーブーム**

ヒッピー・カルチャー
ロックフェスティバルに参加するヒッピー（1969年）。ヒゲや長髪、ジーンズやサイケデリックな衣装を好んだ。

「イージー・ライダー」
ヒッピー２人組を主人公にした映画。ニューシネマの代表作で、反体制やドラッグカルチャーなどを描く。

その時日本は？
［1968～69年］東大紛争。新左翼の学生らが東大安田講堂を占拠

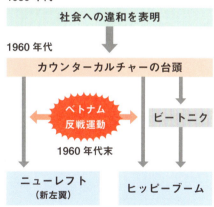

1971～74年

ニクソン＝ショックが世界に与えた**衝撃**とは？

金との交換停止を発表

ベトナム戦争の継続のため、アメリカは膨大な軍事費を費やした。また日本や欧州の経済成長に伴って貿易収支も悪化。多額の**ドルが海外に流出**した。さらに**社会保障費**も増大。これによりアメリカの財政は大きく悪化した。

戦後ドルは、世界で唯一の**兌換《だかん》通貨**だった。ところが１９７１年、ニクソン大統領は金とドルの交換の停止を発表する（**ニクソン＝ショック**）。目的はドルの価値を切り下げてドル安状態をつくることで、貿易収支の悪化を食い止め、経済を立て直すことにあった。ドルの価値が不安定になったため、各国はそれまで採用していた固定相場制をあきらめ、**変動相場制に移行**した。

中国との関係を改善

ニクソン＝ショックは先進各国の経済に大きな影響を与えた。日本も急激に**円高ドル安**が進んだことで、輸出産業が不振に陥り、高度経済成長が終わりを迎える要因の一つとなった。

ニクソンは外交面でも、世界を驚かせる行動に出た。冷戦において敵対国であったはずの中国に接近し、**関係改善**を果たしたのだ。当時、中ソは関係が悪化しており、アメリカは中国と結ぶことで、東側陣営の結束に楔を打つことを狙ったのだ。このようにこの時期国際政治も、変動期を迎えていた。

なおニクソンは、政敵の民主党本部を盗聴した**ウォーターゲート事件**が発覚。１９７４年、辞任に追い込まれた。

KEYPERSON

ヘンリー・キッシンジャー

[1923～2023]

中国との関係改善の立役者となったのは、ニクソン政権下で大統領補佐官を務めたキッシンジャーだった。当時国務省は、中国への接近は、台湾との関係悪化を招くとして反対していた。そこでキッシンジャーは国務省には秘密にしたまま中国を訪れ、交渉を成功させたのだ。彼の行為は「キッシンジャーの忍者外交」と呼ばれた。

POINT!

経済立て直しのため、兌換通貨だったドルの交換を停止。各国は変動相場制に移行した。

ブレトン・ウッズ体制の崩壊とニクソン＝ショックの影響

第二次大戦後、USドルを基軸とした固定相場制（ブレトン・ウッズ体制）がアメリカの繁栄を支えていたが、1960年代にその限界が露わとなり、ニクソン＝ショックを経て、固定相場制は崩壊した。

1945〜 ブレトン・ウッズ体制
- **固定相場制**で経済安定
- 各国の通貨と米ドルの交換比率を一定に保つ

←

1960年代 アメリカ経済の限界
- ベトナム戦争の戦費拡大
- 貿易赤字による財政悪化
- 投資や援助によるドルの流出

←

1971〜 新しい経済政策（ニクソン＝ショック）
- 金・ドル交換停止
- 10％の輸入課徴金を課す
- 対米繊維輸出規制など

←

変動相場制の導入

ブレトン・ウッズ体制の崩壊
- ドルの流通量を増やす
- 第1次石油危機

←

アメリカ ↓ 激しいインフレ、失業率の高止まり

日本 ↓ 急激な円高ドル安、高度経済成長の終焉

世界 ↓ 世界同時不況（スタグフレーション）

北京市の中南海で毛沢東と握手をするニクソン大統領。

1974年８月９日、ニューヨーク・タイムズ紙の１面。ウォーターゲート事件後、ニクソン大統領辞任を報じる。

MOVIE GUIDE

『大統領の陰謀』

ウォーターゲート事件の真相

大統領選最中の1972年６月17日、民主党選挙対策本部のあるワシントンのウォーターゲート・ビルに盗聴器を仕掛けようと侵入した男たちが逮捕された。これをきっかけに、米国史上最大の政治スキャンダルに発展する。このウォーターゲート事件を追いかけ、ニクソン大統領を失脚に導いたワシントン・ポスト紙の記者カール・バーンスタインとボブ・ウッドワードの回顧録を映画化した社会派サスペンス。

監督／アラン・J・パクラ
主演／ダスティン・ホフマン、ロバート・レッドフォード
公開／1976年

その時西ドイツは？

［1972年］東西ドイツがお互いを主権国家として認め合う

1981～89年

レーガンはどうして「小さな政府」を目指したのか？

民間主導で経済を再生

長らくアメリカは、政府が積極的に公共事業や社会保障に予算を投じてきた。だが財政の悪化により、大規模な財政出動が難しい状況になってきた。

そうしたなかで１９８１年に大統領に就任した**レーガン**が打ち出したのが、**「小さな政府」**の実現だった。社会福祉関連分野を中心に予算の縮減を図る一方で、減税や規制緩和によって民間企業の投資意欲を刺激することで、国ではなく**民間主導で経済の再生**を図ろうとしたのである。

だが、長年経済を牽引してきた製造業はすでに国際競争力を失っていた。そのためアメリカは経済再生どころか、**貿易赤字の膨張**に悩むことになった。

国防費の増額を進める

アメリカは、財政赤字の増大にも直面した。減税を行えば、当然歳入は減る。またレーガンは**国防費の増額**を推し進めたため、「小さな政府」を志向していたにもかかわらず、政府支出の削減も進まなかった。これが財政のさらなる悪化を招いたのだ。

レーガンが軍事力増強に注力したのは、**「強いアメリカ」**を復活させるためである。ソ連を「悪の帝国」と名指し。ソ連が核ミサイルを発射した場合、人工衛星からのレーザーで撃破するという**戦略防衛構想（SDI）**を発表した。これにより米ソ関係は緊張感を増し、そして80年代末、思わぬ展開を見せることになる。**冷戦終結**である。

KEYPERSON

ロナルド・W・レーガン

［1911～2004］ President 1981～1989 共

歴代大統領選挙の中で、最も多い選挙人を獲得できたのは、1984年のロナルド・レーガンで525人。就任時より退任時の支持率が高い大統領でもあった。そんなレーガンは１期目の任期中、銃撃を受けて弾が肺にまで達したことがある。病院で妻に「Honey, I forgot to duck（ハニー、避けるのを忘れてしまったよ）」とユーモアを飛ばした。

POINT!

民間主導で経済の再生を図ろうとしたが、政府支出の削減は進まず、赤字はさらに膨らんだ。

2025 2000 1975 1950 1925 1900 1875 1850 1825 1800 1700 1600

／Here!＼

レーガンの経済政策

規制緩和や大幅な減税など、レーガン政権の一連の経済政策は、「レーガノミクス」と呼ばれる。

小さな政府

減税や規制緩和などを行い、民間主導での経済再生を目指す

1981年７月、大統領執務室からテレビを通じて減税計画の概要を説明するレーガン

ドル高で国内企業の競争力が弱まる

貿易収支が 赤字

強いアメリカ

「強いアメリカ」を望む世論を背景に、対ソ強硬路線を推し進める

レーガン大統領をおもてなしする中曽根首相。日米関係強化のため緊密さをアピールした

軍拡により大幅に支出が増加

財政収支が 赤字

双子の赤字

American History

深掘りアメリカ

ジャパン・バッシングはなぜ起きたのか？

1980年代、貿易赤字に苦しむアメリカが、目の敵にしたのが日本だった。自動車産業を始めとした日本の製造業がアメリカ市場を席巻。逆にアメリカの３大自動車メーカーは経営難に陥った。労働者が日本車を叩き壊すなどのジャパン・バッシングが発生。日本は、自動車の対米輸出の自主規制を余儀なくされた。また「対日赤字の原因は、日本の市場が閉鎖的だからだ」というアメリカ側の主張により、日本は市場の開放も求められた。

1989年には三菱地所がロックフェラー・センターを買収した（左）。

ディーラーによる日本車叩き放題サービス（下）。

その時ソ連は？

［1986年］チェルノブイリ原子力発電所で大事故が起きる

第6章

分断と多極化 揺れる超大国

1990年代以降

年代	出来事
1989	マルタ会談により冷戦の終結が宣言 P132
1991	湾岸戦争が始まる P132
	米ソ戦略兵器削減条約（START）に調印
1992	ロサンゼルス黒人暴動が起こる
1993	クリントンが大統領に就任
1994	北米自由貿易協定（NAFTA）が発効 P134
1995	ベトナムと国交樹立
	ウィンドウズ95が発売 インターネットが急速に普及
1999	パナマ運河を返還
2001	ブッシュ（子）が大統領に就任 P138
	9月11日、同時多発テロが発生 P138
	10月、アフガニスタンへの攻撃が開始 P140
2002	ブッシュ（子）が北朝鮮・イラク・イランを「悪の枢軸」と名指し
2003	イラクへの攻撃を開始 P140
2007	iPhoneが発売される P140

1989年、世界は大きく転回する。**ブッシュ（父）**とソ連のゴルバチョフが**冷戦の終結**を宣言したのだ。その後アメリカは唯一の超大国として、1991年の**湾岸戦争**では多国籍軍を率い、**「世界の警察」**として振る舞うようになる。国内では**クリントン**大統領の時代に**「金融とITの国」**への転換に成功した。

そんな栄光に水を差したのが、2001年の**同時多発テロ**とそれに続く**テロとの戦争**だった。**ブッシュ（子）**時代の強硬路線は国際社会から**単独行動主義**と批判を受けた。

現在のアメリカ国内では、**社会の分断**と**経済格差**が深刻な状況を呈している。その象徴的出来事が**「アメリカ・ファースト」**を掲げた**トランプ**の大統領就任だろう。唯一の超大国は、今後どの方向へと向かうのだろうか。

この頃	**YouTubeやツイッターなどのSNSが普及**
2008	金融危機（リーマンショック）が発生 P142
2009	オバマが大統領に就任 P142
2011	イラクから軍を撤退 P140
2015	キューバと国交を回復する
2016	オバマ大統領が広島を訪問 P143
2017	トランプが大統領に就任 P144
2020	新型コロナウイルス感染症が流行する P146
	アメリカ・メキシコ・カナダ協定（USMCA）が発効
	パリ協定を正式に離脱
2021	バイデンが大統領に就任 P146
	米国救済計画法が成立する P146
	アフガニスタンから撤退 P140
2022	**チャットGPTが一般公開される**
2023	新型コロナ緊急事態宣言の終了を宣言

世界を二分した冷戦対立はどのように終わりを迎えたのか？

ゴルバチョフの登場

1980年代半ばに頂点に達した米ソの緊張関係は、ソ連共産党の書記長に就任した**ゴルバチョフ**が**政治・経済改革や情報公開**に着手すると、急速に変化した。レーガンがゴルバチョフの改革を高く評価し、歩み寄りの姿勢を見せたからだ。米ソ間では軍縮交渉が開始され、1987年には**中距離核戦力全廃条約**の調印が実現した。

さらに1989年には新たに大統領となった**ブッシュ（父）**とゴルバチョフとの会談で、**冷戦の終結が宣言**された。長年の経済低迷により疲弊していたソ連には、もはやアメリカに対抗するだけの国力は残っていなかったことが、冷戦終結の要因の一つとなった。

米ソが共に賛成に回る

1990年、**イラクがクウェートに軍事侵攻**し、湾岸危機が発生した。このとき国連安全保障理事会では、**アメリカとソ連が共に賛成**に回ったことで、イラク軍の無条件撤退を求める決議が採択された。安保理で米ソが反目ではなく軌を一にするというのは、冷戦期には考えられないことだった。

翌年には、安保理決議に応じなかったイラクに対し、米軍を中心とした各国の軍隊により**多国籍軍**が結成され、**湾岸戦争**が勃発。多国籍軍の圧倒的勝利により、戦争は終結した。今後は**アメリカを中心**に各国が協調しながら、国際秩序を維持していく。そんな時代の到来を予見させる戦争となった。

KEYPERSON

ジョージ・H・W・ブッシュ

［1924〜2018］ President 1989〜1993 共

ブッシュ（父）は、内政面では目立った実績は残せなかった。事実、当時の側近によれば、彼は執務時間の4分の3を外交に充て、内政にはあまり興味を示さなかったという。そのため湾岸戦争が終わり、国民の関心が内政へと移ると、彼の支持率も低下。1992年の大統領選に敗れ、1期4年でホワイトハウスを去ることになった。

POINT!

ブッシュ（父）の時代に長き冷戦対立が終わりを迎え、アメリカは唯一の超大国となる。

2025 2000 1975 1950 1925 1900 1875 1850 1825 1800 1700 1600

Here!

1980年代～2000年代のアメリカと世界の動き

1980年代　冷戦対立

アメリカ	ソ連
双子の赤字	1979～　アフガン侵攻による経済苦境
↓	↓
国内経済の停滞	1986～　ゴルバチョフによるペレストロイカ(改革)

1989　冷戦の終結

▼

1990年代　唯一の超大国

1991　湾岸戦争勃発

アメリカ主導の多国籍軍がイラク軍を攻撃

▼

内政	外交
●経済成長による失業率低下、財政赤字の解消 ●ITやインターネット技術の促進	●「世界の警察」として、旧ユーゴ内戦やソマリア内戦に軍事介入 ●中東和平プロセス。パレスチナ暫定自治政府の創設（オスロ合意）

▼

2000年代　単独行動主義

2001　アメリカ同時多発テロ

テロとの戦争

2001～	2003～
アフガニスタン戦争	イラク戦争

アメリカ大統領

共 レーガン
在：1981～89

共 ブッシュ（父）
在：1989～93

民 クリントン
在：1993～2001

共 ブッシュ（子）
在：2001～09

マルタ会談

ブッシュ米大統領とソ連のゴルバチョフ書記長によって冷戦終結が宣言された。

湾岸戦争

30を超える国がアメリカ率いる多国籍軍に参加。日本は多国籍軍に多額の資金援助を行った。

その時日本は？

［**1991年**］バブル経済が崩壊し「失われた20年」に突入

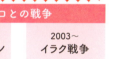

クリントンが導いた「金融とIT の国」への脱皮

経済こそが重要

ブッシュ（父）政権下のアメリカは、外交面では存在感を発揮したが、経済面では貿易赤字と財政赤字を解消できないなど、低迷が続いていた。そんな中で**「経済こそが重要なんだ。愚か者めが」**を陣営内でのスローガンに掲げ、1992年のブッシュとの大統領選を勝ち抜いたのが**民主党のクリントン**だった。

クリントンは、金融会社間の合併の自由化や、銀行が融資を行う際の金利を自由に決められるようにするなど、**金融分野の規制緩和**に着手。これにより自由競争が活発化し、金融業界は大きな成長を遂げた。またこの時期、アメリカが**IT革命**の発信地になったことにより、情報産業分野も伸張した。

金融とITの国へ

こうしてアメリカは、「製造業の国」から**「金融とITの国」**へと脱皮し、経済も好転した。ただし鉄鋼業や自動車産業などに従事する工場労働者たちは、好景気から取り残された。

クリントンは**北米自由貿易協定（NAFTA）**の締結など、通商の自由化にも注力していた。工場労働者たちは、自由化によって工場が海外に移転し、自分たちの雇用が奪われることを危惧した。そのためかつては民主党支持層であった工場労働者たちの民主党離れが加速した。またクリントンは、**社会福祉費の削減**も実施したため、好景気の裏では、**富める者と貧しい者との経済格差**が進行することになった。

KEYPERSON

ビル・クリントン

[1946〜] President 1993〜2001 民

クリントンは大統領就任前のアーカンソー州知事時代、民主党指導者会議（DLC）の議長を務めていた。DLCは、民主党の政策があまりにも労働者やマイノリティの保護に偏りすぎていると批判していたグループだった。クリントンが大統領時代、自由貿易を推し進め、また福祉政策を軽視したのは、ある意味当然のことだった。

POINT!

クリントンは金融改革やIT革命により経済を好転させたが、経済格差も進行した。

経済成長と国際協調を促進したクリントンの功績

クリントンは国内では金融改革やIT革命を促して経済成長を軌道に乗せることに成功。失業率の低下と株価上昇をもたらした。一方、外交政策では国際協調路線により冷戦後の新たな秩序形成にまい進した。

経済

①財政赤字の削減
雇用創出により失業率が低下（右の図版参照）
➡約30年ぶりに連邦政府予算が黒字化

②金融改革
規制緩和により金融機関の統合や競争を促進
➡のちの金融危機の一因に

③北米自由貿易協定（NAFTA）
カナダ、メキシコ間での関税撤廃、貿易促進
➡雇用問題で労働者の民主党離れが加速

社会

①インターネットとIT企業の成長
政府支援によりネットの普及。情報産業が急成長
➡ドットコムバブルと呼ばれる状況

②医療保険改革
全国民への医療保険提供を目指す
➡議会の反対で挫折

③福祉改革法
福祉受給者を減少させ労働市場への参入を促す
➡支援不足や低賃金労働問題などの課題も

外交

①NATOの東方拡大
東欧諸国加盟による安全保障体制の強化
➡不満を募らせるロシアと関係が悪化

②中東和平プロセス
仲介役となり和平交渉を促進
➡イスラエルとパレスチナの和平促進

失業率の低下と株価

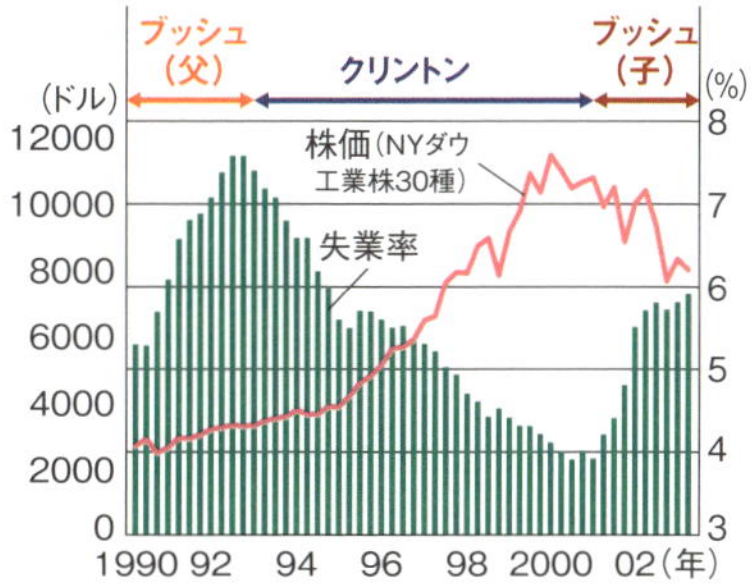

HP「F-Style Magazine」の掲載図版をもとに作成

オスロ合意
左からイスラエルのラビン首相、クリントン米大統領、PLOのアラファト議長。双方がパレスチナ自治政府発足に合意した歴史的前進だった。

With Japan

日本との関係

冷戦終結後に変化した日本の“役割”と日米関係

イラクの復興支援のためにクウェートに到着した自衛隊。

戦後の日本は日米安保体制のもと、軽武装・経済重視に専念していた。だがアメリカは1990年代以降、日本にも相応の軍事協力を求め始めた。これを受けて日本は1999年、日本の周辺で日本の平和と安全を脅かす事態が発生したときに、自衛隊が日本の領土外で米軍の後方支援を行うことを可能とした周辺事態法を制定。またアフガニスタン戦争やイラク戦争が起きると特措法を制定し、米軍の後方支援のために現地に自衛隊を派遣した。

TRIVIA
1998年、クリントンはホワイトハウス実習生のモニカ・ルインスキーとの不倫疑惑が発覚。「ホワイトハウス内での不適切な関係」が世界的なスキャンダルとなった。クリントンは弾劾裁判にかけられるも、罷免は免れた。

アメリカ社会の分断はいつから生じ、なぜ解消できないのか？

保守派（共和党）とリベラル派（民主党）の分断

米国内では社会制度からモラルや宗教観まであらゆる分野で意見の相違が表面化しており、アメリカ国内のメディアにおける偏向報道やSNSでの拡散などにより分断はより深刻化している。こうしたテーマは、大統領選挙でも大きな争点になっている。

リベラル派（民主党支持者）		保守派（共和党支持者）
賛　成＝中絶を選択するのは女性の基本的な権利であると主張	人工妊娠中絶	**反　対＝**中絶を胎児の生命を奪う行為とみなし、生命の尊重を説く
賛　成＝同性婚には肯定的。性的指向に関わらず、人権は平等に与えられるべき	同性婚	**反　対＝**結婚は男性と女性のペアであるべき。伝統的家族観を重視
寛　容＝人道的対応や権利保護を重視。移民がもたらす文化的多様性を尊重	移民規制	**厳格化＝**不法移民の取り締まりと強制送還を支持。移民には米文化への同化を求める
賛　成＝銃の購入や所有に対して厳しい規制を求める	銃規制	**反　対＝**合衆国憲法に記された個人が銃を所有する権利を重視
積極的＝気候変動を深刻な問題と捉え、二酸化炭素排出量の削減などを求める	環境対策	**消極的＝**政府の介入には慎重で、優先度の低い課題。化石燃料の規制には反対
公　的＝政府が関与する公的医療保険制度を支持。すべての国民へ保険提供を目指す	医療保険制度	**民　間＝**市場原理にもとづいた民間の医療保険制度を支持。オバマケアには反対

国民同士が激しく対立

人工妊娠中絶や同性婚、移民などの問題をめぐって、アメリカでは**リベラル派と保守派が激しく対立**する状態が続いている。国民が**賛成派と反対派に分断**されてしまっているといっても過言ではないほどだ。これらの問題が選挙の際の政治的な争点にまで浮上してきたのは、１９９０年代頃からのことだ。なぜ、こうした状況になってしまったのだろうか。

アメリカでは１９５０年代から60年代にかけ、黒人の間で自由と権利の獲得を目指した**公民権運動**が活発化。さらには女性や同性愛者などの他のマイノリティの間でも、**権利獲得の運動**が広がっていった。

「ウォール街を占拠せよ！」

2011年、金融機関や証券会社が集うニューヨークのウォール街で発生したデモ。デモ参加者は「ウォール街を占拠せよ！」「We are the 99%」をスローガンとし、政府の富裕層優遇や金融機関救済を批判した。

経済格差のイメージ

現在のアメリカでは上位10%の家庭が全体の約65%の富を有しているとされ、格差は拡大を続けている。

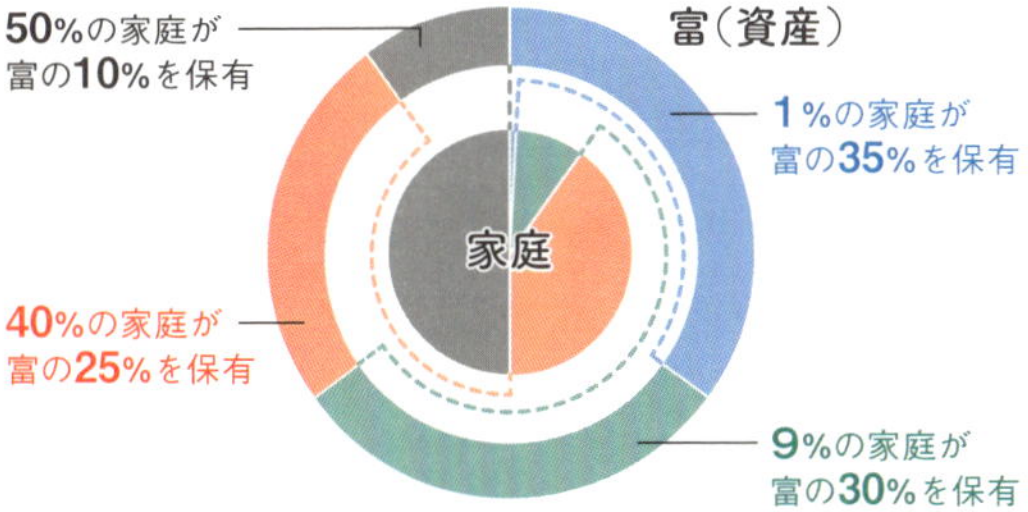

保守派が抱く危機感

これに対して当時の**民主党政権は彼らの主張を認め**、積極的格差是正措置などの施策を講じた。また連邦最高裁は、中絶を認める判決を出した。

一方、**保守派はこれを自分たちの立場を脅かす危機**と捉えた。特に聖書に照らし合わせ、中絶は許されないと考える宗教右派の反発は大きかった。

また90年代以降、製造業の空洞化が進んだことで、白人の工場労働者たちが中間層から滑り落ちることになった。彼らの間では**「リベラルの連中は自分たち労働者のことは無視して、マイノリティの保護ばかりに力を入れている」**という不満を募らせた。

こうした彼らの危機感や不満を吸収したのが共和党だった。一方民主党は、マイノリティのための党というイメージがより強くなった。**両者は反目し、対話が成立しない状況**が現在まで続いている。

MOVIE GUIDE

『ノマドランド』

現代のノマド（遊牧民）たち

主人公はリーマンショック後の工場閉鎖のあおりを受けて職を失い、自家用車を寝床として全米を流浪する旅へ。季節労働を行いながら各地で境遇を同じくする「ノマド（遊牧民）」たちと出会い、交流を深めていく。現代アメリカの経済格差の実態を描き、アカデミー賞作品賞を受賞。監督が中国人女性であることでも話題に。

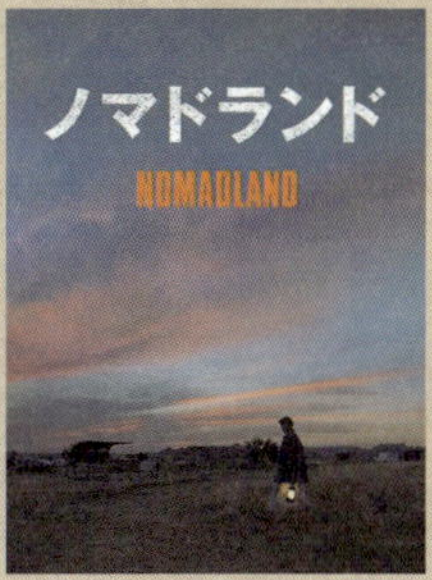

監督／クロエ・ジャオ
主演／フランシス・マクドーマンド
公開／2021年

なぜ、イスラーム過激派によるテロ攻撃の対象になったのか？

ネオコンが政権中枢に

2000年の大統領選は稀に見る接戦となった上に、票の集計をめぐって混乱が生じたため、選挙結果の確定までに6週間を要した。その中で当選したのが**共和党のブッシュ（子）**だった。

ブッシュは、同じ共和党のレーガン政権時の方針を受け継ぎ**「小さな政府」**を志向。富裕層を対象に減税を行い、様々な公益事業の民営化を進めた。この減税により歳入が減少したため、**国の財政は再び悪化**した。

また外交政策では、「アメリカが信奉する自由と民主主義を守るためであれば、他国への軍事介入も厭わない」と考える**ネオコン（新保守主義）**と呼ばれる人たちを担当者に据えた。

戦時体制に突入

2001年9月11日、**イスラーム過激派組織アル＝カーイダ**による**米同時多発テロ**が発生した。アル＝カーイダの指導者、**ウサマ・ビン＝ラディン**は、アメリカが湾岸危機時にイスラーム教の聖地があるサウジアラビアに米軍を駐屯させたことに反発。以来、反アメリカのテロを繰り返していた。

約3000人もの人が犠牲になった同時多発テロは、国民を震撼させた。**「テロとの戦い」**を宣言したブッシュ大統領の支持率は90％に上昇。テロ対策のための監視や捜査権限の強化を認めた**愛国者法**が制定され、**国土安全保障省**も設立された。アメリカは戦時体制ともいえる状況になった。

KEYPERSON

ジョージ・W・ブッシュ

［1946〜］ President 2001〜2009 共

41代ブッシュ（父）大統領の息子。30代の頃のブッシュ（子）は、石油ビジネスに参入。だが結果は失敗に終わり、ビジネスから撤退せざるを得なくなった。その後は失意から酒浸りの生活を送ることになる。そんな彼を救ったのがキリスト教との出合いだった。以後彼は熱心な信者となり、聖書の教えを重視する宗教右派が強力な支持基盤となった。

POINT!

アル＝カーイダによる米同時多発テロが発生し、ブッシュ（子）大統領はテロとの戦いを宣言。

アフガニスタンとの関係と同時多発テロまでの経緯

同時多発テロを首謀したビン＝ラディンは、1980年代にはアフガニスタンに侵攻してきたソ連との戦いに参加。その後テロ組織であるアル＝カーイダを結成し、中東に対して介入を続けるアメリカを敵対視し続けてきた。

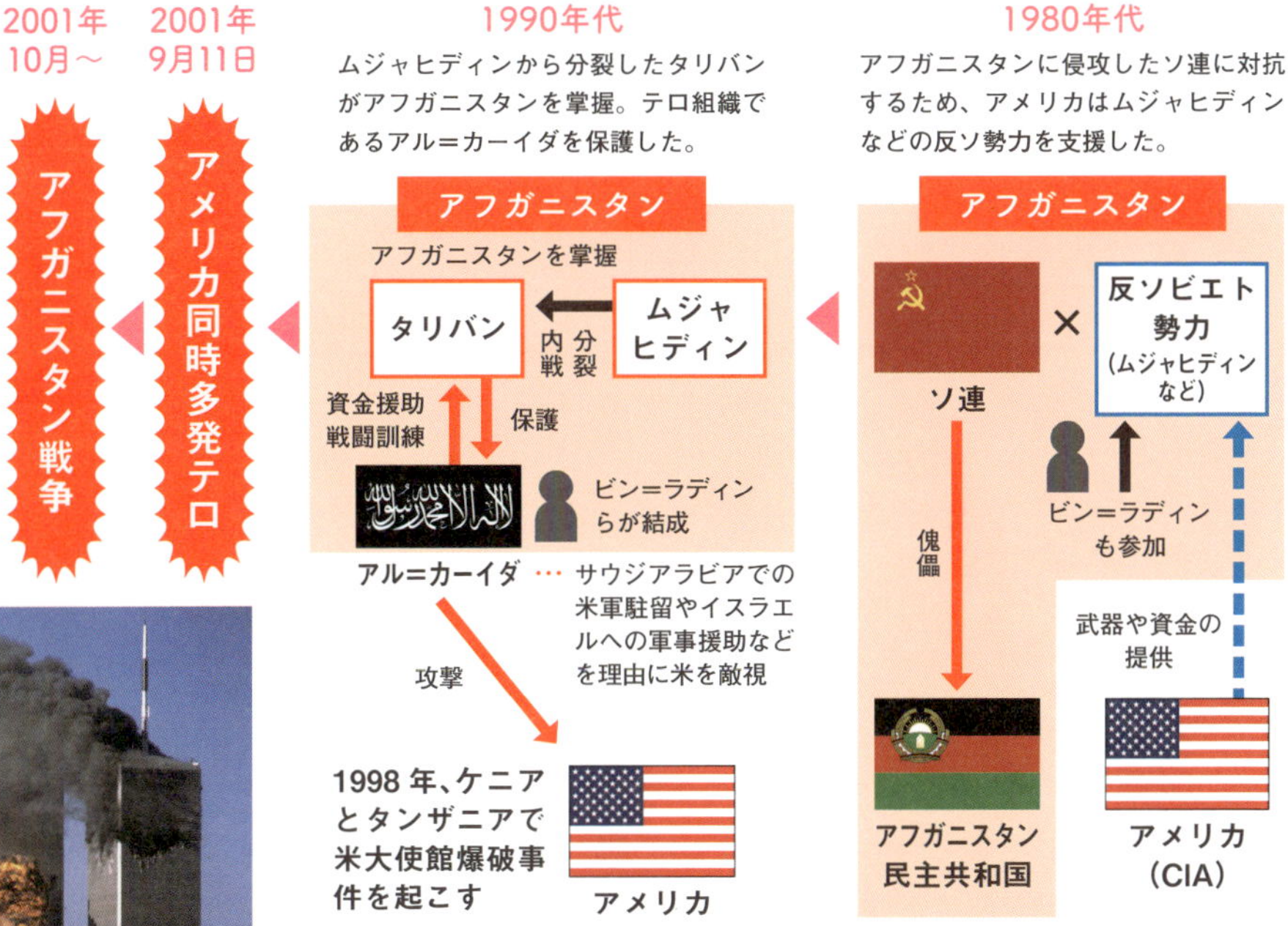

炎上するワールドトレードセンター

航空機が激突し倒壊する様子はテレビで生中継されており、全世界に衝撃を与えた。

ブッシュ大統領のテレビ演説

2003年のイラク戦争開戦時、国民に向けテロとの戦いの重要性を訴えるブッシュ。

MOVIE GUIDE

『華氏911』

なぜ戦争に向かったのか？

米同時多発テロを受けてテロとの戦いに踏み切ったブッシュ大統領の行動を、批判的に捉えたドキュメンタリー。イラク戦争に米軍が主張したような正義はなかったこと、そしてブッシュは父親の影を追い続けていたことが赤裸々に映し出される。テロとの戦いとは何だったのかを問い直したい。

監督／マイケル・ムーア
公開／2004年

その時日本は？

［2002年］日韓共催によるサッカーワールドカップ開催

2001〜21年

同時多発テロ後の**テロとの戦い**はなぜ**失敗**に終わったのか？

二つの戦争に突入

アメリカ同時多発テロの首謀者である**ウサマ・ビン＝ラディン**は、アフガニスタンの**タリバン政権**にかくまわれていた。アメリカは彼の引き渡しを要求するが拒否されたため、2001年10月、**アフガニスタンへの軍事攻撃**を開始。戦闘はわずか2カ月で終了し、タリバン政権は崩壊した。

さらにアメリカは2003年には、イラクのフセイン政権が大量破壊兵器を保有しているとして、今度は**イラクへの攻撃**を開始した。この戦闘も短期間で終了し、フセイン政権は崩壊。ただし大量破壊兵器は見つからなかった。こうしてブッシュ（子）政権は、**「テロとの戦い」**に明け暮れた。

民主化に失敗する

ブッシュ（子）はこの二つの戦争によって、テロの脅威を取り払うとともに、独裁政権を倒し、**両国を民主化**させることを目指した。だがアメリカによる強引な統治は、現地の反発を招いただけだった。イラクではイスラーム教過激派組織の**ISIL**が台頭。アフガニスタンでは2021年の米軍撤退後、**タリバン**が政権を奪還した。

またアメリカはイラク戦争では、国連の賛同が得られないまま軍事行動を行ったため、国際社会から**単独行動主義と批判**された。冷戦後の世界はアメリカを中心に各国が協調しつつ国際秩序を構築していくかと思われたが、その**協調に亀裂が生じる結果**となった。

KEYPERSON

スティーブ・ジョブズ

[1955〜2011]

アメリカがテロとの戦いにのめり込んでいた2007年、国内ではスティーブ・ジョブズ率いるアップルがiPhoneを発売し、脚光を浴びていた。1955年生まれのジョブズは、若いときにはインド思想に傾倒してヒッピー的な生活を送り、その後黎明期のインターネット産業を牽引する存在となった。時代とともに生きた人物といえた。

POINT!

ブッシュ（子）政権が始めたテロとの戦いは泥沼化し、国際関係にも亀裂を生じさせた。

アフガニスタン戦争とイラク戦争の推移

米軍の主導によりどちらの戦争も決着は早々についたが、その後、米国の支援で両国に成立した政権はどちらも安定しなかった。結局、両国とも混乱が収まらず、当初の目的を達せられないまま米軍は撤退することになった。

イラク戦争		アフガニスタン戦争
2003〜11年	年　数	2001〜21年
アメリカがイラクの大量破壊兵器保有を疑ったため。独裁政権打倒を掲げ、国連の賛同を得ずにイラクを攻撃	きっかけ	国際テロ組織アル＝カーイダのリーダーであるビン＝ラディンの引き渡しをタリバン政権が拒否したため
アメリカ、イギリス、オーストラリア、ポーランドなどによる有志軍	参戦国	アメリカ、イギリス、カナダ、オーストラリアなど
有志軍によりわずか1カ月でフセイン政権は崩壊。その後暫定政権が発足し、2005年には新憲法の下で国民議会の選挙も実施される。しかし一方で、米軍のイラク占領に反対する武装組織により、テロ行為が激化。2011年の米軍撤退後も、情勢は安定しなかった	どうなった？	米・英軍は激しい空爆などによりタリバン軍を圧倒し、わずか2カ月でタリバン政権を打倒。その後、米や国連の後押しでカルザイ政権が発足。しかし政権は汚職が横行するなど機能せず、一方でタリバンの抵抗運動も悪化し続け、2021年8月に米軍は撤退を余儀なくされた

イラクの首都に建つ銅像を引き倒す米軍。捕縛されたフセイン(左)は、2006年にバグダードの刑務所で処刑された。

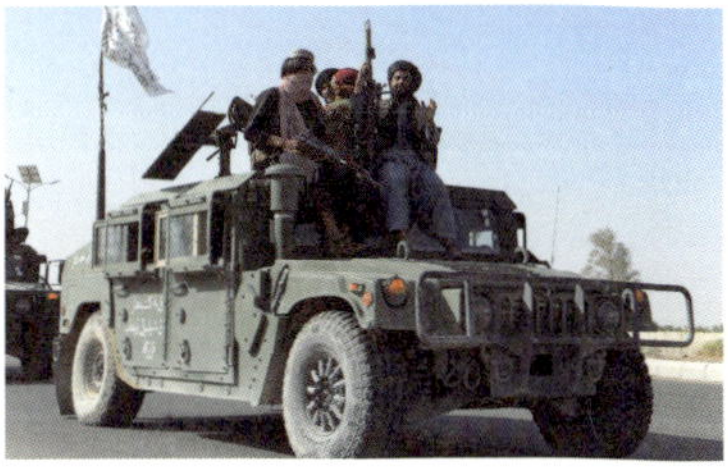

武装するタリバンの兵士。政権崩壊後にはゲリラ戦を展開し、2021年の米軍撤退の直後に政権を奪還した。

MOVIE GUIDE

『アメリカン・スナイパー』

伝説の狙撃手の伝記映画

米特殊部隊の狙撃手としてイラク戦争に派遣された軍人、クリス・カイルの人生を題材にした戦争映画。戦士として英雄的に描かれる一方で、PTSDによる戦争の後遺症に苦しむ様子など、反戦的な描写もされ、保守派とリベラル派の間で論争が巻き起こった。本作は一部にフィクションが加えられ、原作の自伝本とは相違がある。

原作／クリス・カイル
監督／
クリント・イーストウッド
主演／ブラッドリー・クーパー
公開／2014年

対テロ戦争の犠牲者

戦争の犠牲者の大多数が現地の兵士や民間人で占められている。中でも、イラクでは民間人を巻き込んだ戦闘が多発し、どちらの陣営か不明の人も多い。

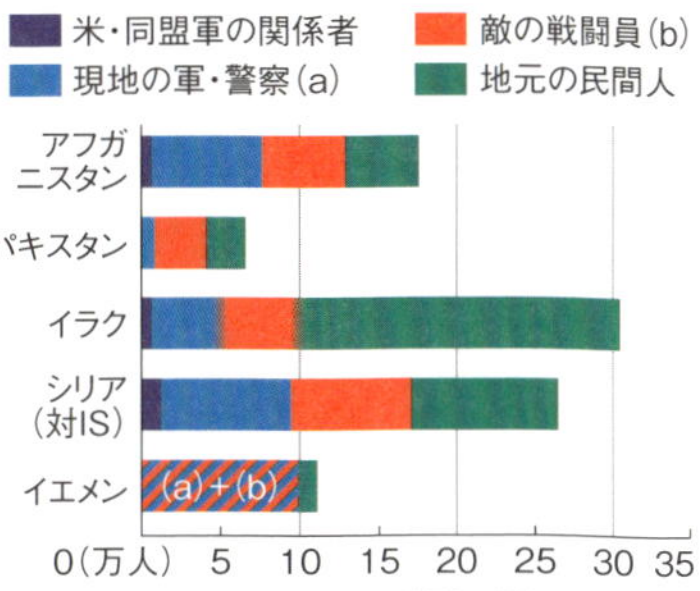

朝日新聞2021年9月11日（朝刊）の掲載図版をもとに作成

TRIVIA 2004年、米軍がアブグレイブ刑務所でイラク人捕虜を虐待していたことが判明。捕虜に手錠をかけたまま引きずり回し、虐待の様子を撮影するなど、数々の残虐な行為が明るみに出たことで、イラクの米軍への憎しみが深まる一因となった。

オバマ大統領はアメリカを〝チェンジ〟することができたのか？

未曾有の金融危機が発生

　２００８年の大統領選挙では、**「チェンジ」**を掲げた民主党の**オバマ**が当選した。だが就任後のオバマに求められたのは、抜本的な社会変革よりも、まず目の前の危機への対処だった。

「金融とＩＴの国」となったアメリカでは、多様な金融商品が開発されたことで投資が喚起され、活況を呈していた。だが２００８年秋、**リーマン・ブラザーズ**の経営破綻を契機に**金融危機**が発生。銀行や自動車会社などが経営危機に陥った。オバマは**大規模な財政出動**によって企業を救済するとともに、インフラ整備や環境関連事業に予算を投じることで景気回復や雇用創出を図り、一定の成果をあげた。

オバマケアを実現

　一方外交面では、**アフガニスタンとイラクの統治**に失敗したことが完全に明らかになり、戦費も膨れ上がっている中で、その収拾をどう図るかという課題に直面していた。オバマはイラクについては、２０１１年に**米軍の完全撤退を実現**。だがアフガニスタンについては、治安の悪化によって、逆に兵員増を決断せざるを得なかった。

　そのほかの実績としては、多くの国民が無保険状態に置かれていた中で、**医療保険制度改革**（**オバマケア**）によって、不完全ながらも国民皆保険に近い状態を実現できた。また**気候変動問題**や**イランとの核合意**などの外交政策にも精力的に取り組んだ。

KEYPERSON

バラク・オバマ

［1961～］ President 2009～2017 民

　イリノイ州の上院議員を務めていた2004年、オバマは民主党全国大会での基調演説を任された。その場で彼は、分裂が深刻化するアメリカの再統合を訴えた演説を行い、多くの聴衆の心をつかむことに成功。彼の知名度は一夜にして全米へと広がった。演説の名手であったことは、間違いなく彼が大統領になれた要因の一つである。

POINT!

オバマはリーマンショックによる経済危機を脱すると、外交や保険制度改革に力を注いだ。

次期大統領のトランプに否定されたオバマ政権の政策

オバマ大統領は「変革」を訴えて様々な課題に取り組んだが、国内の分断や政党間の根深い対立を乗り越えることはできなかった。オバマが取り組んだ政策のいくつかは、次のトランプ大統領時代に否定されることとなる。

①医療保険制度改革（オバマケア）

オバマ…無保険者の保険加入を義務付け、医療費の削減や質の向上を目指した制度改革を実行

トランプ…大統領選では撤廃を訴える。撤廃はしなかったが、加入の義務化を廃止する

②気候変動問題（パリ協定）

オバマ…196カ国が参加し、温室効果ガスの削減目標などを定めたパリ協定に合意

トランプ…地球温暖化には懐疑的で、パリ協定から離脱する

③キューバとの関係

オバマ…国交正常化に向けて外交関係を改善。経済制裁を緩和して商取引や交流を拡大する

トランプ…経済制裁の再導入、商取引の制限、旅行制限の強化などキューバへの圧力を強める

④イランとの関係

オバマ…イランの核開発を防ぐための核合意を多国間で締結するとともに、経済制裁を緩和する

トランプ…核合意から一方的に撤退し、「最大圧力キャンペーン」として経済制裁などを強める

⑤TPP（環太平洋パートナーシップ）

オバマ…貿易政策の柱の一つとして推進。台頭する中国への地政学的戦略の一環でもあった

トランプ…アメリカの労働者や製造業を守るために撤退。アメリカに有利な二国間協定を推進する

ティーパーティーによるデモ

オバマ政権期には保守系の政治運動であるティーパーティー運動が活発化する。運動では医療改革などオバマの政策を否定し、小さな政府や減税を訴えた。

TPP首脳会合（2015年）

2015年に行われた12カ国の首脳会合で大筋合意にいたるも、2017年にトランプ大統領が脱退を表明し、2018年に11カ国で発効の運びとなった。

With Japan

日本との関係

オバマ大統領の広島訪問

2016年5月、G7伊勢志摩サミット出席のために訪日したオバマ大統領は、その足で広島に向かった。広島平和記念資料館見学後に原爆死没者慰霊碑に献花、被爆者と言葉を交わした。アメリカ大統領の広島訪問は初のことであり、アメリカ国内での「広島に訪問すると、原爆投下の罪を認めることになりかねない」という反対の声を押し切っての決断だった。就任当初から「核なき世界の実現」を掲げていたオバマならではの行動といえた。

広島の平和記念公園で演説するオバマ。

TRIVIA

2011年、ホワイトハウスで開催されたある晩餐会でのこと。「オバマはケニア生まれ」と発言していたトランプを前にして、オバマは『ライオン・キング』のビデオを流して彼を皮肉り、嘲笑するようなスピーチを行った。トランプのオバマ憎しはこれが始まりだったとされる。

なぜ、泡沫候補だったトランプが大統領になることができたのか？

白人労働者からの支持

２０１６年の大統領選挙は、当初は泡沫候補と見られていた**トランプ**が共和党候補の座を勝ち取り、本選挙にも勝利した。トランプを強力に支持したのは、衰退が著しい**工業地帯で働く白人の労働者**たちだった。「自分たちは、民主党からも共和党からも見捨てられている」という不満を募らせていた彼らは、反移民や反グローバリズム、アメリカ第一主義《アメリカ・ファースト》を掲げ、**「アメリカを再び偉大な国にする」**と声高に語るトランプに希望を見いだしたのだ。

就任後トランプは、さっそく**反移民政策**を展開。また「中国から国内の製造業を守る」として**中国製品に高関税**をかけるなど、支持層の期待に応えた。

社会の分断が進行する

トランプ政権下で進行したのが、さらなる**社会の分断**だった。トランプは移民やマイノリティを攻撃する発言をしばしば行い、これに触発されるかのように**ヘイトクライム（憎悪犯罪）**が増加した。一方、外交面では**二国間でのディール（取引）**を好み、国際協調や同盟国との対話を軽視したため、ＥＵなどとの関係が著しく悪化した。

またトランプは在任中に大型の**法人税減税**を実現したが、これは大企業や富裕層を優遇するものであり、支持基盤である低所得の労働者はその恩恵を受けることはできず、むしろ**所得格差は進行**した。しかし、彼らはトランプを支持し続けたのである。

KEYPERSON

ドナルド・トランプ

［1946〜］ President 2017〜2021 共

政治経験も軍務経験もまったくないまま大統領に就任した人物は、トランプが初めてだった。政権の中枢には多様な人材が起用されたが、彼の場当たり的な政策が原因で対立し、異例のスピードで次々と政権を去っていった。そうした元側近の多くが、暴露本の中で「愚か者」などとトランプを批判した。これも異例なことだった。

POINT!

トランプは白人労働者らの支持を受けて大統領選に勝利。社会の分断や国際的な不和を招く。

トランプ政権下でより分断が深まる

「ラストベルト（さびついた工業地帯）」とは、かつて自動車産業など製造業が盛んだったが、現在では不景気に沈んでいる中西部から北東部にかけての一帯を指す。2016年の大統領選挙ではこのラストベルトや、福音派が多く住むバイブルベルトの住民の多くがトランプを支持した。

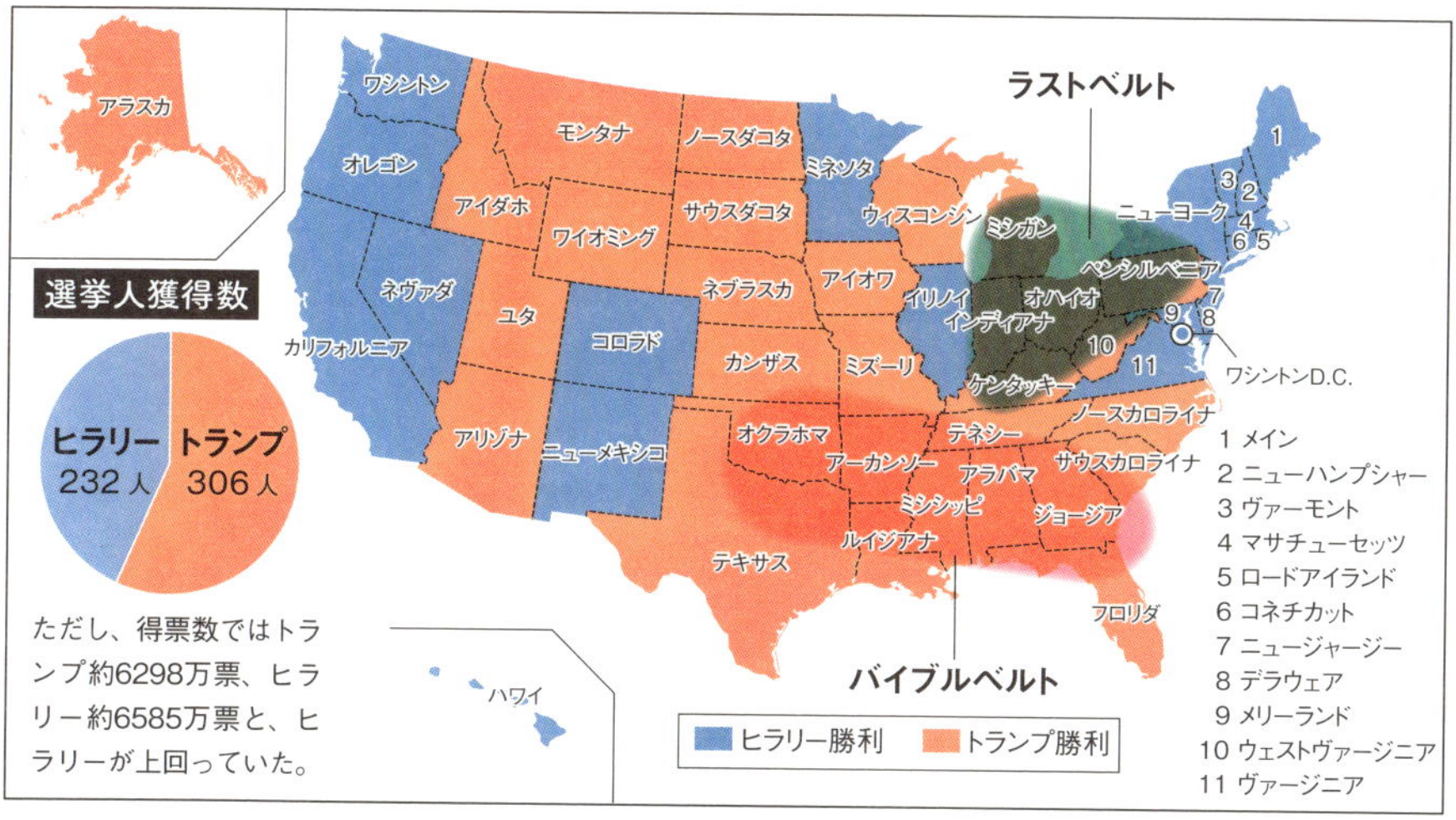

ただし、得票数ではトランプ約6298万票、ヒラリー約6585万票と、ヒラリーが上回っていた。

トランプ大統領に詰め寄る各国首脳

関税について合意にいたらず、最後はトランプが首脳宣言を反故にした2018年のG7首脳会議の一幕。トランプの外交姿勢は国際秩序にも亀裂を生んだ。

深掘りアメリカ 熱狂的トランプ支持者である「Qアノン」とは何だったのか？

Qアノンとは、インターネットの掲示板に投稿した「Q」と名乗る人物の主張を信奉する人々のこと。その主張は「民主党や政財界、メディアには、悪魔を崇拝する小児性愛者がおり、彼らは闇の国家『ディープステート』をつくり、世界を支配している」というものだ。Qアノンはトランプを「悪魔から世界を救う救世主」と考えており、2021年1月に起きた連邦議会議事堂乱入事件でも、「Qアノン」のTシャツを着た人物が多く見られた。

「WE ARE Q」「Q＝PATRIOT（愛国者）」と書かれたプラカードを手に持つトランプ支持者。

TRIVIA トランプは不支持者から「トランプティ・ダンプティ」と揶揄されることがある。これは「ハンプティ・ダンプティ」をもじっており、トランプの脆さや危うさを表現している。

2021年～

前代未聞の連邦議会乱入事件 超大国はどこへ向かうのか？

議事堂襲撃事件が発生

2020年春、世界は**新型コロナウイルス感染症**のパンデミックに襲われた。アメリカではトランプ大統領が必要な感染対策を講じなかったこともあり、感染による死者数が増加。21年2月には50万人を突破した。人々はマスクの着用をめぐっても**推進派と反対派が対立**。ここでも露わになったのは分断だった。

そんな中で実施された大統領選は、大接戦の末に**民主党のバイデン**が勝利を収めた。だがトランプは選挙結果を認めず、2021年1月には支持者をあおって議会開会中の**連邦議会に乱入**させ、多くの破壊行動が行われるとともに死者まで出る事態となった。

支持率低迷が続いた

バイデン政権は、コロナ禍で苦境に陥った人々を支援するために、国民への現金給付などからなる**米国救済計画法**を成立。また雇用回復などを目的とした**インフラ投資・雇用法**も成立させた。一方外交面では、トランプ政権時代に離脱した気候変動対策の国際的な枠組みである**パリ協定に復帰**するなど、国際協調路線への回帰を図った。

だが、2021年夏、米軍の**アフガニスタン撤退**において混乱が生じたことから支持率は一気に下がり、低迷が続いた。2024年秋には、バイデンに代わって民主党候補になったカマラ・ハリスと、共和党候補のトランプによる大統領選挙が行われる予定だ。

KEYPERSON

ジョー・バイデン

[1942～] President 2021～ 民

上院議員を36年、オバマ政権で副大統領を８年務めた後に、78歳で大統領に就任。アメリカ史上最高齢での就任だった。彼は2024年秋の大統領選でも再選を目指していたが、高齢であることが問題視され、民主党の候補者を決める直前になって撤退を表明。副大統領のハリスを後継者に指名した。アイスクリーム好きで知られている。

POINT!

2020年大統領選で勝利したバイデンは、コロナ禍からの復興や協調的な国際外交に尽力した。

トランプが負けを認めなかった2020年大統領選

2020年の大統領選はバイデン勝利となったが、下の地図を見ると、ラストベルトやバイブルベルトは4年前と変わらずトランプ支持が多かったことがわかる。選挙結果を受けてトランプとその支持者は、これを不正選挙として訴訟を連発した。

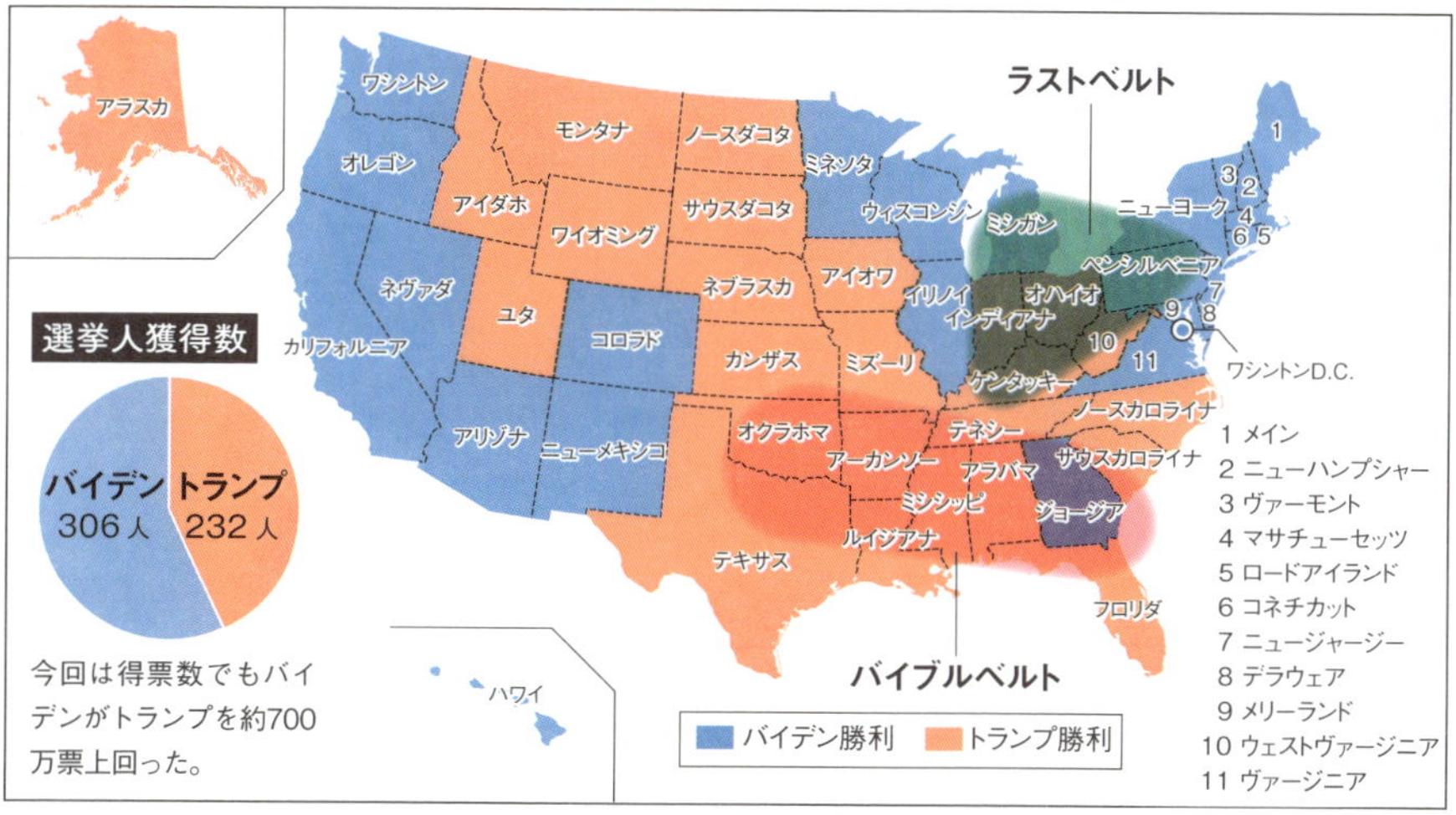

今回は得票数でもバイデンがトランプを約700万票上回った。

人種別に見た投票結果（2020年）

白人層はトランプ支持が多く、黒人層・ヒスパニック層は圧倒的にバイデン支持だった。

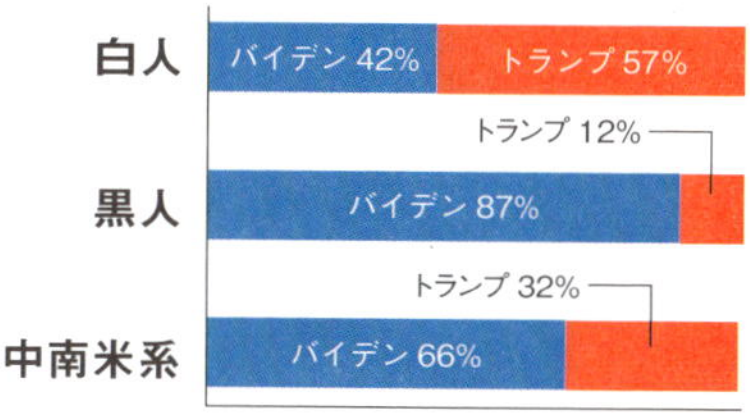

トランプ支持者による占拠

2021年1月6日、トランプ支持者は選挙人投票の集計中だった連邦議会に侵入し、一時これを占拠した。

バイデン大統領と岸田首相

対中国を見据えて、より強固な日米関係を目指すとともに、アジア太平洋地域の結束を図った。

カマラ・ハリス副大統領

父親はジャマイカ、母親はインド出身の移民2世。女性としても黒人としても初の副大統領となった。

TRIVIA 元検事であるカマラ・ハリスの夫は、弁護士のダグ・エムホフ。ハリスが副大統領になると法律事務所を退職して米史上初の「セカンド・ジェントルマン」として公務に臨み、東京パラリンピックでは政府代表として開会式に出席した。

石油目当てに介入を続けた中東政策はシェール革命後にどう変化したのか？

中東最大の魅力は石油

中東は、世界の**石油埋蔵量の約2分の1**を占めている。そんな中東をアメリカが軽視するはずがなかった。中東トップの産油国である**サウジアラビア**とは良好な関係を構築。**イラン**については１９５０年代にＣＩＡが画策してクーデタを起こさせ、親米国家をつくった。その後**イラン革命**が起こり反米に転じると、今度は**イラクを支援**するというように、中東での影響力を維持し続けようとした。

　しかし２０１０年頃から、アメリカ国内での**シェールオイル**の生産量が増え、今ではアメリカ自身が世界一の産油国になった。そのため以前よりは中東への関心は低下している。

中東諸国とアメリカの関わり

中東の多くの国に米軍基地が置かれている一方、米国を敵視する国も多い。

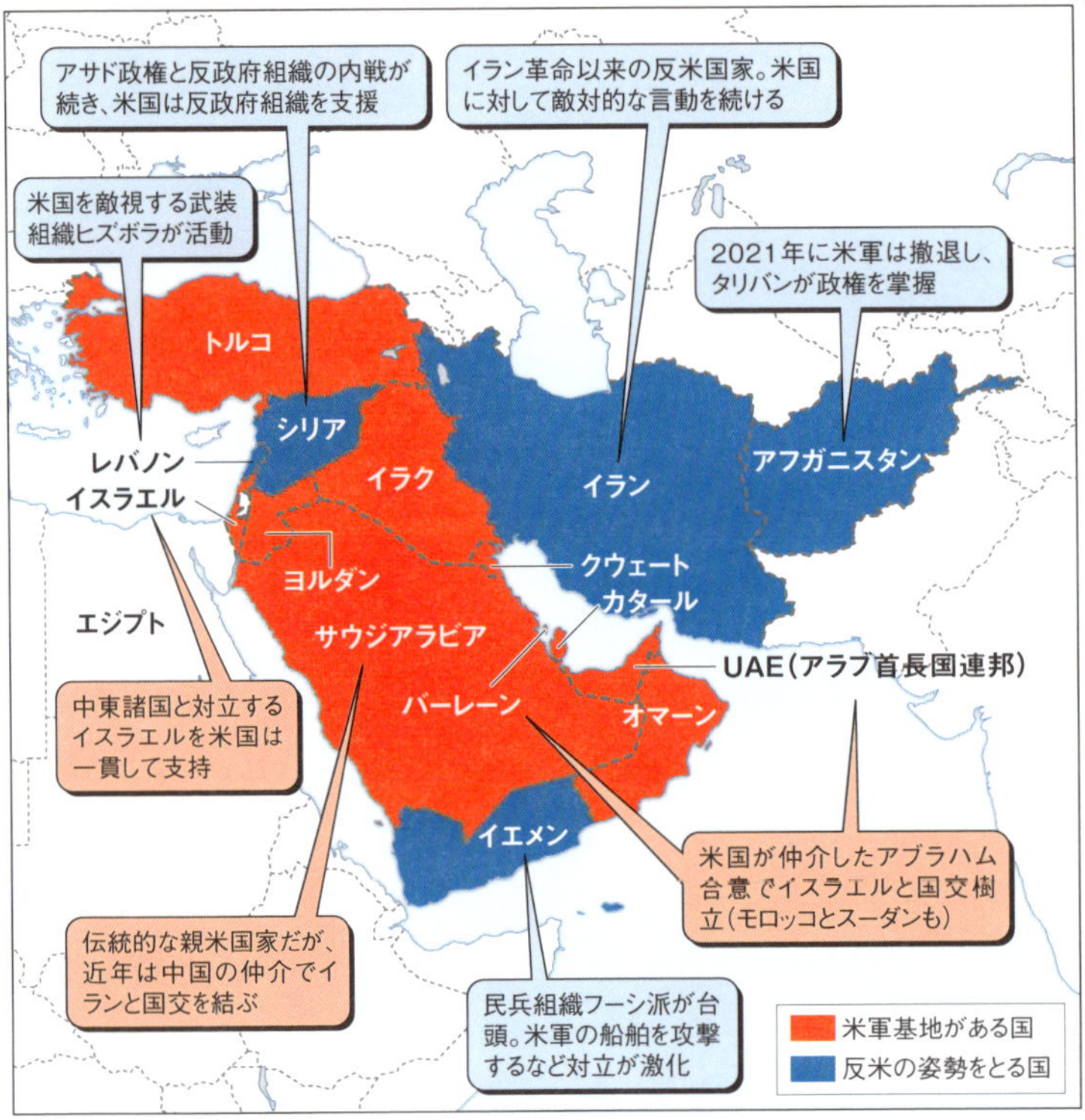

アサド政権と反政府組織の内戦が続き、米国は反政府組織を支援
イラン革命以来の反米国家。米国に対して敵対的な言動を続ける
米国を敵視する武装組織ヒズボラが活動
2021年に米軍は撤退し、タリバンが政権を掌握
トルコ
シリア
レバノン
イスラエル
イラク
イラン
アフガニスタン
ヨルダン
クウェート
カタール
エジプト
サウジアラビア
UAE（アラブ首長国連邦）
バーレーン
オマーン
イエメン
中東諸国と対立するイスラエルを米国は一貫して支持
米国が仲介したアブラハム合意でイスラエルと国交樹立（モロッコとスーダンも）
伝統的な親米国家だが、近年は中国の仲介でイランと国交を結ぶ
民兵組織フーシ派が台頭。米軍の船舶を攻撃するなど対立が激化
米軍基地がある国
反米の姿勢をとる国

アメリカは中東にどう関わってきたのか

ユダヤ人のイスラエル建国を支持
イスラエルがパレスチナに建国された際、米国は支持を表明

↓

石油を目的に中東に介入
石油の利権確保を目的として、中東諸国の内政や外交に介入

↓

イラン革命で中東に反米政権誕生
両国の関係は急速に悪化。イラン・イラク戦争で米国はイラクを支援。現在もイランへの経済制裁が続く

↓

シェール革命で中東の重要度低下
2000年代後半以降、米国内のシェール革命によって石油輸入量が減少し、それにともない中東の重要度が低下

↓

アブラハム合意による変化
米国はイスラエルと中東諸国の国交正常化を推進

↓

ハマスがイスラエルを襲撃
(ガザ危機)
パレスチナの孤立を危惧したハマスがイスラエルを襲撃し、その報復としてイスラエルがガザ地区に侵攻。米国は停戦を提言している。

イラン革命
1979年、イスラーム教指導者ホメイニが親米政権主導の行き過ぎた民主化を批判し、革命によってパフレヴィー朝を打倒。結果、イランは反米国家に。

アブラハム合意
2020年、トランプ米大統領の仲介でイスラエルとUAE、バーレーンなどが国交樹立や経済協力について合意した協定。ユダヤ教、キリスト教、イスラーム教の始祖アブラハムの名を冠した。

アメリカに代わり中国が拡大

一方、親米国家だった**サウジアラビア**も、近年は中国に接近し、アメリカとは距離を置く動きを見せている。**民主化や人権問題の改善を要求**してくるアメリカよりも、中国のほうがつきあいやすいと考えているのだ。こうして中東では、アメリカに代わり中国が影響力を伸ばし始めている。

アメリカにとって、中東でもう一つの重要な国が**イスラエル**だ。アメリカには**親ユダヤ**の人々が数多くおり、政治家は彼らの要求を無視できない。過去に国連安保理でイスラエルの**パレスチナ政策に対する非難決議案**が出された際には、アメリカはその都度拒否権を行使してきた。そんな中で２０２４年現在、パレスチナのイスラーム過激派組織ハマスとイスラエルが交戦中の**ガザ危機**に対して、アメリカがどう動くか、世界が注目している。

世界のリーダーの座をめぐりアメリカと中国の新冷戦が始まった

中国が最大の貿易相手国に

ニクソン大統領の時代に急接近した米中は、**1979年に国交を樹立**。当時中国は、経済の低迷が続いたことから、実質的には社会主義経済体制の維持をあきらめ、**資本主義的な市場経済**を取り入れた改革開放政策を開始していた。アメリカはこの政策を支持し、中国との貿易を拡大させていった。**「このまま市場経済が根づけば、政治体制も議会制民主主義へと移行するのではないか」**という期待感もあった。

その後中国は順調に経済成長を遂げ、実質ＧＤＰ（国内総生産）は1990年からの10年間で約3倍拡大した。アメリカにとって、**中国は最大の貿易相手国**となった。

世界のトップ争いを繰り広げるアメリカと中国

米中両国とも世界各国の諸問題に介入し、互いのスタンスを非難し合っている。

中国		アメリカ
「一つの中国」として、武力を行使してでも台湾の独立を許さない姿勢	台湾問題	台湾の独立は支持しないと明言しているが、中国の拡大を防ぐため、台湾に武器などを支援
北朝鮮の行動を静観している	北朝鮮ミサイル問題	北朝鮮の行動を厳しく非難し、韓国や日本との連携強化を図っている
中立の立場をとりつつ、ロシアとの経済的・軍事的な関係性を強めている	ロシアのウクライナ侵攻	ウクライナを支援。中国に対しては「ロシアへの支援をやめないと経済制裁も辞さない」と警告
敵対していたサウジアラビアとイランの仲裁を行うなど、積極的に介入。パレスチナの国連加盟を認めないアメリカを痛烈に批判している	中東政策	シェール革命以降は介入は控えているが、反米武装組織への攻撃は行っている。また、イスラエルに停戦をうながす一方、パレスチナの国連加盟は認可せず
ロシア、北朝鮮、イラン、アフリカ諸国など	親交が深い国	日本、イギリス、EU、オーストラリア、ニュージーランド、カナダ、韓国など

2023年の米中首脳会談

2023年11月、バイデン米大統領と中国の習近平国家主席が会談。台湾海峡での軍事衝突危機についても話し合われた。

米中のGDPの推移

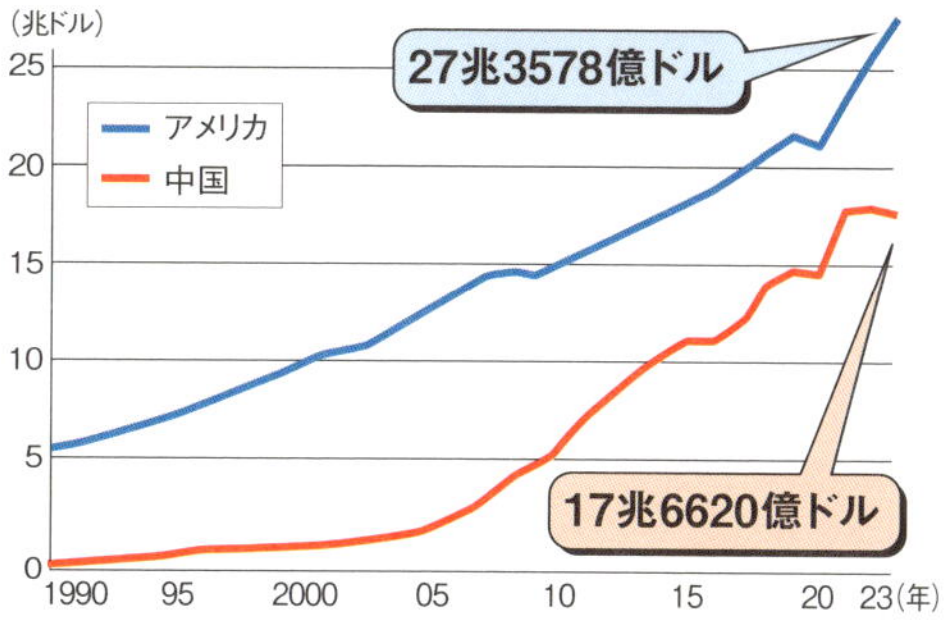

2010年以降、アメリカが世界第１位、中国が第２位をキープしている。

アメリカの対中国包囲網

アメリカはアジア・太平洋諸国との協調関係を強化し、中国に対抗している。

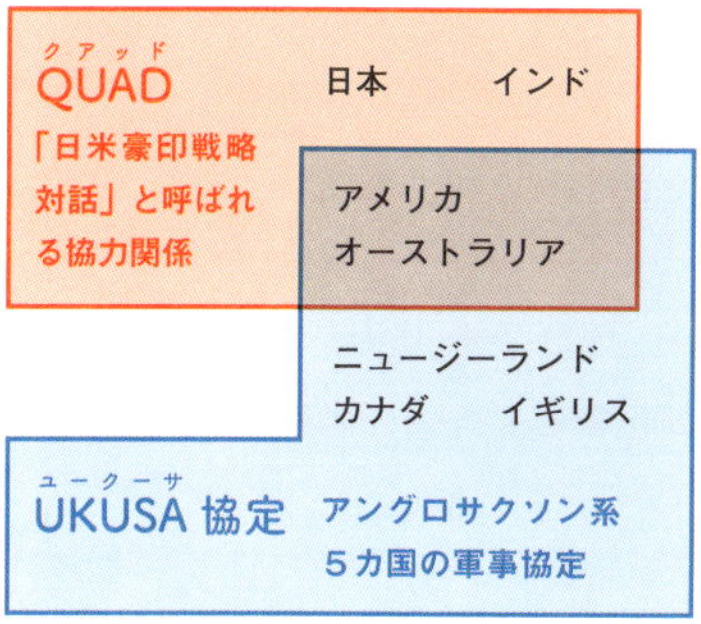

米中の軍事費の推移

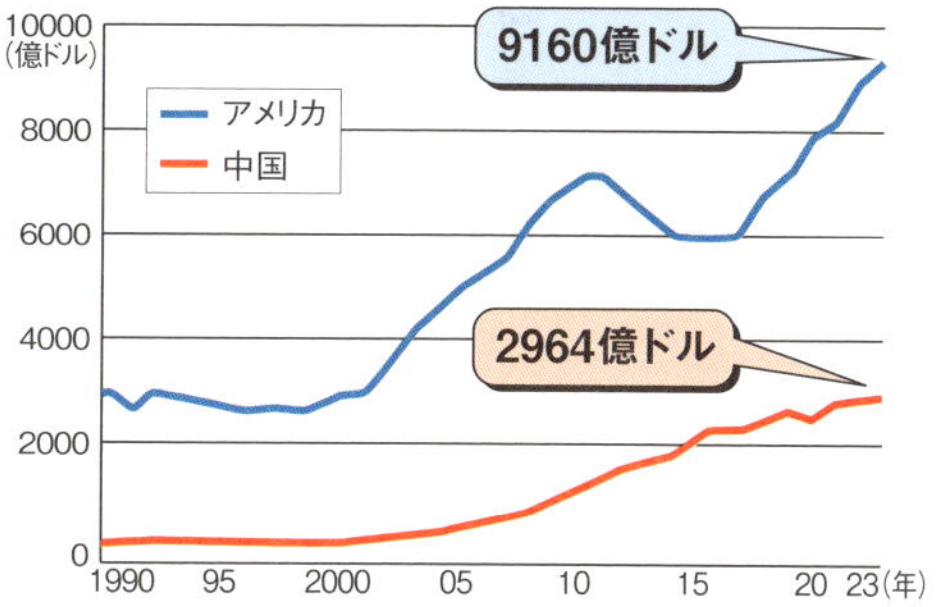

軍事費は両国とも年々増加傾向にあり、両国で世界の全軍事費の約半分を占める。

米中新冷戦に突入する

だが２０００年代後半以降、アメリカは**中国の台頭を脅威**ととらえ始めた。経済のみならず、中国が軍拡を推進していることに警戒心を抱いた。

そして２０１８年以降、米中は**新冷戦**と呼ばれる状況に入った。アメリカは中国が不公正貿易を行っているとして、経済制裁を開始。さらには**知的財産権の侵害**や、**強引な海洋進出**、**少数民族への人権弾圧**など、様々な分野で批判を展開している。また中国が**台湾の統一**を明確に目標に掲げていることから、これを阻止するために台湾との関係強化も図っている。

中国への強硬策を支持するという点では、民主党も共和党も一致。一方中国も、ロシアや非欧米諸国を自陣営に引き入れることで、アメリカに対抗しようとしている。新冷戦が雪解けに向かう気配は、今のところない。

第7章

14のテーマで見る分断するアメリカの今

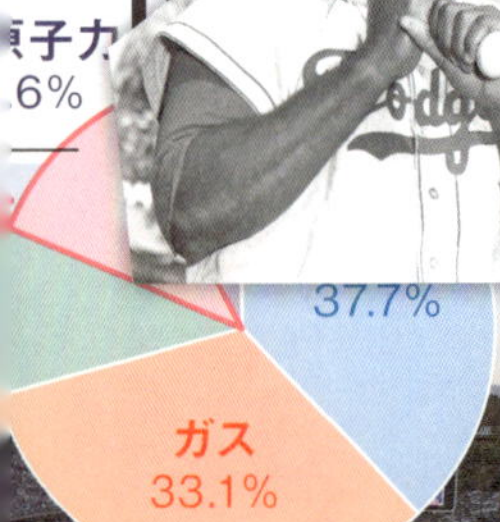

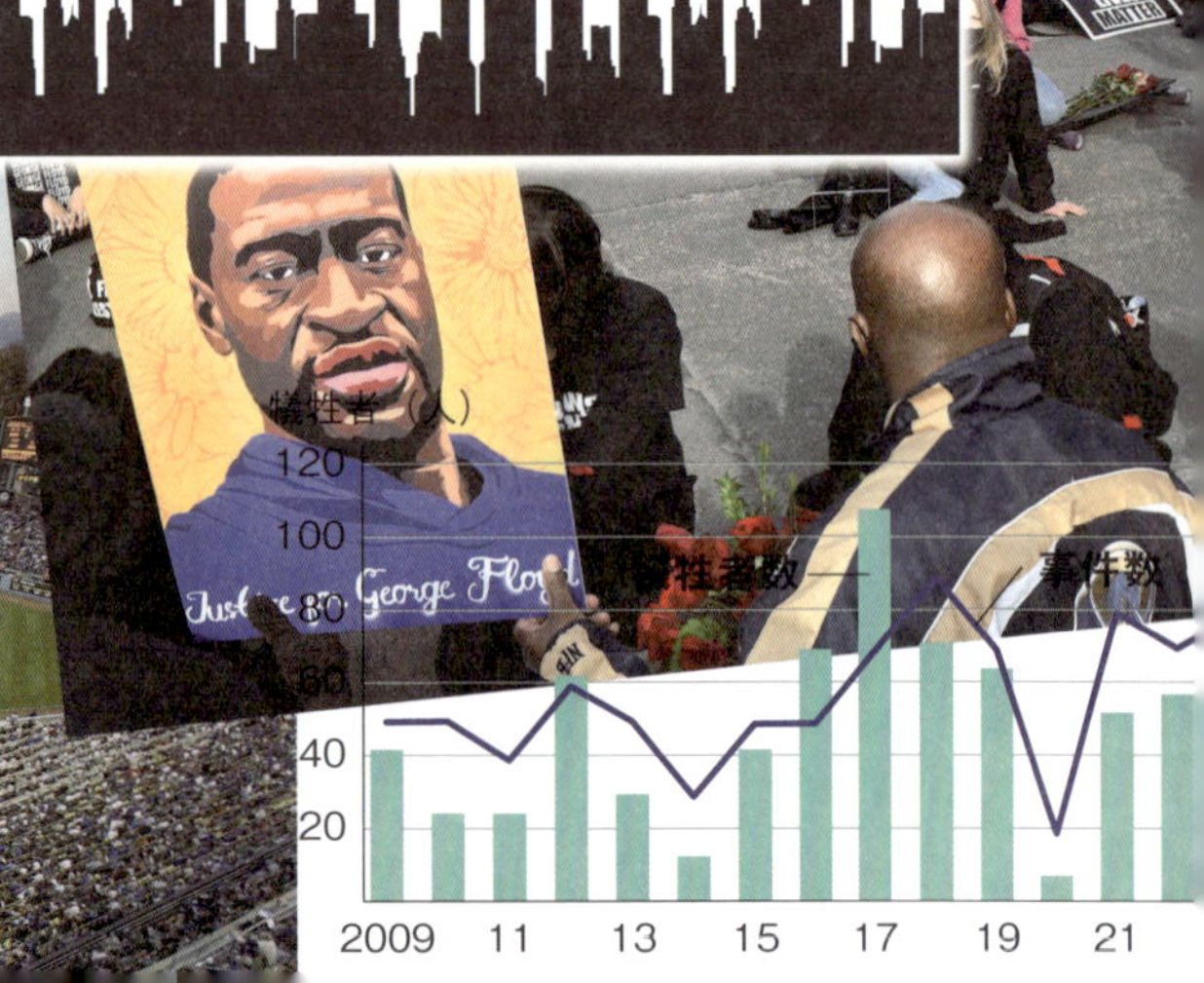

THEME 1

銃社会

学校での銃乱射事件など痛ましい事件が絶えないアメリカ。なぜ銃規制は進まないのか？

映画俳優でNRA会長を務めたチャールトン・ヘストン。銃規制に反対し、銃を持つ権利を主張し続けた。

銃乱射事件数と犠牲者

年々増加する銃乱射事件を受け、銃購入の年齢制限の引き上げや精神鑑定の義務付けなど取り締まりが強化されたが、著しい減少にはつながっていない。

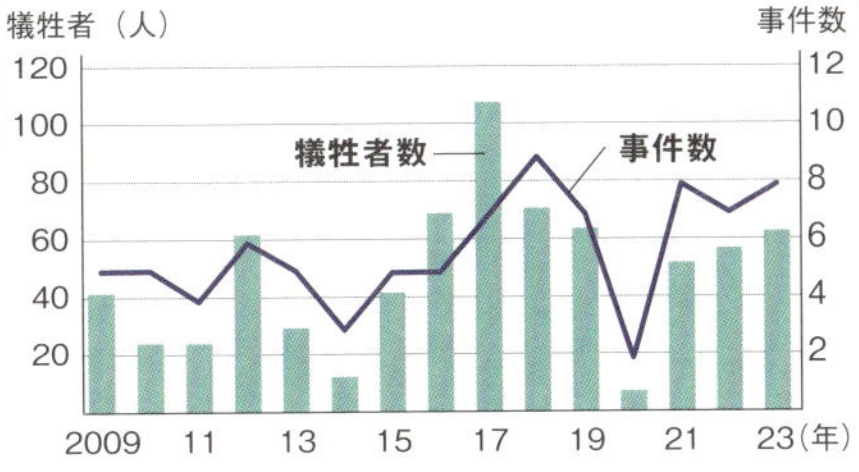

公共の場で銃器により4人以上が死亡した事件数／「The Violence Project」より

繰り返される銃の暴力

2022年、テキサス州の小学校で銃乱射事件が発生した。児童19人と教員2人が死亡し、アメリカ史上最悪の銃乱射事件の一つとなった。

銃を持つ権利が合衆国憲法で認められているアメリカでは、学校や公共施設での銃乱射事件が後を絶たない。銃乱射事件が起こるたび銃規制をめぐる議論が白熱するが、いっこうに規制が進まないのが現状だ。

これほどの悲劇を繰り返しながら、なぜ銃規制は進まないのだろうか。その背景には移民によって開拓されたアメリカという国の成り立ちが大いに関係している。

建国の精神が銃を正当化

開拓者たちは入植地を守るため、自ら銃を手にとった。イギリスの植民地収奪に反発し、13の植民地が独立戦争を戦って勝利。独立後、各州は州兵を結成し、連邦政府が抑圧しようとしたら武力で抵抗できるように備えた。銃を持つ権利が生まれた背景には、銃によって自由、独立を勝ちとった建国の精神があるのだ。

また銃規制が進まない理由として、NRA（全米ライフル協会）の存在も見逃せない。550万人ともいわれるNRA会員は、選挙票にも直接結びつくためだ。銃規制実現の前には、多くの課題が立ちふさがっている。

THEME 2

多文化主義

アメリカは多民族・多文化が共生する「サラダ・ボウル」を自称するが、民族や人種間の社会的摩擦が絶えない。

人種の「るつぼ」はNG？

アメリカは建国以来、移民を受け入れてきた多民族国家。そのため20世紀初頭には、人種の「るつぼ」という考えが浸透した。「るつぼ」とは金属を溶かして合金をつくる「溶鉱炉」。多様な移民たちが融合しあい、「アメリカ人」になると考えたのだ。

しかし民族・人種の違いによる社会的摩擦が生じたことで、代わりに生まれたのが「サラダ・ボウル」という考えだ。トマトやレタスなどの野菜からなるサラダは、各材料が形・味を保ちながらサラダとなる。サラダを入れる「サラダ・ボウル」こそアメリカの姿だというのだ。

多文化社会の光と影

それぞれの個性を維持・尊重しつつ共存していこうとする多文化主義は、教育にも導入された。こうした考え方が受け入れられた背景には、1950年代からの公民権運動を始めとする、マイノリティによる社会改革運動の影響があった。

ところが、白人中心社会からの脱却を目指す多文化主義が普及・拡大すると、これまでの優位性が保てなくなった一部の「白人」側から反発が起こり、社会的摩擦が発生。個々の権利や利害を主張しあって国内は分裂し、ヘイトクライムの増加につながる危機的状況に陥っている。

人種差別についての意識調査

「現在の法律は平等な権利を保障しているか」に対する米国民の回答。7割を超える黒人と民主党支持者が「改善が必要」と回答したのに対し、共和党支持者は2割と、意識の差が表れている。

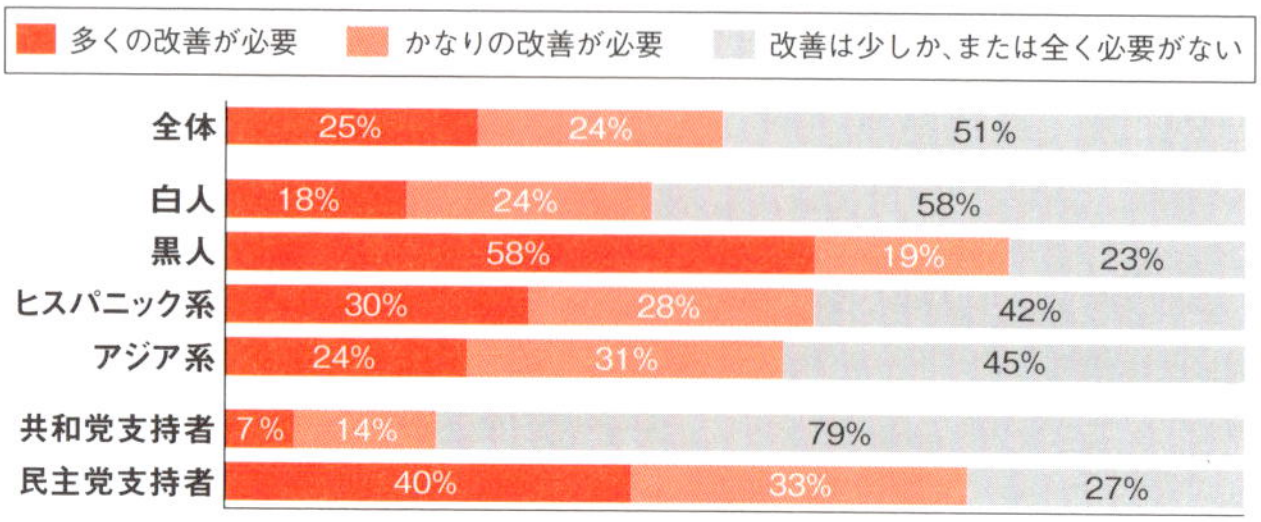

アメリカ・ピュー研究所の調査（2021）より

THEME 3

巨大メディア

メディアのかたよった報道は保守／リベラルの分断を象徴している。今、米メディアのあり方が問われている。

崩れていくメディアの本質

大統領を辞任に追い込んだ「ウォーターゲート事件」に代表されるように、アメリカのメディアは第4の権力と呼ばれるほど大きな影響力をもつ。報道の自由をめぐって戦ってきた一方で、近年ではそのあり方を問われる事態となっている。

アメリカでは規制緩和やインターネットの普及という時代の変化にあわせて、メディアの合併・買収が激化。アメリカの特徴として全国各地に独立した地方新聞紙があり、多彩なメディアが存在することで言論・表現の自由を根底から支えてきたが、その構造が大きく崩れつつあるのだ。

政治ショー化するメディア

放送では、映画など他メディアも傘下とし、メディア・コングロマリットを形成。巨大化すればするほど利害関係者が増え、自社に不利な報道は行わない傾向となった。

分断をあおるような報道も問題とされている。保守とリベラルのいずれかの政治的立場を明確にし、報道よりも「政治ショー」的な番組が急増。それを情報源とする国民が「政治的分極化」する結果をもたらした。

新興のネットメディアも登場し、国民の巨大メディアへの不信は高まりつつある。メディアは自らの役割を問い直すべき時期に直面している。

主要メディアの傾向

下の図は、各政党の支持者が政治や選挙においてどのメディアを情報源としているかを調べた結果をまとめたもの（2019年実施）。3大ネットワークは拮抗しているが、FOXは共和党支持者、CNNやニューヨーク・タイムズは民主党支持者にかたよっている。

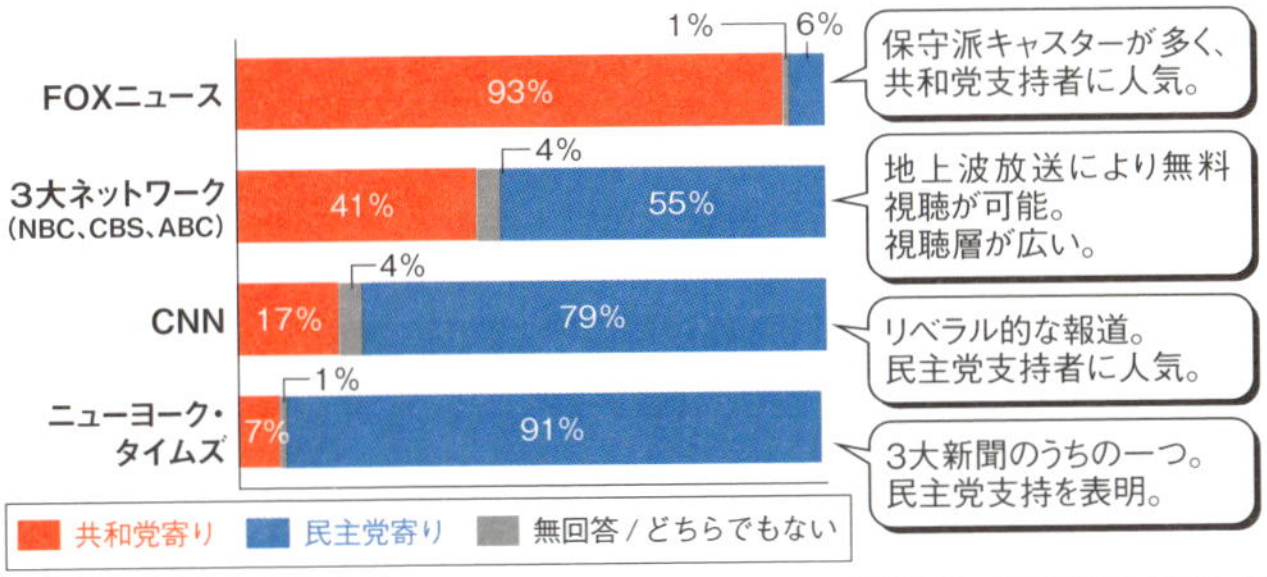

アメリカ・ピュー研究所の調査（2019）より

THEME 4

中絶論争

中絶の権利の有無をめぐり、共和党と民主党の対立が発生。大統領選挙にも影響を与えている。

各州で異なる中絶の規制や保護の状況

州ごとに人工妊娠中絶に関する政策（法律）が異なり、妊娠の週数で規制しているケースも多い。中絶を禁止、あるいは制限している州は半数を超える。

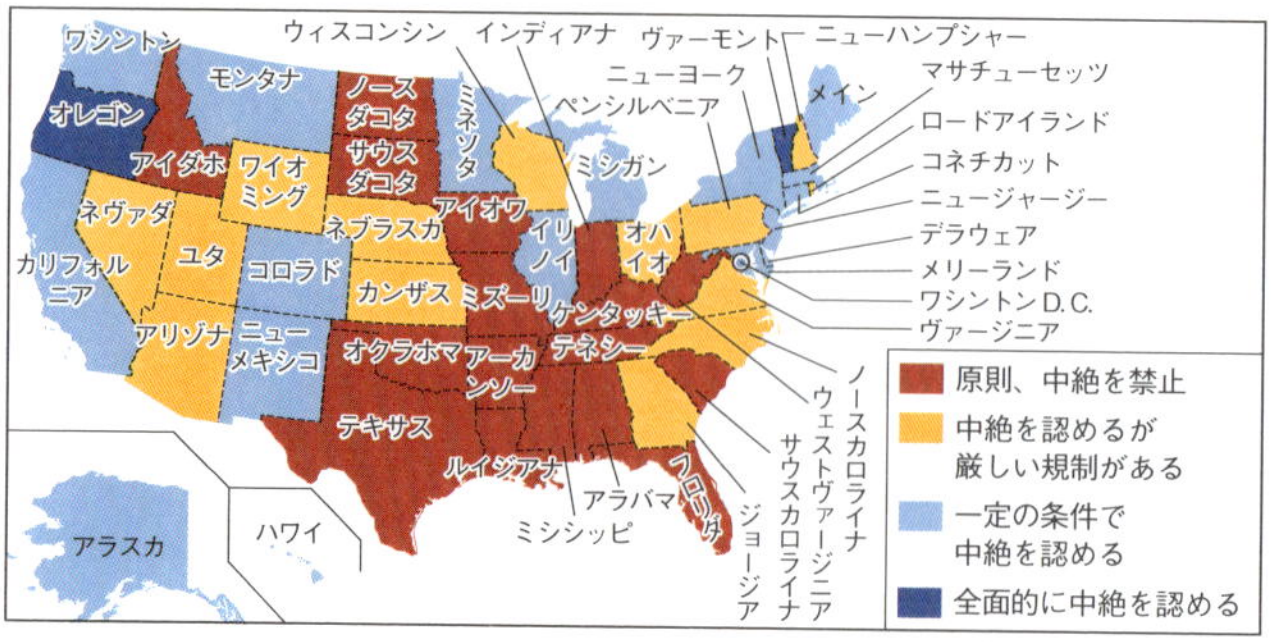

HP「Guttmacher Institute」より

中絶をめぐり国内が分断

アメリカの世論を二分する論争が人工妊娠中絶問題だ。アメリカでは長きにわたり、「プロ・チョイス（選択できることが大事）」と呼ばれる中絶擁護派と、「プロ・ライフ（胎児の命こそが大事）」と呼ばれる中絶反対派が激しく対立してきた。

ところが2022年、連邦最高裁判所は「中絶は憲法で認められた女性の権利」とする、49年前の判決を覆す判決を下した。これにより各州は独自の州法で中絶を禁止できるように。「プロ・チョイス」と「プロ・ライフ」の双方がデモを行い、アメリカは分断の危機にさらされている。

中絶が違法とされた背景

日本では母体保護法で認められている中絶が、なぜアメリカでは州によって違法となったのか。その背景には、キリスト教の伝統的価値観を声高に訴える保守勢力の存在がある。

特に中絶反対派の中心となるのが、プロテスタントの福音派だ。保守派の白人に多い福音派は、聖書に書かれたことを真理だと理解。中絶は教義に反し、「胎児の殺人」とする。

また、「プロ・チョイス」に賛同するのは民主党支持者、「プロ・ライフ」は共和党支持者が多いとされる。人工妊娠中絶問題は、宗教と政治が密接にからみ合う問題なのだ。

THEME 5

移民対策

「トランプの壁」を否定していたバイデン大統領が壁建設を容認。移民対策は大統領選でも主要な争点に。

メキシコとの「国境の壁」を視察するバイデン大統領。

急増するメキシコからの越境者と南部国境での拘束者数

不法移民の拘束者数は、バイデン政権下でトランプ時代の約2倍に増加。米国内では低賃金労働に応じる移民への不満が募っている。

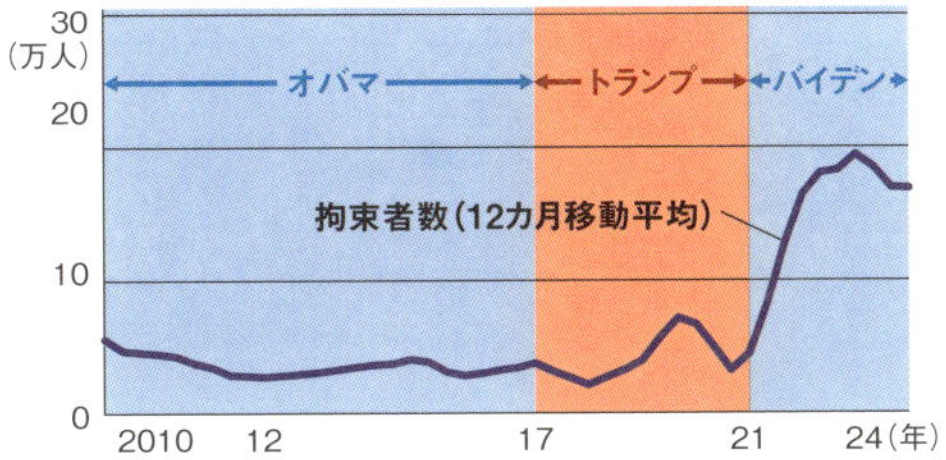

第一生命経済研究所のレポート「US Trends」より

移民国家に「国境の壁」

トランプ前大統領がメキシコとの国境沿いに壁を建設すると公約を掲げたのは、2016年アメリカ大統領選挙のときだ。「トランプの壁」は不法移民対策の目玉政策として打ち上げられ、大統領就任の直後から建設が開始された。

不法移民に強硬姿勢をとるトランプ前大統領が国民の支持を得た背景には、毎日のように国境のフェンスを乗り越え、仕事を求めて不法入国するメキシコ人や中南米出身者の増加があった。壁が、彼の支持者である白人保守層に対するわかりやすいメッセージとなった。

問われる不法移民対策

続いて以前から壁建設を批判していたバイデン大統領が就任すると、壁の建設は中止。しかし2023年になってバイデン大統領は方針を転換し、壁の建設を認めた。

近年不法入国者が急増し、2022年10月からおよそ1年間、24万人以上の移民希望者が不法入国を試みたという。バイデン政権の「移民に寛容」方針に、移民希望者が殺到したためとみられる。トランプ前大統領はSNSで、「バイデンは私が正しかったと証明した」と投稿。不法移民対策は、2024年の大統領選挙でも大きな争点になる。

THEME 6

LGBTQ

同性愛者の権利獲得運動を受け、LGBTQの権利を認める州が増加。性を選べる新たな時代が到来した。

ニューヨークから始まった“プライドパレード”

LGBTQに対する差別に反対し、多様性を祝う行進やイベントをプライドパレードと呼ぶ。毎年、ニューヨークで全米最大級のプライドパレードが行われている。

偏見と闘う先駆けに

LGBTQの、Lはレズビアン、Gはゲイ、Bはバイセクシュアル、Tはトランスジェンダー、Qはクィアやクエスチョニング。それぞれの頭文字をとってセクシュアルマイノリティ（性的少数者）を表す。

今日に続く同性愛者の権利獲得運動は、1950～60年代から本格的に開始された。当時、同性愛は「病気」とされていた。転機となったのは、「ストーンウォール・イン」事件。警官と同性愛者が衝突し、ゲイ解放運動が全米に拡大。こうしてアメリカでは、70年代になってようやく同性愛は「病気」ではなくなった。

運動が実を結んだアメリカ

さらに1980年代の「エイズ・パニック」による偏見と闘い、同性愛者だけでなく性的少数者たちは自分たちの権利獲得のために声を上げ続けた。こうした運動を受け、オバマ政権時に性差別を禁止するLGBTQ保護などの施策が開始され、2022年に同性婚が合法化されたのだ。

一方、日本は他国と比べてLGBTQ運動はあまり活発でないとされる。近年では同性婚の合法化を求める声が上がる一方で、根強い反発の声もある。権利運動として発展したアメリカの運動を先駆けとして、日本も運動が活発になっている。

THEME 7

BLMと#MeToo運動

ネットを通じた結束と拡散。近年の抗議デモや社会運動ではSNSが果たす役割が大きい。

#MeToo運動　女優らが大物映画プロデューサーによる性被害を告発し、世間の注目を集めた。

BLM運動　2012年、トレイボン・マーティン射殺事件をきっかけに発生し、2020年に警官から暴行を受けて死亡したジョージ・フロイド氏の事件で再燃。人種を問わず、差別反対を訴える大規模なデモに発展した。

黒人社会を覆う絶望感

2020年、アメリカの路上で黒人が白人の警察官に首を約9分圧迫され死亡する事件が発生。その様子は市民によって撮影され、ネットで拡散。抗議デモが全米に広がった。

抗議運動のスローガンとなったのが、「ブラック・ライブズ・マター（BLM）」（黒人の命も大事だ）。この言葉は事件発生の約8年前、丸腰の黒人少年が射殺された事件をきっかけに、SNSを通じて広まっていた。BLMは、黒人が普通に市民生活を送ることすら難しい社会に対する絶望感と、その社会を変えていこうとする意思の表明となった。

SNSが弱者の味方に？

#MeToo運動でもBLM運動と同じく、SNSを使った社会的弱者からの告発が全米を揺るがした。2017年末頃から、セクハラや性的虐待を受けた告白がSNS上で拡大。そのきっかけは、ハリウッドの有力者を性暴力疑惑で報道したことだ。それまで沈黙していた被害者たちは「#MeToo」（私も）のハッシュタグで投稿し、世界中に影響を及ぼした。

弱者の声はネットを通じて社会を動かすも、行き過ぎた「摘発」に不満の声も。被害を訴えた人を中傷する行為も起こっており、人権意識のあり方が問われている。

THEME 8

ビッグ・テック

GAFAMを筆頭としたIT企業や超巨大企業が集中するアメリカ。最も業績のよい米企業はどこだ？

世界の企業売上高トップ10　10社のうち半数をアメリカの企業が占めている。売上高1位のウォルマートは、従業員の労働条件の悪さ、銃器の販売、新規出店による地元商店街の破壊などに対する批判も大きい。

順位	企業名	売上高（億ドル）
1位	ウォルマート［小売］	6113
2位	サウジアラムコ［石油］	6037
3位	ステートグリッド［エネルギー］	5300
4位	アマゾン［小売］	5140
5位	CNPC［石油］	4830
6位	シノペック・グループ［石油］	4712
7位	エクソン・モービル［石油］	4137
8位	アップル［IT］	3943
9位	シェル［石油］	3862
10位	ユナイテッドヘルス・グループ［保険］	3242
19位	トヨタ自動車［自動車］	2745

経済誌「フォーチュン」発表の「FORTUNE GLOBAL 500」（2023）より

世界経済をリードする米企業

アメリカには世界を股にかける巨大企業が集まる。超巨大企業といえば、「GAFAM《ガーファム》」と呼ばれるIT企業集団、通称「ビッグ・テック」を思い浮かべる人も多いだろう。

GAFAMは、グーグル、アップル、フェイスブック（現メタ）、アマゾン、マイクロソフトの頭文字を取ったもの。これらの企業は世界中でネット上のプラットフォームを提供。株価や情報のあり方などに大きな影響を与え、事実上の社会インフラとみなされるようになったため、まとめて呼ばれるようになった。一方で、強すぎる影響力が懸念されている。

IT新時代の大企業は？

しかし近年では、GAFAMにテスラとエヌビディアを加えて「マグニフィセント・セブン」という言い方も見られる。

テスラは電気自動車や太陽光発電システムを提供する会社。半導体メーカーのエヌビディアは、AI（人工知能）開発に欠かせないコンピュータチップの分野で独占的なシェアを占める。

ところで、アメリカで最も売上の高い企業はIT企業ではない。小売業のウォルマートだ。世界最大のスーパーマーケットチェーンが、アメリカ経済をけん引しているのだ。

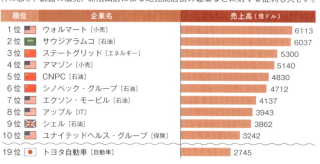

THEME 9

大富豪

現在の〝アメリカンドリーム〟を実現した超巨大企業の創業者やCEOたち。一方で、経済格差は広がり続けている――。

アマゾン創業者であるジェフ・ベゾス氏。倹約家であり冷徹な経営者として知られる。

イーロン・マスク氏。テスラ、スペースXの創業者であり、旧Twitter（X）の買収でも話題に。

2024年富豪ランキング

1位	ベルナール・アルノー（LVMH CEO）	2330億ドル
2位	イーロン・マスク（テスラ CEO）	1950億ドル
3位	ジェフ・ベゾス（アマゾン会長）	1940億ドル
4位	マーク・ザッカーバーグ（メタ社 CEO）	1770億ドル
5位	ラリー・エリソン（オラクル元 CEO）	1410億ドル
6位	ウォーレン・バフェット（バークシャー・ハサウェイ CEO）	1330億ドル
7位	ビル・ゲイツ（マイクロソフト元 CEO）	1280億ドル
8位	スティーブ・バルマー（マイクロソフト元 CEO）	1210億ドル
9位	ムケシュ・アンバニ（リライアンス・インダストリーズ会長）	1160億ドル
10位	ラリー・ページ（グーグル元 CEO）	1140億ドル

最もリッチなアメリカ人は？

米経済誌『フォーブス』によると、2024年富豪ランキングのトップ10のうち、8人が米企業関係者となる。ランキング2位で、アメリカではトップの富豪となったのは、イーロン・マスク氏。電気自動車メーカー、テスラのCEOを務める。テスラは自動車メーカーの時価総額でトヨタと1位を競っている。保有資産は1950億ドルとなる。

続くランキング3位は日本でもおなじみの通販サイト・アマゾンの創業者兼会長であるジェフ・ベゾス氏。保有資産は1940億ドル、日本円でおよそ30兆円となる。

富豪と貧困層で広がる格差

さらにフェイスブックを立ち上げたザッカーバーグ氏が4位、ソフトウェア会社、オラクル創業者のエリソン氏が5位、投資の神様と呼ばれるバフェット氏が6位と続く。

ちなみにランキング1位は、フランスのルイ・ヴィトンなどを傘下に持つLVMHグループの会長兼CEO、ベルナール・アルノー氏とその家族。日本からはユニクロを展開する柳井正氏が29位に入った。

富豪が資産を増やす一方、アメリカではトップの1%が国民所得の約30%を独占するという事態に。格差の拡大が問題となっている。

THEME 10

SDGs

Sustainable Development Goals

化石燃料の産出国である一方、SDGsの達成度は先進国で最も低い。達成率が上がらないのはなぜか？

SDGsでリードできない米国

世界が取り組むべき課題「SDGs（持続可能な開発目標）」。SDGsは「誰一人取り残さない」という理念のもと、貧困や格差をなくし、持続可能な社会を実現するため、2015年の国連総会で採択された。「貧困」「気候変動」など17分野からなり、「極度に貧しい暮らしをしている人をなくす」といった具体的目標が盛り込まれ、2030年をゴールとする。

2024年版SDGs達成度ランキングを見ると、1位は4年連続でフィンランド。日本は前年から上昇して18位に。そしてアメリカは、167カ国中46位という結果だった。

一貫しない政策がネックに？

先進国の中でアメリカが低い順位となってしまった理由の一つに、国がリーダーシップを発揮できていないことが挙げられる。2015年、SDGsとも大きく関連するパリ協定にオバマ政権は参加したが、自国経済を優先するトランプ政権は離脱。バイデン政権では協定に復帰したが、政策に一貫性がない状態だ。さらに自治体が大きな力を持つアメリカでは、州や都市によって取り組みに大きな格差が生じている。

一方で、グローバル企業が多数存在することもあり、企業が主導してSDGsに取り組んでいる。

遠のく再生可能エネルギーへの転換

米国のエネルギー自給率は100％を超えるが、原油や天然ガスなどの化石燃料への依存率が高く、再生可能エネルギーの割合は全体の１割程度である。

エネルギー自給率

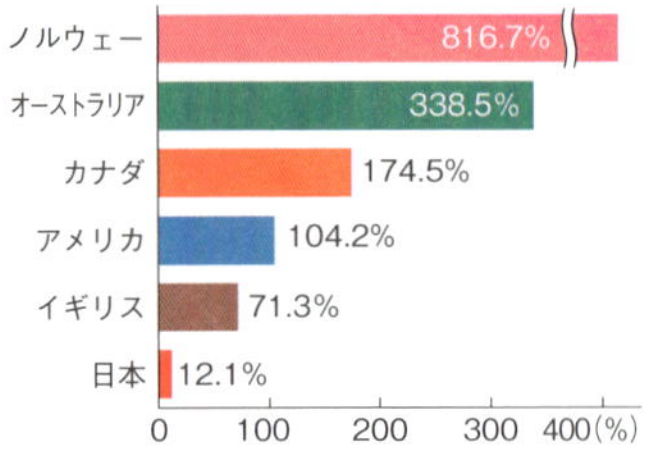

資源エネルギー庁「主要国の一次エネルギー自給率比較（2019年）」より

アメリカのエネルギー消費

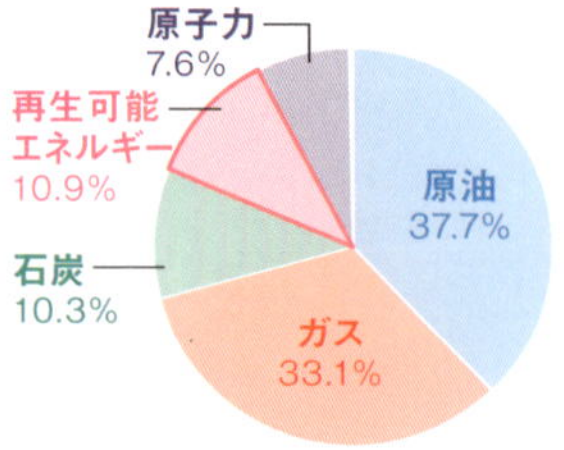

「BP Statistical Review of World Energy June 2023」より

THEME 11

シェール革命

世界一の原油産出国となったアメリカ。しかし原油の「供給過剰」は世界情勢に暗い影を落としている——。

原油・石油と天然ガスの輸出・輸入

シェール革命により、深層からの原油・石油・天然ガスの発掘が可能に。その結果、2022年の生産量は2005年から原油・石油は2.5倍、天然ガスは８割増加し、世界有数の原油・石油・天然ガスの輸出国になった。

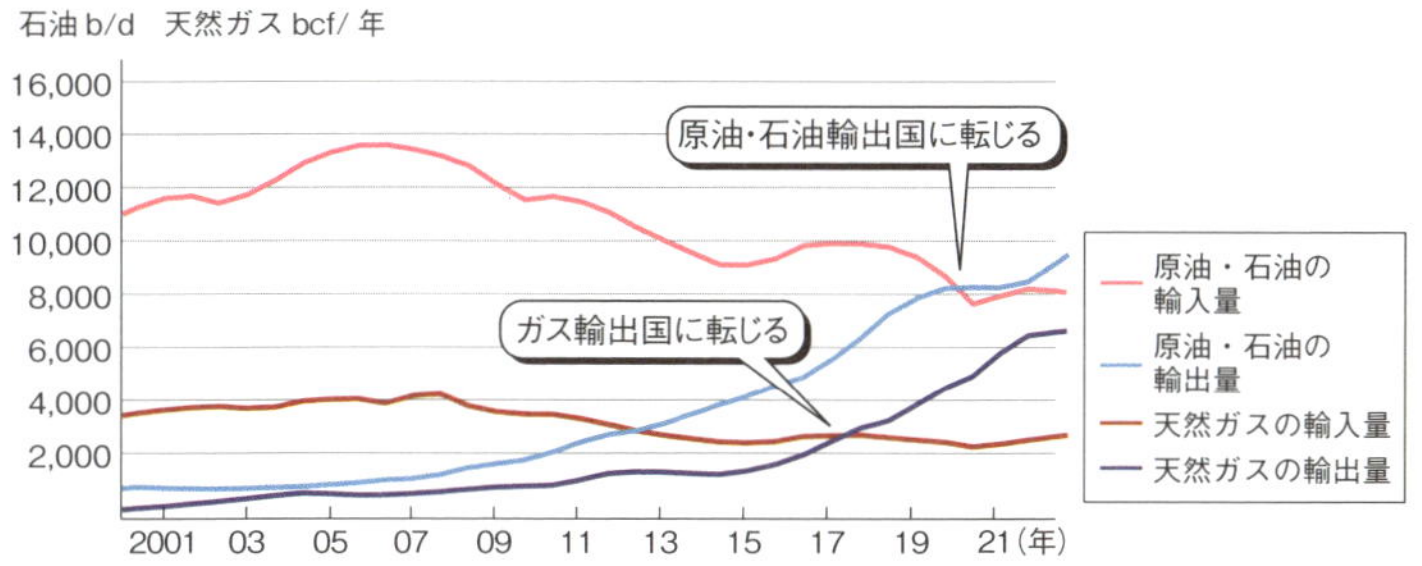

HP「独立行政法人エネルギー・金属鉱物資源機構」より

世界一の産油国となる

エネルギー源の一つとして欠かせない原油。日本では90％以上を中東地域から輸入している。しかし、世界一の原油産出国はアメリカだ。近年アメリカが産出量を増やしたきっかけは、「新技術」にある。

アメリカは「シェール革命」が起こるまで、原油の産出量は減少傾向にあった。しかし掘削技術の進歩により２０００年代後半には、開発が困難とされていた地下深くのシェール層から原油や天然ガスを抽出することに成功。世界のエネルギー事情や政治情勢に大きな変化が生じたことから、「シェール革命」と呼ばれる。

国際政治の動きと深い関係

ところがシェール革命により、原油は供給過剰状態に。２０１４年以降は国際的な原油価格の下落を引き起こし、早くもシェール革命バブルははじけたという見方もあらわれた。

さらにコロナ禍で経済的にも苦しむ２０２０年、原油価格が暴落。かつてオイル・ショックといえば供給不足によるものだったが、供給過剰が原因となった。トランプ政権はＯＰＥＣやロシアに働きかけ、原油の減産で合意。その後ロシアがウクライナに侵攻したことで、貿易形態は大きく変化。アメリカの２０２２年の原油輸出量は過去最高を更新した。

THEME 12

肥満大国

アメリカ人の41・9%が肥満。低所得者ほど肥満率が上昇傾向にあり、貧困・格差問題とも深く関係している。

アメリカの人種別肥満率

下の図はBMIが30以上の成人の割合を人種別に表示。貧困率の高い黒人系や先住民系、ヒスパニック系の肥満率が高い傾向にある。また、白人系の肥満率がアジア系の２倍と、食文化も大きな一因となっている。

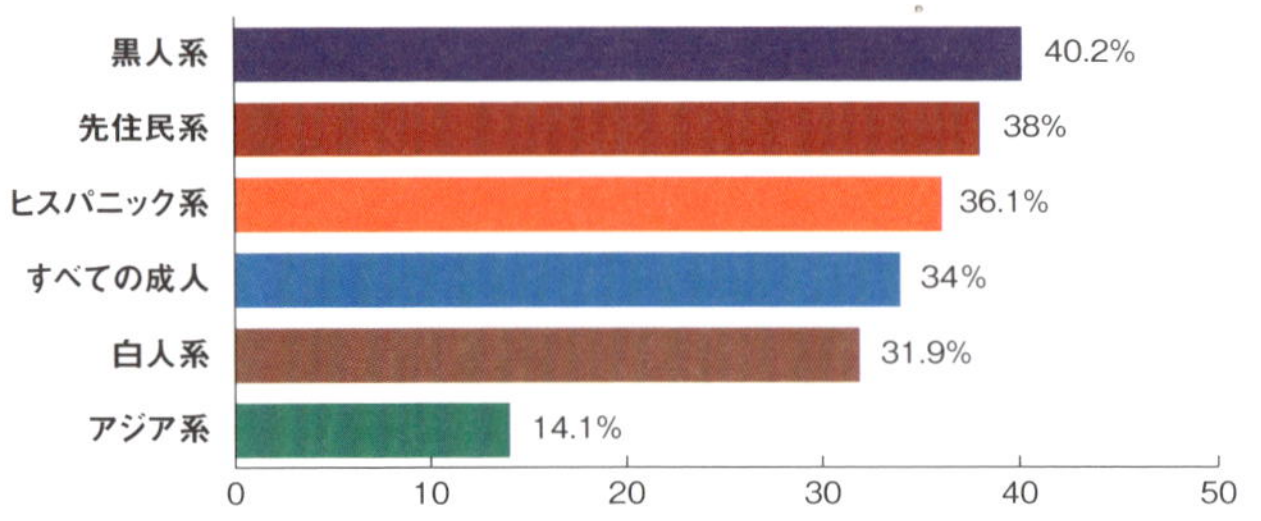

米国疾病予防管理センター（CDC）の調査データより（2020〜2022年実施）

年々増加する肥満率

アメリカの国民病ともいえる「肥満」。米国疾病予防管理センター（CDC）によると、BMI（ボディマス指数）が30以上を「肥満」としたとき、アメリカ人の41・9%が「肥満」であり、9・2%が「深刻な肥満」であるという。

特に問題となっているのが子どもの肥満だ。子どもの5人に1人が肥満とされ、アメリカは先進国では唯一、子どもの肥満率が20%を超え、社会問題となっている。

肥満の原因として問題視されているのが、加工食品重視の文化や、座ったままの多いライフスタイルだ。

複雑にからみ合う要因

ハンバーガーチェーン誕生の地であるアメリカでは、ファストフードへの依存傾向が大きい。アメリカ人の約3分の1が毎日ファストフードを食べているという結果も。また、依存する原因の一つにテレビCMなど広告の影響が指摘され、特に子どもへの影響が懸念されている。

さらに、黒人・ヒスパニック、低所得者層に限ると肥満率は上昇。貧困層は栄養価の高い高価な食品を買う代わりに、安価でカロリーが高いファストフードに頼らざるを得ないためだ。アメリカで肥満は、貧困や人種問題にも結びついた社会問題だ。

THEME 13

物価高

コロナ禍やウクライナ戦争の影響で物価が高騰。２０２２年をピークに下降に転じたが、国民の生活を大いに苦しめた。

コロナ禍～以後のインフレ率の推移

2021年以降は世界中がインフレ傾向にあったが、他国と比較してもアメリカのインフレ率は異常に高かった。日本も2022年頃からインフレが進み、最近はアメリカと同程度のレベルにある。

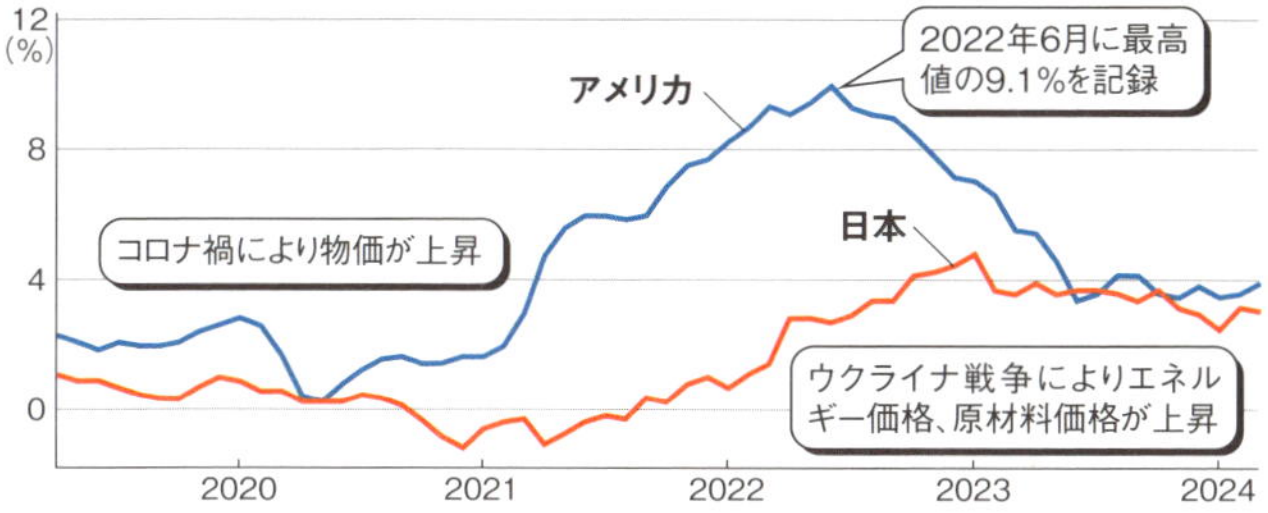

数値は前年同月比。「TRADING ECONOMICS」より

嵐のような物価上昇

日本でも日々値上げのニュースが届くが、アメリカでは驚くほど物価が高騰し、悩みの種となっている。

コロナ禍以降、歴史的なインフレ（物価が継続的に上昇すること）に見舞われたアメリカ。マクドナルドのビッグマックセットを例にとると、２０２４年３月時点で日本では７５０円なのに対し、アメリカではなんと18ドル（２７００円）にもなる。

かつてないほど価格が高騰したといわれるのが卵。鳥インフルエンザの影響もあって、12個入りパックが５・60ドル（８４０円）にもなる〝エッグフレーション〟が起きた。

インフレ経済が格差を助長

コロナ禍前のアメリカのインフレ率は、比較的安定していた。しかし、コロナショックから景気が急回復するとインフレが加速。コロナ禍で停滞していた経済活動が再開したことで需要が急激に高まり、インフレを引き起こしたのだ。その背景には、深刻な人手不足も指摘されている。

２０２３年の統計上では、インフレの鈍化傾向が表れるようになった。しかし食品や外食といった、生活に身近なところの負担感は強いままだ。インフレ経済についていけない中間層は貧困層に落ちてしまい、格差がより拡大するおそれがある。

THEME 14

4大スポーツ

4大プロリーグとして知られるNFL、MLB、NBA、NHL。一番人気のリーグは?

プロリーグ別の平均年俸ランキング

平均年俸を比較しても、5大スポーツは世界のプロリーグの中で上位を占めており、高い人気と収益性を持つことがわかる。同じ野球リーグを比べると、アメリカのMLBと日本のNPBには15倍程度の格差がある。

順位	競技	リーグ名	チーム数	平均年俸
1	バスケ	NBA（アメリカ）	30	約970万ドル
2	クリケット	IPL（インド）	10	約530万ドル
3	野球	MLB（アメリカ）	30	約500万ドル
4	サッカー	プレミアリーグ（英）	20	約440万ドル
5	アメフト	NFL（アメリカ）	32	約330万ドル
6	アイスホッケー	NHL（アメリカ）	32	約270万ドル
7	サッカー	ラ・リーガ（スペイン）	20	約250万ドル
	サッカー	MLS（アメリカ）	29	約60万ドル
	野球	NPB（日本）	12	約32万ドル
	サッカー	Jリーグ（日本）	20	約21万ドル

全米熱狂のスーパーボウル

アメリカン・フットボール（NFL）の王者決定戦スーパーボウルが行われた翌日は、祝日にすべきだ。なぜならスーパーボウルから一夜明けた翌日、約1600万人が欠勤すると推計されるからだ。

こうした主張が出てくるほど盛り上がりを見せる、アメリカのプロスポーツ界。アメリカには4大スポーツと呼ばれるNFL、野球（MLB）、バスケットボール（NBA）、アイスホッケー（NHL）のプロリーグがある。迫力ある肉弾戦が魅力のNFL（1920年設立）は、その中でも一番人気だ。

プロリーグの勢力図に変化

NFLが大人気なのは、ハーフタイムショーとあわせ、スポーツの枠を超えたエンタメ性が人々を魅了するからだ。次に人気なのがNBA（1946年設立）。スター選手を生み出し、平均年俸の高さはトップを誇る。最も古い歴史を誇るMLB（1903年設立）は3番目の人気。近年では人気が低下ぎみだ。NHL（1917年設立）は2番目に古いリーグで、プロホッケーの世界最高峰だ。

この4大スポーツに割って入ろうとするのがサッカー（MLS）。人気ではNHLを上回る。米サッカーリーグは今後注目の存在なのだ。

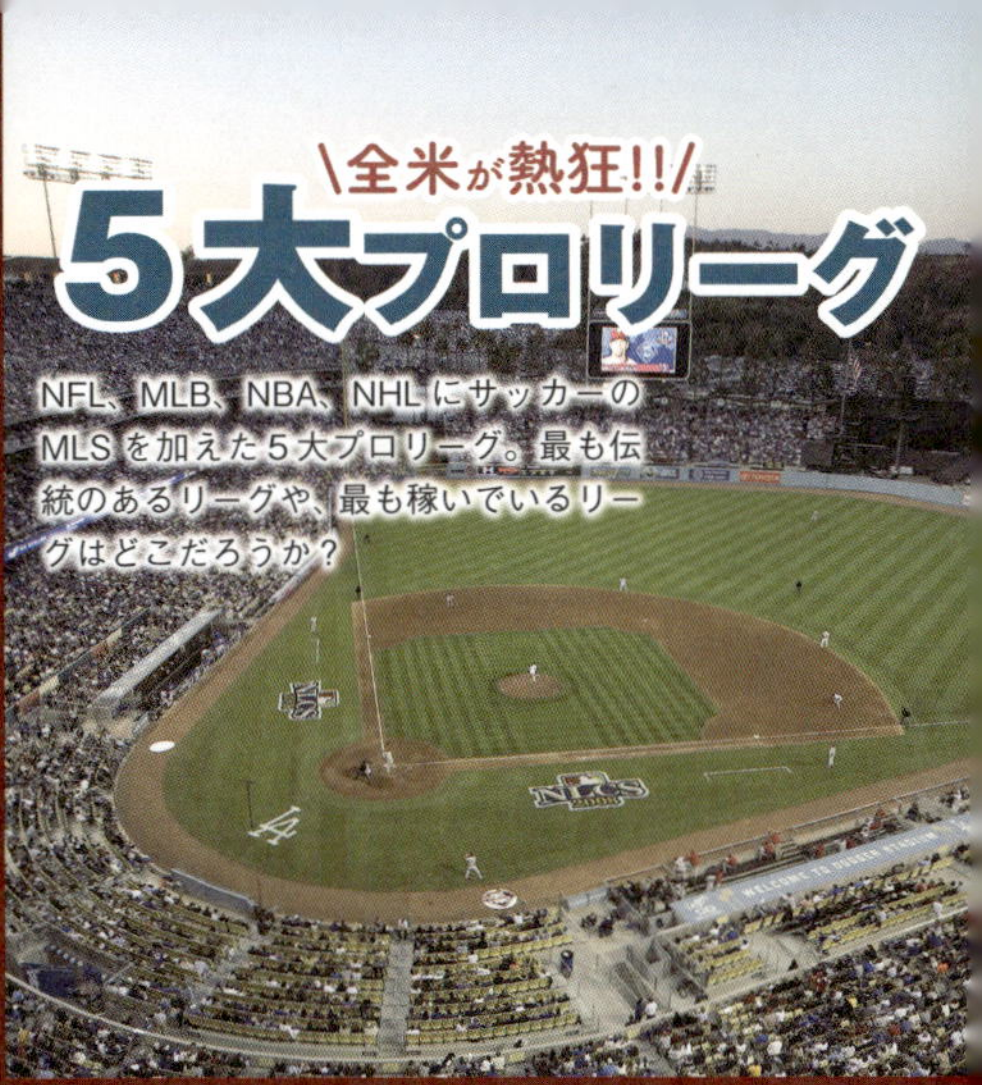

\全米が熱狂!!/

5大プロリーグ

NFL、MLB、NBA、NHLにサッカーのMLSを加えた5大プロリーグ。最も伝統のあるリーグや、最も稼いでいるリーグはどこだろうか？

NFL *National Football League*

アメリカで最も高い人気を誇る。年間収益やスポンサー契約金、1試合の平均観客動員数（6万7000人）はいずれも米プロリーグでナンバー1。収益を全チーム均一に分配することで戦力を均等に保っており、それがリーグの活性化につながっている。

創設	1920年
年間試合	17試合＋プレーオフ
年間収益	約150億ドル

Legend

ヴィンス・ロンバルディ
（パッカーズなど）

伝説的なヘッドコーチ。スーパーボウル優勝チームに贈られるロンバルディ・トロフィーの名称にその名を刻む。

NBA *National Basketball Association*

バスケは19世紀後半にアメリカで誕生したスポーツであり、NBAは1946年に設立。公民権運動の影響で50年代後半から黒人選手が増加するも、しばらく人気は低迷。80年代にスター選手の登場で人気を集め、マイケル・ジョーダンの活躍で一気に世界的なリーグとなった。

創設	1946年
年間試合	82試合＋プレーオフ
年間収益	約110億ドル

Legend

ビル・ラッセル
（セルティックスなど）

1950～60年代、所属チームを11回の優勝に導いた伝説的プレイヤー。初の黒人ヘッドコーチも務める。

MLB *Major League Baseball*

アメリカで最も古い歴史を持つプロリーグ。1876年に最初のリーグが発足し、リーグ乱立ののち1903年にMLBへと統一された。初期のスターはベーブ・ルース（▶P95）で、彼が所属したヤンキースが最多優勝を誇る。野茂英雄以降、日本人選手の活躍も際立つ。

創設	1903年
年間試合	162試合＋ポストシーズン
年間収益	約110億ドル

Legend

ジャッキー・ロビンソン
（ドジャース）

MLB設立後初の黒人メジャーリーガー。黒人起用は宣伝目的とも見られていたが、1年目から活躍し新人王を獲得。彼の背番号42は全球団共通の永久欠番。

MLS *Major League Soccer*

アメリカは久しく「サッカー不毛の地」と言われてきたが、1994年のワールドカップ開催や、1996年のMLSスタートによりサッカーの認知度が急上昇した。近年では特に若年層の注目度が高く、10代の人気でMLSがMLBを超えているという調査結果もある。

創設	1996年（開始年）
年間試合	34試合＋MLSカップ
年間収益	約16億ドル

Legend

リオネル・メッシ
（マイアミCF）

2022年のワールドカップ優勝翌年に渡米。年収1億3000万ドルは米プロリーグ最高額となる。

NHL *National Hockey League*

カナダのモントリオールで設立し、アメリカへと拡張。現在も全32チーム中、カナダ国内のチームが7チームと他の米プロリーグに比べ多い（MLBとNBAは1チームずつ）。選手数でもカナダ人が半数を占め、米国内ではNHL、及びアイスホッケー自体の人気低迷が続いている。

創設	1917年
年間試合	82試合＋プレーオフ
年間収益	約50億ドル

Legend

ウェイン・グレツキー
（オイラーズなど）

年間最優秀選手賞を9度獲得したカナダ人選手。背番号99は全球団共通の永久欠番となる。

第8章

アメリカ50州ガイド +ワシントンD.C.

50の州と独立行政区である首都・ワシントンD.C.で構成されるアメリカ合衆国。各州の個性あふれる歴史や特色を見てみよう。

自由の女神（ニューヨーク州）

ミシシッピ川（ミシシッピ州）

次ページ以降のデータの出典

●**人　　口**：アメリカ合衆国国勢調査局より／ 2023 年値

●**平均年収**：Forbes Advisor より／2023 年値

※ワシントン D.C. のみ、人口・平均年収どちらもアメリカ国勢調査局より／ 2022 年値を掲載

西部

様々な人種や民族が集まる活気ある地域。西部劇などからイメージされる開拓時代の香りが残る。映画産業や技術産業もさかんだ。

中西部

鉱山資源が豊富な工業地帯でありながら、平らなプレーリー（大平原）を生かした穀物の生産もさかん。五大湖や河川をつなぐ運河も発展した。

ラッシュモア（サウスダコタ州）

カウボーイ（テキサス州）

自由の女神がほほえむ経済の中心地

ニューヨーク州
New York

人　口	1957万1216人
面　積	14万1297 km^2
主要産業	金融、製造、出版、アパレルなど
平均年収	7万4870ドル(約1123万円)

アメリカ最大の都市であるニューヨーク市。世界の経済・文化の中心で、超高層ビルが立ち並ぶ「摩天楼」は壮観だ。

自由の女神が出迎えるニューヨークはアメリカのシンボルともいえる州だ。18世紀にイングランドから最初に独立した、建国13州のうちの一つでもある（▶ P56）。

州の中でも有名なのは摩天楼の街並みが広がるマンハッタン。金融、メディアなどの企業が集中し、特にテレビ局はアメリカの3大テレビがこの地に拠点を構えている。さらにミュージカルの聖地であるブロードウェイなど華やかな人気スポットもありつつ、都市を離れると工業地帯や農業地帯が広がるなど、場所によって雰囲気が大きく変わる。

そしてこの州は、多くの移民が集まることから人種・宗教のるつぼと呼ばれている。そのせいか「人は人、自分は自分」、という割り切った州民性があるそうだ。

Person 俳優

ロバート・デ・ニーロ
［1943～］

マンハッタン生まれ。1976年公開の『タクシードライバー』はじめ、ニューヨークが舞台の作品も数多い。

州自慢

NY生まれのバッファローウィング

ニューヨークっ子の大好物であり名物は、鶏の唐揚げであるバッファローウィング。これはニューヨーク州バッファローのソウルフードで、揚げたての鶏肉にホットチリソースのような甘辛いソースを絡めたもの。高カロリーながら、ニューヨークヤンキースなどの野球観戦フードの定番だ。

TRIVIA 元の地名は最初の入植者であるオランダ人が名付けたニューアムステルダム。やがてこの地を奪い取ったイギリス人が、国王の弟ヨーク公の名を取りニューヨークに改名した。

マンハッタンを歩く

５つの区画に分かれるニューヨーク市のうち、小さく細長い島がマンハッタンだ。ニューヨーカーたちの遊び場から、歴史ある建物まで、魅力あふれるスポットをご紹介。

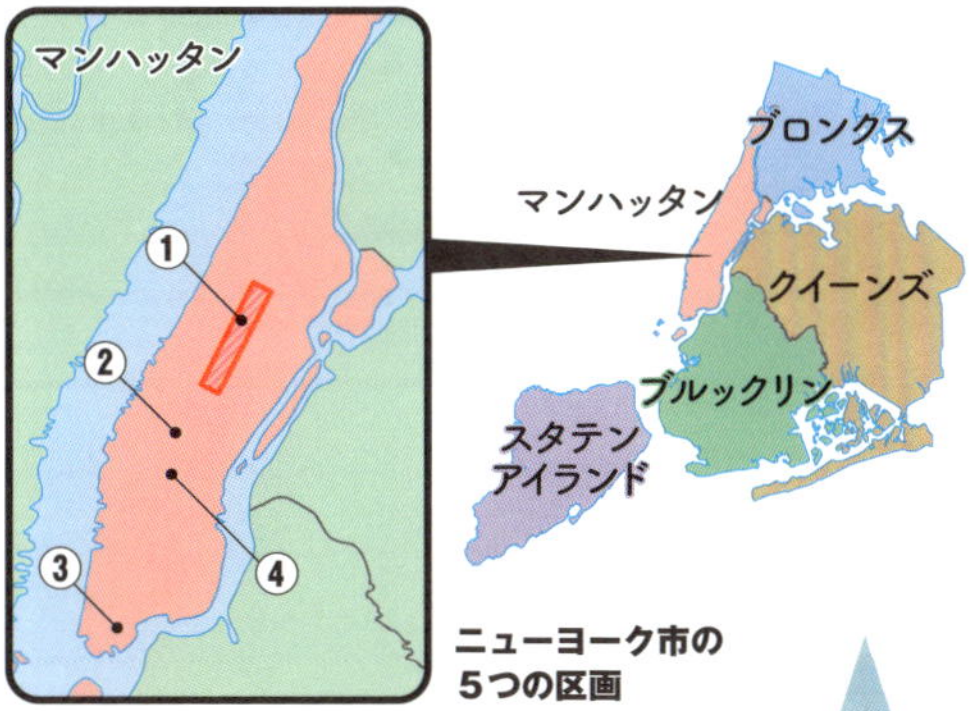

ニューヨーク市の５つの区画

③ウォール街

世界経済の中心地。ニューヨーク証券取引所を中心に証券会社や銀行が連なる。

①セントラルパーク

長さ４㎞の大きな公園でニューヨーカーたちの憩いの場。メトロポリタン美術館や動物園がある。

②タイムズスクエア

ミュージカルで有名なブロードウェイが交差する繁華街。有名ショップやシアターの広告が賑やか。

④エンパイア・ステート・ビル

高さ381mで、1931年に建設され、当時は世界一の高さだった。ニューヨークを一望できる展望台が人気。

No.1 世界一のお金持ちの町

アメリカ最大の経済都市と呼ばれるニューヨーク州。世界金融の中心とも呼ばれているこの町は物価の高さも有名。中でも家賃は世界的にもかなりの高額となっている。そのため俳優、モデルなど本物のセレブたちが集まることになり、アメリカの中でもお金持ちの多い地域になっているのだ。

SPOT アメリカ代表の大瀑布 ナイアガラの滝

ニューヨークには観光地として人気のナイアガラの滝がある。滝はカナダとアメリカの国境をまたぐ三つの大滝からなり、世界でも類を見ない大サイズ。市民だけでなく世界各国から観光客が訪れる。この滝を見学できるナイアガラ・フォールズ州立公園はアメリカ最初の州立公園。

アメリカ側から見えるアメリカ滝。

ニューヨーカーたちのベッドタウン

ニュージャージー州

New Jersey

人　口	929万841人
面　積	2万2592 km^2
主要産業	石油化学、観光、カジノなど
平均年収	7万890ドル（約1064万円）

ハドソン川に面したジャージーシティ。ここから向かいのマンハッタン（ニューヨーク州）が一望できる。

ニューヨークのマンハッタン島からハドソン川を越えれば、もうそこはニュージャージー州だ。そんな利便性のよさからニューヨーカーたちのベッドタウンとしても人気が高い。そのため、人口密度が高いことでも知られている。

かつてはオランダ、イギリスの植民地で、独立戦争で独立を勝ち取った歴史を持つ。その後は農業や工業で経済を立て直した。今はそれに加え観光も経済の要になっている。特にアトランティックシティは全世界から人が押し寄せる人気の観光スポット。客の目的はカジノだ。州でのカジノは合法。しかしそのせいで、マフィアと麻薬、汚職などが蔓延する結果に……。

その一方で歴史のある大学があり教養人も多い。そんな善と悪が混じり合う州でもある。

Person 歌手

ホイットニー・ヒューストン
[1963~2012]

映画『ボディガード』の歌声でも有名。幼少時はニュージャージーの教会の聖歌隊で活躍した。

州自慢 **ダイナー発祥の地**

映画やドラマでおなじみの、アメリカ風大衆食堂ダイナー。ニュージャージーはそんなダイナー発祥の地であり、現在も500軒近くの店が営業を続けている。低価格でボリュームのあるファストフードを食べられ、さらにコーヒーも好きなだけおかわりができるダイナーは労働者に支持され、コミュニティの場ともなった。

TRIVIA 映画『ジョーズ』の元ネタは、巨大ホオジロザメが2週間近く水辺に現れて、多くの人を襲い死者まで出た実在の事件。じつはこの事件はニュージャージーで起きたものだ。

独立宣言の鐘が鳴り響く歴史の地

ペンシルベニア州

Pennsylvania

自由の鐘

人　口	1296万1683人
面　積	11万9279 km²
主要産業	鉄鋼、農業、金融など
平均年収	5万8470ドル(約878万円)

アメリカ誕生の地とも呼ばれるフィラデルフィアの独立記念館。ここに13植民地の代表者が集まり独立宣言を採択した。

1776年7月4日は、アメリカ人にとって忘れられない日だ。この日、ペンシルベニア州の都市フィラデルフィアで独立宣言が採択され自由の鐘が鳴り響いたのだ。

新国家誕生の地となったペンシルベニア州ではこの後も奴隷制度の廃止や、アメリカ最古の病院、銀行、美術館の設立など、初めてづくしが続く。アメリカ人が大好きなアメフト発祥の地であることも誇りの一つだ。そんな州であるため、州民は発祥の地であることを自慢にしがち。

もともとペンシルベニア州は工業都市として発展を遂げてきたが、アメリカ最大のメルトダウンとよばれるスリーマイル島原子力発電所事故をきっかけに、工業は徐々に衰退。今ではピッツバーグを中心にハイテク産業や、ガス田でのオイル産業が州を支えている。

Person アーティスト

アンディ・ウォーホル
[1928~1987]

鮮やかなマリリン・モンローの絵で知られるアーティスト。故郷ピッツバーグに美術館がつくられ人気観光地に。

州自慢 マッシュルームの生産地

ペンシルベニア州の南東部に位置するケネット・スクエアは、アメリカでも有数のマッシュルーム一大生産地だ。秋にはキノコ祭りが開催され、キノコの販売だけでなくキノコ料理も味わえる。なかでもマッシュルームフライは名産品だ。この町ではマッシュルームを含め、アメリカのキノコの半数以上を生産している。

TRIVIA 鉄鋼のカーネギー、ケチャップのハインツ、チョコレートのハーシーという、世界的企業がペンシルベニアから誕生した。特にカーネギーの鉄鋼業で町は大いに潤うことに。

奴隷制度がきっかけで生まれた州

メイン州

Maine

人　口	139万5722人
面　積	9万1634 km^2
主要産業	農業、水産、観光ほか
平均年収	5万5960ドル（約840万円）

イギリスの交易商が入植したことから発展した州都オーガスタ。独立戦争で活躍した将軍の娘の名が都市名となった。

元はマサチューセッツ州の一部だったメイン州。州の誕生のきっかけは奴隷制度まで遡る。独立宣言後、奴隷反対と奴隷容認の州で分かれた際、奴隷容認州が優勢になりかけた。それを危惧した合衆国がメインを自由州として独立させ、23番目の州となったのだ。

そんな歴史を乗り越え、現在は日の出が美しい国立公園や名峰、そして魚介類の美味しい港町という自然に囲まれたリゾート地として人気の州に成長した。夏はほどよく涼しいため、避暑地としてセレブたちの別荘地にもなっている。

現在この州には、古くから暮らしているヨーロッパ系の移民「ダウンイースト・ヤンキー」、そしてカナダから移住してきたフランスの人々など多くの人種が暮らす。寡黙だが穏やかな人の多い州である。

Person

小説家

スティーブン・キング
［1947～］

「ホラーの帝王」の異名を持つ世界的に有名な小説家。『シャイニング』はじめ映画化された作品も多数。

SPOT

新鮮な海の幸が味わえる港町

ポートランド

海沿いのポートランドはもともと造船の町として知られている。海の近く、ということで名産はもちろん魚介類。なかでも安価で美味しいロブスターは、アメリカ中の美食家たちが絶賛。また、日本人が経営するウニ工場があり、ここで水揚げされたウニが日本に運ばれるとか。

港町・ポートランドの街並み。

TRIVIA　明治時代、日本の考古学研究の嚆矢となる大森貝塚を発見したのは、メイン州出身の動物学者エドワード・S・モースだ。貝好きなのは生まれ故郷の影響だろうか。

大統領選で最も重視される選挙区

ニューハンプシャー州

New Hampshire

山の老人

人　口	140万2054人
面　積	2万4214 km^2
主要産業	機械、電気、農業、観光ほか
平均年収	6万2550ドル（約940万円）

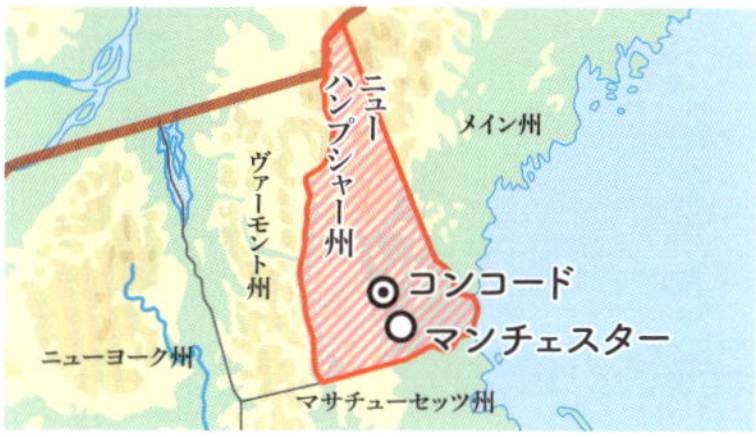

アパラチア山脈の一部であるホワイト山地が州の約4分の1を占めるニューハンプシャー州。冬にはスキーヤーが集う。

ニューハンプシャー州の人々の公式標語は「自由か死か」。こんなアメリカヤンキー魂を持つ人々が多い理由は、イギリスから最初に独立した州だからこそ。

そんな歴史を持つためか、政治への興味関心が高い州としても有名。その熱の高さは州の法律で「他州に先駆けて予備選挙を行う」と決めていることからもうかがえる。つまりこの地を制した立候補者は勢いがつくといわれていて、クリントン大統領、オバマ大統領など、歴代の大統領もこの地で熱い選挙戦を行ってきた。

またこの州は個人の消費税、所得税が課せられていないのも、他の州との大きな違いの一つだ。観光名所としては自然を生かしたものが多く、アパラチア山脈は全米からスキーヤーが集まるほどの人気スポットとなっている。

Person スキーヤー

ボディー・ミラー
［1977～］
バンクーバー五輪の金メダルスキーヤー。幼い頃から故郷のニューハンプシャーの雪で鍛えてきた。

州自慢 早々に認められた同性婚

ニューハンプシャー州で同性婚が認められたのは2009年のこと。そして翌年には結婚に似た制度、シビル・ユニオン制度が導入された。アメリカの中でもかなりのスピードで同性婚が認められた州として有名になった。独立心が高く、自由を求める州の気質のためだろう。

TRIVIA 州の文化を伝えるヤンキーマガジンという雑誌が1935年から発行されている。内容はグルメ、旅行の記事から時事問題まで幅広く、最近ではアプリでの配信もはじまった。

牧歌的な雰囲気が残るアメリカの原風景

ヴァーモント州
Vermont

人　口	64万7464人
面　積	2万4905 km^2
主要産業	観光、農業、酪農ほか
平均年収	5万9190ドル(約890万円)

山や川、農場に囲まれ、古きよき田舎の原風景が残るウッドストック。観光地として人気で、10月には収穫祭でにぎわう。

りんご、メープルシロップ、牧草地で育てられた牛の乳からできる真っ白なヴァーモントチーズ。そんな特産品が表す通り、ヴァーモントは農場と牧草地に囲まれたのんびり牧歌的な州だ。

独立戦争時にはイギリスに対して早々に独立宣言をしたにもかかわらず、連邦入りしたのは建国13州に続いての14番目。なぜ遅れたかといえばお隣のニューヨーク州、ニューハンプシャー州と土地争奪戦をしていたせいだ。そのため、独立宣言をしたときもヴァーモントではなくニューコネチカット共和国を名乗っていた。

そのような歴史背景があるせいか、州の人々は自治意識が非常に高く、環境問題への取り組みへの意識も強い。美しい風景を守るために、道路沿いの看板広告を法律で禁止しているのもこの州ならでは。

Person 政治家

バーニー・サンダース
[1941〜]
2020年の大統領選で注目を集めるも、撤退。彼の政治人生はヴァーモント州バーリントン市長から始まった。

SPOT
『サウンド・オブ・ミュージック』で有名
トラップ一家のロッジ

ナチスから逃れるためにスイスへと逃亡したトラップ一家を描く映画『サウンド・オブ・ミュージック』。モデルとなった一家が営むロッジが今でも存在する。亡命後、アメリカに渡った彼らは、故郷オーストリアの雰囲気に似たヴァーモント州に移り住みロッジを開いた。

ロッジは現在も運営しており宿泊が可能。

TRIVIA 地元の企業を守るため、州都のモントピリアではアメリカで唯一マクドナルドの参入を許していない。それどころかこの町ではチェーン店がほとんどないとか。

独立戦争はこの場所から始まった

マサチューセッツ州

Massachusetts

人　口	700万1399人
面　積	2万7335 km^2
主要産業	バイオテクノロジー、金融、医療ほか
平均年収	7万6600ドル（約1152万円）

アメリカ初の公園や公立学校がある州都ボストン。ピューリタンが開拓した最古の都市の一つだ。

アメリカの独立戦争のきっかけとなる「ボストン茶会事件」が起きた州であり、アメリカの中でも歴史の深い州の一つ。

ここで鳴り響いた銃声が独立戦争につながった、というまさにアメリカの原点ともいえる土地柄だ。そのためこの州の人々はアメリカのヤンキー魂を持ち、民主主義を非常に大事にしている。

独立当時は連邦内でも指折りの工業地帯で、アメリカの産業革命をリードする存在だった。しかし、やがて他の州に後れを取るようになり、経済は低迷。それを盛り返したのがボストンにつくられたハーバード大学、マサチューセッツ工科大学などの名門大学の数々だ。特にハーバード大学からは8人もの大統領を輩出。他にも多くの優秀な人材を輩出し、現在はハイテク技術産業で名を轟かせている。

Person　**俳優**

マット・デイモン
［1970～］

ハーバード大を中退。マサチューセッツ工科大学が舞台の『グッド・ウィル・ハンティング / 旅立ち』は代表作。

州自慢

人気の4大プロスポーツチーム

高学歴者が多いイメージの州だが、同時にスポーツも盛ん。州内にはメジャーリーグのレッドソックス、バスケのセルティックス、アイスホッケーのブルーインズ、アメフトのペイトリオッツなど、アメリカを代表する4大プロスポーツチームがあり、多くのファンを楽しませている。

マサチューセッツ州にあるペイトリオッツの本拠地ジレット・スタジアム。

TRIVIA　なぜか悪路が多い州としても有名。地元のニュース番組では年に何度も道の悪さを訴えるニュースを流し「道が悪いおかげで車の修理工が儲かる」という自虐ネタが鉄板。

独立とともに宗教の自由を勝ち取った州

ロードアイランド州
Rhode Island

名産品ロードアイランドレッド

人　口	109万5962人
面　積	4002 km^2
主要産業	繊維、造船、観光ほか
平均年収	6万4530ドル（約970万円）

州都プロヴィデンス。1636年に設立された歴史のある都市で、ファッションやジュエリー産業で栄えた。

ロードアイランド州の成り立ちは、宗教なしでは語れない。この州を生み出したのはロジャー・ウィリアムズというマサチューセッツの牧師だった。教会と対立した彼はロードアイランドにプロヴィデンス（神の摂理）という名の町をつくり上げた。宗教の自由を唱えるこの地は宗教家たちを惹きつけ、カトリック、ユダヤ教徒なども居住するように。そのためアメリカで最初にクエーカー教やユダヤ教のための教会が建てられることになった。

自由を求め戦った歴史から、一本筋の通った人間が多い州でもある。連邦入りした後はアメリカ初の紡績工場を建設。港町の利点を生かした海運でアメリカの産業革命の先頭に立った。一時期は景気低迷するも、現在はカジノや音楽フェスをめあてに多くの観光客が訪れている。

Person　小説家

ハワード・フィリップス・ラヴクラフト
［1890～1937］
日本でも人気の高い怪奇小説家。海洋生物に似た生物が多く登場するのは港町生まれの影響？

SPOT
議事堂に立つ黄金の像
インディペンデント・マン

支柱なしの大理石づくり建造物としては世界で４番目に大きいという、ロードアイランド州会議事堂。その建物の上には「インディペンデント・マン」と呼ばれる黄金の像が飾られている。これは州を開いたロジャー・ウィリアムズの政教分離と自由の精神を表したものだといわれている。

ロードアイランド州会議事堂の上に立つ像。

TRIVIA　アメリカで一番狭い州。その面積は日本でいうと滋賀県ほどだ。しかしその狭さはデメリットにはならない。州内の観光地を短時間で回ることができ、観光客に受けている。

合衆国を支えたアメリカの武器屋

コネチカット州
Connecticut

人　口	361万7176人
面　積	1万4356 km^2
主要産業	武器などの製造業、機械、保険など
平均年収	6万9310ドル(約1042万円)

貿易や漁業で栄えたミスティック。「ミスティックシーポート博物館」では歴史ある船や海軍の潜水艦が見られる。

ボストンとニューヨークに挟まれたこの場所は今ではニューヨーカーのベッドタウンとしても有名だ。しかしその歴史はなかなか血なまぐさい。この場所に入植したイングランド人がまず行ったのは、先住者のオランダ人を追い払うことだった。そして彼らは自分たちのための憲法をつくり出す。この州憲法がのちのち合衆国憲法の礎になっていく。

「自分の土地は自分たちで守る」という意識が強い州であるためか、続いて始まったのは武器づくり。この才能はやがて州だけでなくアメリカの経済を支え、アメリカの武器庫と呼ばれるまでになる。

やがて軍需産業が低迷するとアメリカ初の保険業が始まった。保険は質実剛健な州民の気質にもあったようで、こちらも州の主要産業の一つになっている。

Person　俳優

クリストファー・ロイド
[1938～]
『バック・トゥ・ザ・フューチャー』のドク役として一世を風靡した。コネチカット州スタンフォード出身。

州自慢

裕福な人が集まる州

都会ほど忙しくなく、田舎過ぎないこの州は、ニューヨークで働く人々からすると、住宅を構えるのにちょうどいい州。そのためセレブたちが集まることに。映画やドラマでも裕福な人々が暮らす場所として描かれるなど、世帯収入はアメリカの中でも高い。お金持ちの州、としても有名だ。

裕福な学生が多いことで有名なコネチカット州のイェール大学。

TRIVIA　プラスチックの円盤を宙に投げて遊ぶフリスビー発祥の地。あるとき、学生がパイショップ「フリスビー」で、空の器を投げて遊んだことをきっかけに誕生したといわれる。

どの州にも属さないアメリカ政府の中枢機関

ワシントンD.C.

Washington, D.C.

人口	67万1803人
面積	177 km^2
主要産業	サービス、観光など
平均年収	7万1699ドル(約1075万円)

中心部に位置する国立公園ナショナル・モール。中心には、ワシントンの功績を讃えるワシントン記念塔が立つ。

合衆国首都であり、アメリカ政治の中心部ともいえるのがここワシントンD.C.。メリーランド州とヴァージニア州の間に位置し、どの州にも属していない連邦政府直轄地区である。

とはいえ最初からここが首都だったわけではない。当初、首都は北部のフィラデルフィアやニューヨークが予定されていた。しかしこれに南部州が反発。話し合いの結果、現在のD.C.の場所に遷都が決定した。ここはホワイトハウスを中心に碁盤目状の道路が配されるなど、完璧な計画都市として人工的につくり出された町なのだ。

奴隷人口の多いヴァージニアの土地を割譲されたことで、現在でも多くの黒人が暮らし、ジャズなどの黒人文化も盛んだ。またナイトクラブやバーが広がるエリアも、観光客の人気を集めている。

Person ジャズピアニスト

デューク・エリントン
[1899~1974]

ジャズ文化が根付くD.C.生まれのジャズピアニスト。代表曲は『A列車で行こう』。彼の楽団は現在も活動中。

SPOT

国一番のランドマーク
キャピトル・ヒル

ワシントンD.C.のランドマークともいえるのが、キャピトル・ヒル。巨大な国会議事堂、最高裁判所、議会図書館などの国の要となる建物が集結しているエリアで、D.C.の中心地。中でも国会議事堂はワシントン大統領時代に建てられた歴史的建造物だ。

奥の白い建物は国会議事堂。

TRIVIA 他の州にはない少し変わったこの地区の名称は、アメリカ大陸に到達したコロンブスが語源になっている。「コロンビア特別区(District of Columbia)」の頭2文字からD.C.とつけられた。

100万を超える国際企業が集まるビジネス都市

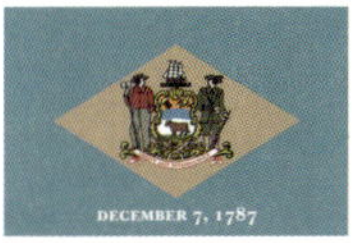

デラウェア州
Delaware

人口	103万1890人
面積	6446 km^2
主要産業	教育、金融など
平均年収	6万2260ドル（約934万円）

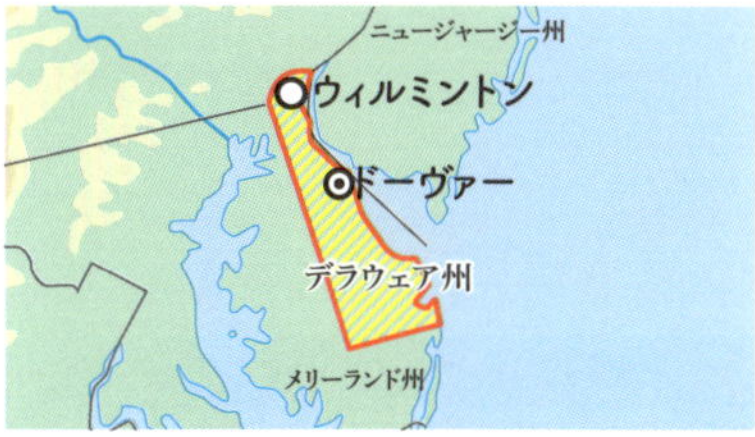

銀行や保険会社が拠点を置くウィルミントン。ビーチやショッピングセンターなど観光業も盛ん。

アメリカ合衆国憲法を最初に承認し、連邦政府入りしたことからファースト・ステートという異名を持つデラウェア州。とはいえ人口は少なく土地も狭く、一見するとそれほど目立たない州に思える。

しかし、州内に置かれた企業の数はなんと100万超え。その理由は、法人税が安く消費税、資産税などもないため。つまりこの州は租税回避地、タックスヘイブンで企業誘致を行っているのだ。

州内でも一大企業は、南北戦争時代に火薬製造で会社を拡大させたデュポン社。今はナイロンなどの化学製品を開発し、アメリカの３大財閥の一つに数えられるほど。

ただしそんな大都市は北部のみ。州の南部では養鶏と農業が盛んで、スローガンは「ゆっくりほどほどに」。南に向かうほど、のんびりとした空気に包まれる。

Person 政治家

ジョー・バイデン
［1942～］

現アメリカ大統領。地元のデラウェアからD.C.へ通勤のため使用していた駅はバイデン駅とも呼ばれている。

SPOT

愛されビーチリゾート
レホボスビーチ

デラウェア湾に広がるのが、地元の人間からも愛されるレホボスビーチ。1.6kmもの木製のボードウォークがつくられていて、ファミリーやカップルなどがのんびり散策している姿がよく見られる。周辺もショップなどが立ち並び、古きよきアメリカの雰囲気を楽しめる。

TRIVIA 消費税がかからない州であるため、州外から非課税目的に観光客が買い物に訪れることも多い。そんな観光客をもてなすため、多くのリゾートビーチなどが整備されている。

アメリカ要素が詰まったミニチュアアメリカ

メリーランド州
Maryland

人　口	618万253人
面　積	3万2131 km^2
主要産業	金属、電子機器など
平均年収	6万9750ドル(約1049万円)

米英戦争でイギリス海軍を食い止めたボルチモアのフォートマクヘンリー要塞。この戦いは国歌『星条旗』の題材となった。

メリーランド州の主要都市は海運と造船のボルチモアだ。米英戦争の時代、このボルチモアの砦が攻撃を受けた。そのとき、砦ではためく旗を見てつくられた詩がアメリカ国歌『星条旗』になったといわれている。独立戦争後はこの州の一部がワシントンD.C.に割譲された。そのため、首都のベッドタウンとなり、政治インフラを支える州として発展した。

独立戦争時代には勇猛果敢な戦い方で名を馳せたメリーランド兵。その気風がまだ生きているのか、州には海軍兵学校もあり、卒業生が帽子を放り投げるのが風物詩となっている。また州の西には森などの緑、東に行けば海が広がり、中心部ではハイテク産業が盛ん。まるでアメリカを凝縮したようなこの州は、「アメリカのミニチュア」の異名をとる。

Person 小説家

エドガー・アラン・ポー
[1809~1849]
多くの作品を残した作家。最期はボルチモアのバーで亡くなるが、なぜそこにいたのかは謎に包まれている。

SPOT
人々の癒やしスポット
サベージ川州立森林公園

休日に人々がレクリエーションへと訪れるのが、サベージ川州立森林公園だ。広大な敷地ではボート遊びに釣り、ピクニック、キャンプまで幅広いレクリエーションで楽しめる。普段はレジャースポットだが、施設内には米軍によってつくられた貯水池もあり、緊急時には給水施設に早変わりするとか。

TRIVIA 州の名物は青いカニ、ブルークラブ。特に有名なのはパン粉を付けてフライにした「クラブ・ケーキ」だ。食べるだけでなく、カニを走らせて速さを競うダービーも人気。

清貧の精神が息づくアメリカの良心

ウェストヴァージニア州
West Virginia

人　口	177万71人
面　積	6万2755 km^2
主要産業	石炭、石油など
平均年収	4万9170ドル(約739万円)

ウェストヴァージニア州は、ほぼ全域がアパラチア山脈内に位置する。写真は山脈にかかるニューリバー渓谷橋。

州名にヴァージニアと入っていることからわかるように、ここはヴァージニア州から独立を果たした州。その理由は、奴隷制度だ。奴隷を使用する東部に対し西部からは奴隷反対の声が上がったのだ。このせいで東西の対立は深まり、結局西部がウェストヴァージニア州として独立、合衆国入りしたという歴史を持つ。

昔から州の産業は石炭。炭鉱労働者たちは爆発事故に巻き込まれることも恐れず経済を支え続けてきた。しかし20世紀後半になると石炭は石油に取って代わられてしまう。現在は企業誘致などで経済回復を目指しているものの、所得は少なく、今ではアメリカ一貧しい州と呼ばれるようになった。

とはいえ、治安がそれほど悪くないのは奴隷制度に反対したことからもわかる清廉な州民性のためかもしれない。

Person パイロット

チャック・イェーガー
[1923~2020]
世界で初めて音速を超えた空軍パイロット。州都チャールストンには自身の名を冠するイェーガー空港がある。

No.1 肥満が州の悩み…

この州の悩みはズバリ肥満。成人の4割、子どもの2割が肥満ともいわれているほど、肥満が悩みの種となっている。そのため、最も不健康な州、という不名誉な名称までついている。炭鉱労働者向けに考案されたボリューム満点なファストフードが名物となっていることも理由の一つかもしれない。

TRIVIA 州名産の果物はゴールデン・デリシャス・アップル。自然交配で生み出されたリンゴで、甘みが強くジューシーだが傷みやすく保存の難しさから日本での生産は少なめ。

アメリカ合衆国の歴史はここから始まった

ヴァージニア州
Virginia

人　口	871万5698人
面　積	11万787 km^2
主要産業	防衛産業、タバコ、ソフトウェアほか
平均年収	6万5590ドル(約986万円)

アメリカ国防総省の本庁舎で、その形からペンタゴン（五角形）と呼ばれる。同時多発テロ事件では標的となった。

ヴァージニア州はイングランド入植者が最初にたどり着いた場所だ。当時、アメリカ大陸の開拓に後れを取っていたイングランドは、他国がたどり着いていない北米を目指し、ここで農園を開いて力を蓄えていく。そのためこの場所は、アメリカ合衆国の始まりの地ともいえる。これまでに8名もの大統領を出しているのはそんな歴史が関係しているのかもしれない。

南北戦争の後、南部地域全域が貧困にあえいだが、この州だけは復興が早かった。その理由はお隣に首都ワシントンD.C.があるためだ。諜報機関であるアメリカ中央情報局（CIA）や国防総省（ペンタゴン）、戦没者の墓地であるアーリントン国立墓地も州内に置かれており、住民も政府関係者が多い。そのため州北部は比較的裕福なエリアとなっている。

Person **政治家**

ジョージ・ワシントン
[1732~1799]
ヴァージニアにある農場の息子に生まれた。独立戦争で司令官を務め、初代アメリカ大統領に就任した。

州自慢 **民衆音楽の聖地**

素朴な曲調が特徴のカントリーミュージックは、アメリカ南部の人々が愛する伝統音楽。イギリス系の移民から伝わる民謡や大衆歌が混じり合ったもので、ヴァージニア州ブリストル市で誕生したといわれている。地元のラジオ局では伝統のカントリーミュージックチャンネルも用意していて、今でも人々の心を癒やしている。

TRIVIA 建国の父でもあるワシントン、じつは総入れ歯だったそうだ。その入れ歯は今も残っていて、マウントバーノンにあるワシントンのミュージアムで見ることができる。

誘致と人材育成で戦争の痛手から復活した

ノースカロライナ州
North Carolina

人　口	1083万5491人
面　積	13万9391 km^2
主要産業	金融、バイオテクノロジー、農業ほか
平均年収	5万6220ドル（約845万円）

銀行が多く集まる金融センター・シャーロット。18世紀末のゴールドラッシュにより、金鉱の街として栄えた歴史を持つ。

大学や企業を誘致し、人材育成に力を入れるノースカロライナ州。もともとはカロライナという植民地だったが、ノースカロライナ州、サウスカロライナ州に分割された。しかし南北戦争の後、復興が早かったのはこちらのノースカロライナ州だ。

復興の土台となったのは、人材の確保。ノースカロライナ大学、デューク大学という名門大学、金融関連や研究施設の企業も誘致し、一大ビジネスエリアのリサーチ・トライアングルを形成。さらにかつてゴールドラッシュでわいたシャーロットも金融に力を入れ、今ではアメリカ第二の金融都市として名を馳せている。

そんな地元っ子の楽しみといえば、大学バスケの観戦とバーベキュー。豚肉を使ったバーベキューだが、州の東部と西部で調理法や味付けが異なるとか。

Person　バスケットボール選手

マイケル・ジョーダン
［1963～］
バスケの神様と呼ばれた彼はノースカロライナ大学出身。大学時代から注目の選手だった。

SPOT
初の有人飛行の地
キルデビルヒルズ

人類初めての有人飛行を成功させたライト兄弟。そんな彼らが初めて空を飛んだのがここノースカロライナ州のキルデビルヒルズだ。この変わった名前の理由は「悪魔を殺すほど度数の高い酒を載せた船が遭難した」から。それほど風の強い場所なので飛行にピッタリな場所だったといわれている。

ノースカロライナ州での初飛行。

TRIVIA　ビールづくりも盛んで、多くの醸造所が州内にある。中には世界ビール杯で金メダルを獲得したクラフトビールも。地元のバーベキューに合わせるのがノースカロライナ州風。

国を割った南北戦争はここから始まった

サウスカロライナ州
South Carolina

人　口	537万3555人
面　積	8万2931 km^2
主要産業	製造業、観光、農業ほか
平均年収	5万650ドル（約762万円）

アメリカの古きよき街並みが残る港町チャールストン。南北戦争以前は奴隷貿易で栄えた南部の都市の一つだった。

かつてはプランテーションで奴隷を働かせ、繁栄していたサウスカロライナ州。そのため、奴隷制度をめぐって容認派と否定派の争いとなったときには、早々に合衆国を脱退し南軍についた。さらに州内にあった合衆国駐屯軍の要塞であるサムター要塞へ、南軍が攻撃をしかけたことをきっかけに南北戦争の火蓋が切られる。

そんな南北戦争始まりの地であるこの場所は戦後、他の州よりも復興が遅れることに……。その理由は経済を奴隷に依存していたためだ。

最近は自動車関連産業などが州の主要な産業となっている。さらに復興が遅れたことで残った古い街並みを観光地として利用。旧奴隷市場も博物館として一般公開されている。経済回復のために過去の負の遺産さえ利用するという、たくましさもこの州の特徴だ。

Person ソウル歌手

ジェームス・ブラウン
［1933～2006］

サウスカロライナ生まれのソウル歌手。R&Bとジャズを融合したファンク・ミュージックを生んだ。

SPOT 古きよきアメリカを感じる
コロンビア

州の中央に位置する都市、コロンビアにも南北戦争前の邸宅など古い街並みが残されており、観光客に人気のスポットだ。中でも紡績工場跡地につくられたサウスカロライナ州立博物館には、南北戦争時代の銃器からこの地で見つかった恐竜の化石まで州の歴史を今に伝える展示物が揃っている。

TRIVIA アメリカで初めてゴルフがプレーされた州。人口に対するゴルフ場の割合はアメリカでも上位。コースも豊富で、特にマートルビーチには100を超えるゴルフコースが揃う。

南部の経済復興を支えたディープサウス

ジョージア州

Georgia

コカ・コーラ
発祥の地

人　口	1102万9227人
面　積	15万3910 km^2
主要産業	金融、製造業、不動産など
平均年収	5万8000ドル（約874万円）

コカ・コーラやCNNなど大手企業の本社がある州都アトランタ。1996年に五輪が開催されたことで知名度が上がった。

　ジョージアもまたプランテーションで黒人奴隷を使い発展を遂げてきた州だ。奴隷をめぐる南北戦争では奴隷制度容認の南部連合に属し、戦争を牽引した。そのため戦争では北軍に町を焼き払われ経済は衰退してしまう。

　しかし州民は諦めず、州都アトランタで工業での再建を目指し始めた。交通の要所であることも幸いし、南部州の中でもジョージアはいち早く復興を果たす。また根深い黒人差別問題も、アトランタ生まれのキング牧師の運動で制定された公民権法によって改善に向かった。

　やがて1996年にはジョージア州の最大都市、アトランタで南部初のオリンピックが開催された。世界の人々にアメリカ南部の発展を見せつけたのだ。このように不屈の精神がジョージアの州民性である。

Person　ピアニスト、歌手

レイ・チャールズ
［1930～2004］

ジョージア出身、盲目のピアニスト。彼がカバーした『我が心のジョージア』は州歌として採用された。

州自慢

憧れのゴールドラッシュ

　アメリカ初のゴールドラッシュの場所、と呼ばれているのがジョージア州のダロネガだ。ここに金鉱が発見されるや、全米から多くの人が押し寄せた。さらに造幣局までつくられ大いににぎわったが、やがて枯渇。他の地域で金鉱が見つかると人々もそちらに移動した。今は金鉱跡が観光地になっている。

ダロネガにある鉱山労働者の彫刻。

TRIVIA　南北戦争をテーマにした小説『風と共に去りぬ』はジョージア州アトランタが舞台。南北戦争で南軍が敗れ、街が火に包まれるシーンも小説の中に描かれている。

美しい海が広がるアメリカ屈指のリゾート地

フロリダ州

Florida

ワニの出没注意

人　口	2261万726人
面　積	17万312 km^2
主要産業	製造業、観光、不動産など
平均年収	5万5980ドル（約843万円）

白い砂浜が美しいリゾート地マイアミビーチ。マイアミ市の東側の沖合を埋め立ててつくられた細長い島だ。

陽光の州ともバケーションランドとも呼ばれているフロリダ。その理由は、観光スポットの多さだ。州内には世界最大規模のディズニー・ワールド、国立公園、マイアミなどのビーチなどが揃い、世界各国から多くの観光客が足を運ぶリゾート地となっている。

さらにリゾートだけでなくジョン・F・ケネディ宇宙センターによる宇宙開発も州の財源。このように様々な産業を持つこの州のGDPは国家規模ともいわれている。

ただしこの地は、かつてスペイン入植者の植民地だった。そのせいか、キューバ革命以降はスペイン語圏の移民が増加し、今ではスペイン語が第二の公用語になるほどだ。そのおかげでラテンの空気も味わえるが、移民による犯罪も増加し、頭の痛い問題となっている。

Person　歌手

アリアナ・グランデ
［1993〜］

フロリダ出身の歌姫。8歳のとき、地元フロリダのアイスホッケーリーグで国歌独唱をしてデビューを果たす。

州自慢

宇宙に一番近い場所

ケネディ宇宙センター

人類初めての月面着陸を果たしたアポロ11号が打ち上げられたのが、海際にあるケープ・カナベラルのケネディ宇宙センター。なぜこの場所が選ばれたかというと、赤道に近く地球の自転を活かしやすいためだとか。現在も多くのロケットが打ち上げられている。

ケネディ宇宙センター内にあるロケット展示。

TRIVIA 風光明媚な観光地だが、湖などには野生のワニが生息している。ときには街の中を歩く姿が目撃されることも。美しい湖でも不用意に近づかないほうが身のためだ。

様々な文化が交錯するアメリカの十字路

ケンタッキー州

Kentucky

カーネル・サンダース

人　口	452万6154人
面　積	10万4656 km^2
主要産業	農畜産、石炭など
平均年収	5万1490ドル（約776万円）

最大都市のルイビルにあるチャーチル・ダウンズ競馬場。ここで毎年ケンタッキー・ダービーが開催される。

ケンタッキーと聞くとフライドチキンを思い浮かべる人も多いだろう。じつはそのとおりで、カーネル・サンダースによるケンタッキーフライドチキンはこの州から始まった。

名物はそんなチキンだけではなく、ウイスキーや州の名前を冠した競馬、ケンタッキー・ダービーも人気。さらにタバコもアメリカの中でトップクラスの生産量を誇る。ウイスキー、ダービー、タバコにチキンとアメリカらしい名産が多い州だ。

古くはプランテーションでタバコや綿花をつくっていたが、南北戦争では州内が奴隷容認派と反対派に分かれることに。そのため両方の軍から攻められてしまう。そんな歴史を表すように州のモットーは「団結で栄え、分断で倒れる」。今では企業誘致や工業化での経済復興を果たした。

Person プロボクサー

モハメド・アリ
［1942～2016］

世界一強い男と呼ばれたボクサー。ゆかりの地である都市ルイビルにはモハメド・アリセンターもある。

SPOT

世界最長の洞窟群
マンモス・ケーヴ国立公園

州の名物であり世界遺産にも登録されているのが、マンモス・ケーヴ国立公園。全長650kmにもなる広大な洞窟がある公園だ。洞窟の中は枝分かれした道、数々の空間が広がっていて、まるでファンタジー世界のダンジョンのよう。訪れる場合はレンジャーによる洞窟ガイドツアーに申し込もう。

TRIVIA 麦とトウモロコシを使うバーボンウイスキー発祥の地。ワイルドターキー、ジム・ビームといった日本でも有名な銘柄が多い。秋にはバーボン祭も開催され酔っ払いが続出する。

様々な楽曲が街の中で鳴り響く音楽の州

テネシー州

Tennessee

人　口	712万6489人
面　積	10万9152 km^2
主要産業	繊維、製造業など
平均年収	5万2820ドル（約796万円）

音楽の都と呼ばれる州都ナッシュビル。ラジオ音楽番組の施設、レコード会社、ライブハウスなどが立ち並ぶ。

細長い地形を持つテネシー州は、別名音楽の州だ。アメリカでは各州一つは州歌を持っているが、テネシー州は複数個の歌を州歌に定めている。中でも『テネシー・ワルツ』は有名。さらに州都、ナッシュビルは南部音楽カントリーミュージックの聖地であり、町中にライブハウスやレコード会社が立ち並び、西部の都市メンフィスも黒人音楽ブルースが流行。今でも音楽を志す若者がこの地に集まり、音楽家の卵たちでにぎわっている。

また音楽だけでなくダムが多いことでも知られるが、その理由は世界恐慌に遡る。失業者の救済措置でテネシー川に20以上のダムをつくる公共事業が行われたのだ（TVA）。ダムは州の工業化を推し進め、第二次世界大戦では軍需景気でわきあがった。今でも自動車産業など工業が盛んな州。

Person **歌手**

エルヴィス・プレスリー
［1935～1977］
ロックンロールの神様、エルヴィス・プレスリーの出身地メンフィスでは邸宅や博物館などを見学できる。

SPOT

ギリシャに行かずとも…
ナッシュビルのパルテノン神殿

ナッシュビルのセンテニアル・パークに置かれているのが「ナッシュビルのパルテノン神殿」と呼ばれる建造物だ。これはギリシャのパルテノン神殿を原寸でつくり上げたレプリカで、テネシー州制100周年記念万国博覧会で建てられた。中には美術館もあり、観光客に人気のスポットでもある。

TRIVIA 地元ラジオ局が毎週土曜に放送するカントリーミュージック番組「グランド・オール・オプリ」。公開ライブも人気の番組だが、じつは90年以上続くアメリカ最古のラジオ番組。

南部の中心、ディキシー精神が生きる

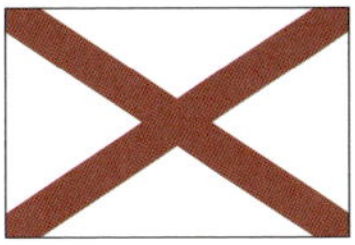

アラバマ州
Alabama

人　口	510万8468人
面　積	13万5767 km^2
主要産業	農業、鉄鋼ほか
平均年収	5万620ドル(約763万円)

州都モンゴメリー。公民権運動のきっかけの一つとなったバス・ボイコット事件はここで始まった。

ディープサウス、オールドサウスとも呼ばれ、今でもザ・南部という空気を味わえるのがここ、アラバマ州だ。州の愛称は、南部の中心という意味の「ハート・オブ・ディキシー」。郷土愛の強い人が多いことでも知られる。

南北戦争では南部連合国の首都が置かれ、奴隷賛成派の南軍の中心として立ち上がり戦ってきたが、戦争は北軍の勝利で終結。その後もこの州には黒人差別が残り続けることになる。

飲食店やバスなどで黒人と白人が分けられるのは日常茶飯事。それに抵抗した黒人女性が逮捕されたことでキング牧師が非難の声をあげ、バス・ボイコット運動を展開したことが、のちにアメリカ全土に広がる公民権運動の始まりとなった。

しかし今では黒人市長が選出されるなど徐々に変わりつつある。

Person 社会活動家

ヘレン・ケラー
[1880〜1968]
病で視力と聴力を失った。福祉の発展に貢献し、アラバマにある生家は一般公開されている。

州自慢 素朴な名物南部料理

アラバマ州の名物といえば、やっぱり南部料理。マヨネーズをたっぷり使った濃厚なバーベキューチキンや、青いトマトのフライや、トマトサンドイッチ。そしてシロップとピーカンナッツをぎっしりと詰め込んだ甘いパイ。特にこのピーカンパイは南部のお母さんの味として地元民からも愛されている。

TRIVIA 映画にもなった『フォレスト・ガンプ』。トム・ハンクス演じるガンプの生まれ故郷はアラバマ州にある田舎町グリーンボウ。町は架空のものだが、アラバマ州がその舞台だ。

南北戦争時代の傷を抱えながらも前進中

ミシシッピ州
Mississippi

ミシシッピ川の蒸気船

人　口	293万9690人
面　積	12万5438 km^2
主要産業	農業、繊維、自動車産業ほか
平均年収	4万5180ドル(約679万円)

州都ジャクソン。かつては黒人差別が激しい街の一つだったが、その中でジャズやブルースなど音楽が花開いた。

かつては大規模な綿花農場で繁栄したミシシッピ州。成功の理由は州西部を流れるミシシッピ川からの恵み、そして黒人奴隷のおかげでもあった。なんと人口の半分以上が奴隷だった時代もあったという。

そのため南北戦争で敗北し奴隷が解放されると経済は低迷、アメリカの中でも最下位に近い貧困州になってしまう。また同時に黒人差別も強く残り、黒人の大学入学が認められたことに怒った白人が暴動を起こして死者が出る事件も起きた。ただ、そういった土壌をきっかけに、ブルースなどの黒人音楽などが誕生した。

保守的な州ということもあり、経済の立て直しに時間がかかったものの、21世紀に入ると企業誘致やナマズの養殖などを手掛け、マイナスイメージ払拭に向けて進み始めている。

Person　歌手

B.B. キング
[1925~2015]

ブルースのレジェンドと呼ばれる歌手。ミシシッピ州の小さな村で生まれ、教会で聴くゴスペルで音楽に開眼。

州自慢

古きよき音楽が息づく

黒人と白人のいさかいの中で誕生したのは数々の音楽。特にブルースは黒人の小作人たちが仕事の疲れを癒やすために酒場や農場で歌い始めたのが最初とされ、ミシシッピを代表する音楽となった。また黒人たちが集まる教会では、ゴスペルも愛された。差別と悲劇は美しい音楽を生んだのだ。

ゴスペルを歌う女性たち。

TRIVIA ミシシッピ川による輸送の利便性が高い州だからこそ、20世紀初頭までは船が重要な交通機関として活躍した。お金持ちが利用するようなサロン付きの美しい蒸気船も走っていたという。

大自然に包まれた南部の空気を楽しめる

アーカンソー州

Arkansas

人　口	306万7732人
面　積	13万7733 km^2
主要産業	農業、養鶏ほか
平均年収	4万8570ドル(約730万円)

バッファロー国立河川では、カヤックなどのレジャーが人気。州内には他にも52の州立公園と三つの森林公園がある。

アーカンソー州は苦難の州だ。かつては奴隷を使役した綿花農場で豊かな暮らしをしていたが、南北戦争で敗れると一気に経済が傾いてしまう。加えて南部特有の人種差別が色濃く残り、収入は国内でもワーストランク。そこで州は機械を用いた大規模農業を開始した。さらに最近では観光にも力を入れ始めるようになる。

というのも、ここアーカンソー州はのどかな自然に包まれた立地なのだ。ボブキャットなどが生息するオザーク高原や、狩猟や釣りを楽しめるウォシタ山地など、レジャーを楽しめる自然がたっぷり。また水田を使っての米栽培や養鶏などにも力を入れており、経済の回復を目指している。またアメリカ有数のスーパーマーケット、ウォルマート発祥の地であり、本社のあるベントンビルの経済に貢献している。

Person　**軍人**

ダグラス・マッカーサー
[1880〜1964]

戦後の日本を占領したGHQの総司令官。生まれ故郷のリトルロックには彼の名を冠した公園がある。

SPOT

輝くダイヤの採掘場
クレーター・オブ・ダイヤモンド州立公園

観光客に人気が高いのが、クレーター・オブ・ダイヤモンド州立公園。じつはここ、世界で唯一の公共ダイヤ採掘場がある公園なのだ。入場料や道具代だけ払えば、中で自由にダイヤを採掘し、もちろん持ち帰りもできる。これまで8カラット以上のダイヤを発見した人もいるとか。

TRIVIA　天然温泉も州の名物。ホットスプリングスという町はその名前のとおりの温泉街で、ホテルなどでアメリカン・スパを楽しめる。ただし入浴には水着が必須。

深い歴史の町にジャズの音色が響く州

ルイジアナ州
Louisiana

ガンボスープ

人　口	457万3749人
面　積	13万5658 km^2
主要産業	エネルギー、農業ほか
平均年収	5万940ドル（約766万円）

街中にジャズがあふれるニューオーリンズのフレンチ・クオーター。植民地時代の建物が多く残る地区でもある。

ルイジアナ州でも有名なのは、メキシコ湾すぐそばのニューオーリンズ。ここはジャズの生まれた街だ。

そもそもルイジアナ州ははるか昔、スペインやフランスの植民地だった。イギリスがこの土地を買い取り、黒人奴隷を使って広大なプランテーションを始める。南北戦争で敗れた後、解放された奴隷がこの地に根付き、故郷の音楽などをアレンジしてジャズを生み出したのだ。

さらにフランス統治時代のフランス人もクレオールと呼ばれ今も残っている。様々な文化が入り交じった州、それがルイジアナである。

他の南部と同じく、この州も南北戦争の傷を癒やすのに時間がかかった。そんな州の経済を支えたのはメキシコ湾の油田。ハリケーン被害などにあうも、今も経済を支える大事な産業だ。

Person トランペッター、歌手

ルイ・アームストロング
［1901～1971］
『この素晴らしき世界』で知られるルイジアナ出身アーティスト。地元には彼の名がついた空港もある。

州自慢

100万人が集まるマルディグラ

ニューオーリンズで人気なのはジャズだけではない。かつてフランス系移民から広まったお祭り、マルディグラも観光客を魅了している。これはキリスト教の謝肉祭（四旬節に断食を行う前に行うカーニバル）であり、最終日の「太った火曜日」に向けて４週間、派手な仮装パレードや美味しい食事でもてなしてくれる。

TRIVIA 州のソウルフードはガンボと呼ばれるスープ。フランス風の香草を使ったスープにアフリカのオクラを加えた多国籍料理だ。とろりと煮込んだスープをご飯にかけるのが一般的。

面積、人口、心意気もアメリカトップクラス

テキサス州

Texas

人　口	3050万3301人
面　積	69万5660 km^2
主要産業	石油、天然ガス、畜産ほか
平均年収	5万7300ドル（約846万円）

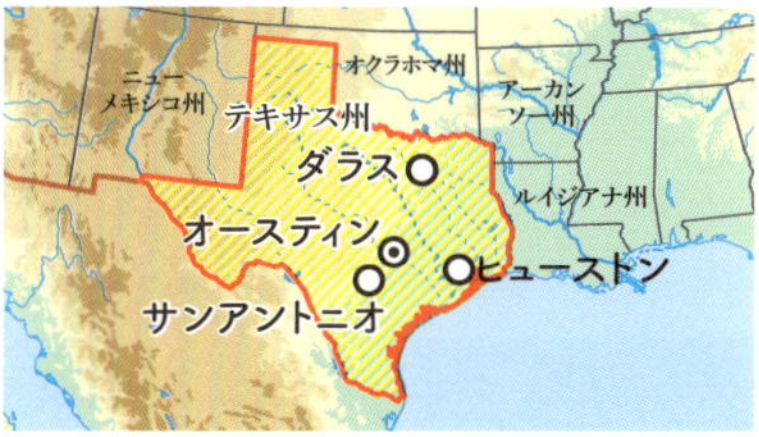

ヒューストンにあるNASAのジョンソン宇宙センター。有人宇宙飛行の訓練や研究、管制などをおこなう。

国土の広さは日本の2倍。アメリカ大陸の中では2番目に広大な州、それがテキサスだ。もともとはスペインが支配し、のちにはメキシコの支配下に置かれる。しかし大きな犠牲を払いながらテキサス共和国として独立を果たし、のちにアメリカ合衆国入りしたという歴史を持つ。地元愛の強い人々が多く、その心は大きな星が一つだけ描かれた州旗にも表れている。

そしてテキサスといえば広大な土地をアウトローたちが駆け回る、西部劇のようなイメージを持たれがちだが、現在の産業は石油や天然ガスなどのエネルギー産業がメイン。20世紀の初頭に油田を発見し、アメリカ国内ナンバー2の経済力を持つ州へと変貌したのだ。現在では全世界から企業を誘致するなどビジネスの町としても成長を続けている。

Person　**歌手**

ビヨンセ
［1981～］

テキサス州ヒューストン生まれの歌姫。パワフルな歌唱力で1億枚を売り上げるなど伝説を生み続けている。

州自慢

テキサスの味チリコンケソ

テキサスの人気料理といえば、チリコンケソ。これは唐辛子入りの溶かしチーズディップをトルティーヤチップスですくって食べる、というテキサスの定番料理だ。もともとメキシコの北部で食べられていたテクス・メクス料理が発端とか。テキサスとメキシコの縁深い様子が料理にも表れている。

TRIVIA　芸術祭「サウス・バイ・サウスウエスト」が毎年3月に開催される。映像、音楽、映画などの複合イベントで、各界の有名人も参加し、世界の業界人から注目されている。

「早いもの勝ち」で開拓者たちが駆け込んだ

オクラホマ州
Oklahoma

人　口	405万3824人
面　積	18万1038 km^2
主要産業	石油、天然ガス、農業ほか
平均年収	5万940ドル（約766万円）

先住民のダンス。先住民の歴史を保存する「ファーストアメリカン博物館」の開館記念で披露されたときの写真。

オクラホマの意味は、先住民の言葉で「赤い人」。この州は、全米の中で最も多く先住民が暮らす州だ。その理由はかつての合衆国政府が定めた強制移住法にある。

この法律によって東部に暮らしていた先住民たちは、まだ何もない荒れ地のオクラホマへ追いやられたのだ。彼らが歩かされた長い道のりは「涙の道」と呼ばれている。一方で政府はオクラホマの土地の無償開放を行った。多くの開拓者が一斉に飛びつき、開始時刻より先に走り込んだ抜け駆け者（スーナーズ）も多くいたそうだ。

そして開拓者たちはトウモロコシなどの農業を開始。今でも農業が州の産業となっているが竜巻が多いのが玉にきず。現在は農業だけでなく、石油や天然ガスなどのエネルギー産業も主要な産業の一つ。

Person　歌手

ガース・ブルックス［1962～］
アメリカのカントリー界を率いた第一人者。若い頃、故郷のオクラホマのバーで音楽の腕を磨いた。

州自慢
農業だけじゃない石油州

オクラホマ州タルサはかつて、石油が一大産業だった。街の中で石油が発見されたことで、世界石油産業の首都と呼ばれるように。そんな石油フィーバーを記念し石油発掘のモニュメント「ゴールデンドリラー」もつくられた。黄金色というだけでも目立つのに、加えて高さ23mというビッグサイズで人の目を引く。

TRIVIA キリスト教原理主義派が多いこの州は、禁酒法時代よりも以前から飲酒厳禁だった。禁酒法が解かれてからも長く酒の販売に厳しく、緩和されたのはここ6年ほどのこと。

巨大な橋でつながった2つの半島からなる

ミシガン州
Michigan

人　口	1003万7261人
面　積	25万488 km^2
主要産業	自動車、観光、情報技術ほか
平均年収	5万8000ドル（約873万円）

かつて自動車産業で栄えたデトロイト。景気の衰退で2013年に財政破綻、街には廃墟が目立つが、近年再開発が進む。

　ミシガンはアッパー半島とロウアー半島という二つの半島から構成される州だ。アッパー半島は観光特化、ロウアー半島は工業特化というそれぞれの側面を持ち、特にロウアー半島の都市デトロイトは世界的にも有名な自動車一大生産地。ゼネラル・モーターズ、フォード、クライスラーというビッグ3が本社を置き、かつて市民の所得が全米1位になるほどの経済力を持っていた。しかし国際競争やリーマンショックなどで没落してしまい、工場が閉鎖し町はゴーストタウン化。そのため治安も悪化し、スラム化していくことに。

　そんな不遇の時代が長く続いたが、最近では少しずつ自動車製造業が復活、再開発が始まりつつある。また名門校、ミシガン大学から生まれる研究者も州の支えになっている。

Person　**事業家**

ヘンリー・フォード
［1863～1947］
黄金のデトロイトの立役者でもある自動車会社、フォードの創業者。自動車の製造で州の経済を持ち上げた。

SPOT
半島をつなげる巨大橋
マキノー橋

　半島に分かれた州だからこそ、というスポットがマキノー橋だ。これは1957年に誕生した、半島同士をつなぐ大橋のことで、その長さは8km。地元民には愛情をこめて「ビッグマック」と呼ばれている。橋ができる前は州内の移動でもフェリーを使うか、もしくは別の州を通って大回りをするしかなかったという。

TRIVIA　製造業の強い州だが、農業も盛んに行われている。酸味と味が濃いサワーチェリーの名産地であり全米でも有数の生産地。トラヴァースシティでは毎年チェリー祭も開催される。

三つのCが地元を支える一大工業州

オハイオ州

Ohio

人　口	1178万5935人
面　積	11万6099 km²
主要産業	自動車、製造業、金融ほか
平均年収	5万6530ドル（約851万円）

州都コロンバス。運河・道路・鉄道の開通で発達し、自動車や電子機器などの工場が集まる工業都市に。

水運に優れた五大湖の近くは工業エリアとして知られている。エリー湖に接するここオハイオ州も、例に漏れず一大工業地として発展してきた。お隣のミシガンと同じく自動車産業だけでなく、石油などのエネルギー産業にも力を入れており、特にコロンバス、クリーブランド、シンシナティという三つの工業都市「3C」が州を支える要になっている。

そんなオハイオ州はかつて奴隷制度を認めない自由州だった。そのため、南部から逃げ込む黒人奴隷を救う秘密組織「地下鉄道（アンダーグラウンド・レイルロード）」も結成され、多くの奴隷たちを逃がす手伝いをしたという歴史を持つ。そのため大学への黒人入学を早々に認めるなど、昔から黒人差別が少なく、受け入れが活発なことでも有名な州だ。

Person 映画監督

スティーブン・スピルバーグ
［1946～］

『ジョーズ』『E.T.』など数多くの名作を生み出した映画監督。生まれはオハイオ州シンシナティ。

州自慢 大統領たちの出身地

大統領の産みの母、とも呼ばれているオハイオ州。その理由は、これまで多くの大統領を生み出した土地だからだ。日本の岩倉使節団とも面会したユリシーズ・グラントを始め、7人もの大統領がこの州から誕生した。これは8名の大統領を出したヴァージニア州につぐ全米2位の多さ。

ユリシーズ・グラント大統領。

TRIVIA ドイツ系移民の宗教集団、アーミッシュが多く暮らす州でもある。彼らの生活の基本は自給自足。電気も自動車もほとんど使わないという開拓民時代の生活を続けている。

交通の要所でもあるアメリカの十字路

インディアナ州
Indiana

モーター
レース

人　口	686万2199人
面　積	9万4327 km^2
主要産業	農業、工業ほか
平均年収	5万3500ドル(約805万円)

インディアナポリス・モーター・スピードウェイは1909年オープンのアメリカで最も古いサーキットだ。

この州を代表する産業は輸送機器、自動車、半導体などの工業、そしてトウモロコシ畑を代表する農業などと幅広い。南北戦争の際、南部から逃げてきた人々が働き手となって州の経済を支えたのだ。そんなインディアナの人々は一般的にフージアと呼ばれている。これは真面目な働き者、もしくは世間知らず、という意味だが、その言葉の通り、この州の人々は生真面目で純朴な働き者が多いようだ。

さらにこの州に走る高速道路はアメリカ中に通じるという交通の要所。そのため、「アメリカの十字路」と呼ばれている。車が多く通るためなのか、モータースポーツも人気で、特に5月に行われるインディ500は世界3大モーターレースとしても有名。このお祭り目的に、世界中から多くのモーターファンが押しかける。

Person　**歌手**

マイケル・ジャクソン
[1958～2009]

インディアナ生まれのスーパースター。生家の近くの通りはジャクソン通りと呼ばれファンが集う。

SPOT

街道を取り込んだ都市
インディアナポリス

インディアナの州都インディアナポリスは、ワシントンD.C.の都市計画を参考にしてつくられた。かつては鉄道のターミナルとしても利用されていたという。交通の要所である州の強みを活かし、放射状の道の真ん中に記念塔が立つ広場があり、道路が完璧に整理されている。モーターレースのインディ500もこの近郊で開催される。

TRIVIA 州の南部には石灰が採れるエンパイア採石場がある。ニューヨークのマンハッタンにある超高層ビルディング、エンパイア・ステート・ビルはこの州で採れた石灰岩からつくられた。

農業、工業、ビジネスなんでもあります

イリノイ州

Illinois

ルート66の入り口

人　口	1254万9689人
面　積	14万9997 km^2
主要産業	製造、金融、農業ほか
平均年収	6万3930ドル（約962万円）

摩天楼が美しく4大スポーツが熱いシカゴ。1920年代ギャングが蔓延した一方、シカゴ・ブルースなど独特の文化も育った。

州内にあるのは巨大なビル群に包まれた大都市シカゴをはじめ、広大なミシガン湖、酪農地帯に農場地域。さらに人種といえば、アメリカの先住民に東欧西欧、アジア系、ヒスパニック系まで多種多様。アメリカ全土をぎゅっと濃縮したような土地、それがここ、イリノイ州だ。

19世紀にミシガン湖とミシシッピ川をつなぐ運河が完成したことからこの州の発展が始まった。さらに鉄道やシカゴと西海岸を結ぶ大陸横断道路「ルート66」もつながり、アメリカ中から人が集まることになった。そんな水陸の交通の便を活かして、製造業が発展した。現在は製造業だけでなくボーイング、キャタピラー、マクドナルドなどの企業誘致や、肥沃な土地を活かしてのトウモロコシ栽培といった農業も盛んだ。

Person アニメーター

ウォルト・ディズニー
［1901～1966］

ディズニーランドの生みの親。幼い頃に育った生家は歴史的建造物として今もシカゴに残されている。

SPOT

大都市シカゴで最も高いビル

ウィリスタワー

イリノイ州のシンボルともいえるのが摩天楼が輝くシカゴ。ニューヨークより先に摩天楼が建てられた都市で、ランドマークのウィリスタワーは110階建て、442m。1998年までは世界一の高さを誇っていた。イリノイ州にある最高峰の山の標高は367mなので、イリノイ州で最も高いものはビルなのだ。

TRIVIA 日本でも最近よく見かける、シカゴピザ。その名前の通り、イリノイ州シカゴの名物ピザだ。まるでホールケーキのような高さのあるピザで、切るとチーズが溢れるＢ級グルメ。

アメリカのチーズ産業を支えるチーズの州

ウィスコンシン州
Wisconsin

ラスカルの聖地

人　口	591万955人
面　積	16万9634 km^2
主要産業	チーズ、ビール、農業ほか
平均年収	５万6120ドル(約845万円)

カヌーやボート遊びが人気のデビルズレイク州立公園。自然が豊かで観光業も盛んな州だ。

秋には州都で酪農イベントを行い、さらに州の25セントコインには牛、トウモロコシの図が刻印されているほどの酪農推しで、アメリカでも屈指の酪農州として知られている。名産は牛乳からつくられるチーズだ。チーズの生産量は年間100万トン。アメリカ国内の４分の１のチーズがここでつくられている。さらに都市ミルウォーキーではビール工場も軒を連ねる。ドイツ系ビールであるミラーや150年以上の歴史があるライネンクーゲルなどが有名。

その理由は、1800年代にヨーロッパ移民が大量に押し寄せたためだ。鉱山労働者として雇われていた彼らは、やがて農業や酪農にジョブチェンジ。州の気候が故郷に似ていたこともあり、ドイツ、ノルウェー、スイスなどの移民が故郷の味であるチーズやビール製造を手掛けるようになったのだ。

Person 作家

ローラ・インガルス・ワイルダー
[1867〜1957]

『大草原の小さな家』をはじめ小さな家シリーズの著者。ウィスコンシン州での幼少期の体験も描かれる。

州自慢 グリーンベイ・パッカーズ

地元でも人気のアメフトチームがグリーンベイ・パッカーズ。このチームはナショナル・フットボール・リーグの中でも唯一の市民オーナーチームだ。そのため応援にも力が入る。応援団は頭に州の名産であるチーズの帽子をかぶって応援することから「チーズ頭」と呼ばれている。

TRIVIA あらいぐまラスカルの生まれ故郷はウィスコンシン州。主人公は森の中でまだ幼いラスカルと出会うことになる。そんなラスカルは州の名産であるトウモロコシが大好物。

1万を超える湖に囲まれたアメリカの冷蔵庫

ミネソタ州
Minnesota

人　口	573万7915人
面　積	22万5163 km^2
主要産業	木材、鉄鉱石、農業ほか
平均年収	6万3640ドル(約958万円)

州の中心ミネアポリス。「ミネ」がスー族の言葉で水を意味する通り、ミシシッピ川が流れ、22の湖があるなど水が豊富。

州名の由来は、先住民スー族の「空色の水」から。その名前の通り州内には1万を超える湖が点在し、自然豊かな景観を楽しめる。アラスカ州を除けば合衆国最北の土地である。

また、この州は「アメリカの冷蔵庫」の異名を持つ。その理由は、寒暖差が激しく冬には零下20度以下が続くため。そのため働き口を求めて渡ってきたのは、寒さに強い北欧やドイツの人々だった。

最初は鉄山が主要産業だったが、鉄が枯渇すると続いて農業が広まった。冬は過酷ながら夏になると暖かくなることから、トウモロコシ、大豆などの農業、そして酪農なども盛んに行われている。

またミネソタの人々は「ミネソタナイス」と呼ばれるように、穏やかで親切な人が多いといわれている。

Person

歌手

ボブ・ディラン
[1941～]

ミネソタ大を中退するまでこの州で暮らし、歌手デビューへ。ノーベル文学賞の受賞経験もあり。

SPOT

全米最大級のショッピングモール
モール・オブ・アメリカ

ミネソタ州でも人気のスポットがモール・オブ・アメリカ。ここは全米でも最大級の大きさを誇るショッピングモールだ。520もの店が軒を連ね、飲食店も50軒以上。その上、屋内では水族館やゴルフコース、コースターなどのアクティビティで遊ぶこともできる。まさに一日がかりのテーマパークになっている。

TRIVIA 州の敷地が一部、カナダに食い込んで飛び地となっている。これは国境を定める際、誤った地図でカナダとの境界線を引いてしまったため。今ではこの飛び地がアラスカ州を除くアメリカ最北地。

4年に一度アメリカ大統領選で注目を集める

アイオワ州

Iowa

人　口	320万7004人
面　積	14万5746 km^2
主要産業	農業、畜産ほか
平均年収	5万3520ドル（約806万円）

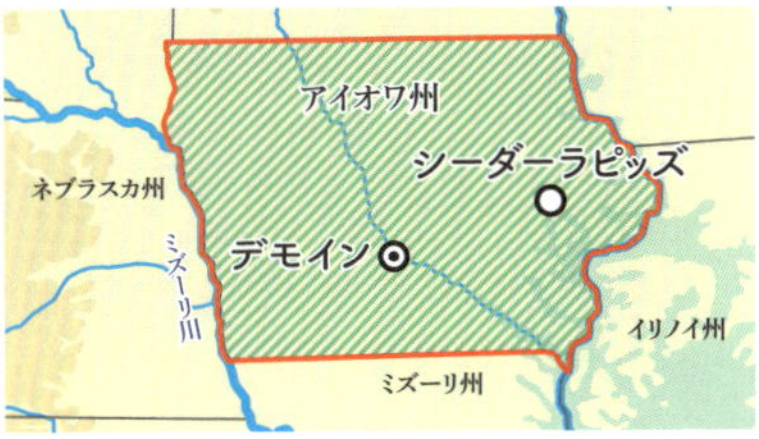

2024年大統領選は、1月の共和党アイオワ州党員集会で幕を開け、トランプ氏が勝利。写真は敗れた共和党ヘイリー氏。

農業州としても知られるアイオワ。なんと州の8～9割が農地という、アメリカの中で指折りの穀倉地帯である。名産はトウモロコシや大豆で、それを飼料にして育つ豚も名産の一つだ。さらに映画『マディソン郡の橋』の舞台でもあり、観光地としても人気の州。しかし、農業や観光よりも注目を浴びるシーンがある。それが4年に一度行われる大統領選だ。

この州はアメリカの中でも最初にコーカスという党員集会が行われる。それも何時間も党員同士が話し合うミーティング（アイオワ・コーカス）が設けられており、たっぷりと時間をかけるのが特徴。選挙の決戦州と呼ばれており、ここでの動きが後々の戦いに大きな影響を及ぼすといわれている。そのため、候補者たちも熱を入れて選挙活動を行う場所なのだ。

Person 俳優

ジョン・ウェイン
[1907～1979]

アイオワ生まれの西部劇スター。アイオワには彼の博物館がつくられ、大きな像が建てられている。

州自慢

バター仕立ての牛の像

州都であるデモインで毎年8月に開催されるのが、州の名産物を展示出店するアイオワ・ステート・フェア。肉などの食事を販売する屋台には多くの客が押し寄せる。祭りの名物は、特産品のバターをたっぷり使った原寸大の牛の像。使われるバターは、2万枚のバタートーストに使えるほどの量だという。

バター牛と写真を撮る家族。

TRIVIA 州北西部にあるオレンジシティの名物は、毎年5月に開催されるチューリップ祭。その理由はオランダ移民が多い町だから。80年にわたり開催されているという伝統の祭りだ。

周囲8州と面する西の玄関口

7500の洞窟がある

ミズーリ州

Missouri

人　口	619万6156人
面　積	18万540 km^2
主要産業	農業、畜産ほか
平均年収	5万4520ドル(約816万円)

ミズーリ州とカンザス州にまたがるカンザスシティ。200以上の噴水があり、これはローマに次いで世界第2位。

四方八方で合計八つの州と隣接するミズーリ州。アメリカ東部の中では最も西に位置し、西部への玄関口とも呼ばれている州だ。

この州は奴隷制度の歴史とは切っても切れない関係を持つ。南北のちょうど真ん中に挟まれていたことで、奴隷を持ちながらも奴隷反対の立場をとる自由州に属していた。そのため南北戦争では州内で奴隷の容認派、反対派に分裂。南軍北軍両方と戦うことになってしまう。今でも古戦場でその戦いの激しさを見ることができる。

しかし1904年にアメリカ初のオリンピックをセントルイスで開催して戦争の痛手を払拭、復活を全米に告げたのだ。その後は肥沃な大地を活かしてトウモロコシや綿花などの農業、そして工業でも発展を続けるなど底力を持つ州でもある。

Person　政治家

ハリー・トルーマン
[1884~1972]

日本に原爆を落とす決断をした大統領。降伏文書の調印式を行った戦艦には彼の出身地、ミズーリの名がついた。

州自慢

トム・ソーヤの舞台

小さな町ながら、多くの観光客を引き寄せる町、ハンニバル。ここはトム・ソーヤの冒険の舞台となった町だ。著者であるマーク・トウェインの生まれ故郷であり、ハンニバルには彼の生家を始め、トム・ソーヤの冒険をモチーフにしたミュージアムなども点在していて楽しめる。また物語に出てくる洞窟ではガイドツアーも実施している。

マーク・トウェインの少年時代の家。

TRIVIA 州の南西部にある都市、ブランソンには50の劇場があることでも有名。毎日100を超える様々なライブ公演が行われており、座席数だけみるとブロードウェイより多い。

過酷な環境だが治安のよさは全米上位クラス

ノースダコタ州

North Dakota

人　口	78万3926人
面　積	18万3107 km^2
主要産業	農業、エネルギー産業ほか
平均年収	５万5800ドル(約835万円)

カナダとアメリカの国境にあり、両国の友好を誓う「国際平和ガーデン」。州の愛称である「平和の庭」はこれに由来する。

州面積は日本列島半分ほど、という広大なノースダコタ州。しかしこの広さに反して人口は全米で下から４番目という少なさで人口密度はかなり低い。なぜならこの地は夏に暑く冬は寒い。夏と冬で100度の温度差を出すほどの過酷な環境だからだ。

州名にあるダコタの意味は先住民の言葉で「盟友」。アメリカ合衆国に組み込まれ、サウスとノースに分かれて独立したが、この名はそれぞれ引き継ぐことになる。

かつてドイツの移民を多く受け入れた歴史を持ち、今でもドイツ系が多く暮らしている。産業も彼らの祖先が始めた小麦、大豆、トウモロコシなどの農業が中心だ。寒暖差の激しさが我慢強い人間を育むのか、生真面目な人が多く治安は上々。失業率が低いのも特徴である。

Person **歌手・俳優**

ペギー・リー
[1920~2002]

俳優に歌手にと多才だった。ノースダコタの地元ラジオ局でのヒットを足がかりに全米デビューへ。

No.1 **蜂蜜生産、全米１位**

農業州であるノースダコタ州。名産として知られるのが、蜂蜜だ。最近は減少しつつあるが、それでも年間3800万ポンドという蜂蜜を生産していて、その量は全米でもナンバーワンだとか。小麦にトウモロコシ、そして蜂蜜という、アメリカの食卓を支える産業が発展している州なのだ。

TRIVIA 北欧移民が多いため秋になると「ノルスク・ホストフェスト」という北欧フェスティバルも開催される。北欧雑貨、食べ物などを求めて州内外から多くの人が訪れる。

ゴールドラッシュで遺恨が残った

サウスダコタ州

South Dakota

人　口	91万9318人
面　積	19万9730 km^2
主要産業	農業、サービスほか
平均年収	4万9890ドル(約747万円)

標高1745mのラッシュモア山に彫られた、4人の大統領像の国立記念碑。制作には14年かかり1941年に完成した。

隣接するノースダコタ州と同じく厳しい寒暖差と人口密度の低さが特徴のサウスダコタ州。しかしこの州には悲しい過去がある。

かつてここはスー族という先住民の土地だった。ところがブラックヒルズで巨大な金鉱が発見されると開拓者が殺到し、ゴールドラッシュとなる。結果、アメリカ政府とスー族は十数年に及ぶ激しい戦闘を行い、政府が勝利。先住民たちは居留地へと追いやられることに。今でも先住民たちは州人口のおよそ8.5%にもなるが、彼らの住む地域は荒れ地で農業に向かず、先住民の貧困化が州の課題だ。

金鉱は2002年に閉山したものの、今では4大統領の顔が山の斜面に彫られたラッシュモア山や国立公園などの観光資源を活かしての観光業にも力を入れている。

Person **ニュースキャスター**

トム・ブロコウ
[1940〜]

サウスダコタ州出身のニュースキャスター。ベルリンの壁崩壊時、最初に現地から中継を行った。

SPOT

スー族の英雄の石像

クレイジー・ホース記念碑

アメリカ政府と戦い、散っていったスー族の英雄クレイジー・ホース。先住民の指導者から「ラッシュモアに彫られた大統領の顔より大きなホースの像を、山に彫ってほしい」と依頼を受けた彫刻家が、制作をスタート。完成予定は170mにもなるそうだ。彫刻家が亡くなった今も、その家族が遺志をついで彫像を続けている。

TRIVIA この州での車の運転は14歳から認められている。もちろん手続き等には時間がかかる上、保護者同伴などの条件付きではあるが、アメリカの中でも最年少での運転が可能。

アメリカの食料庫と呼ばれる農業州

ネブラスカ州
Nebraska

人　口	197万8379人
面　積	20万330 km^2
主要産業	農業、食肉ほか
平均年収	5万5070ドル（約824万円）

州都リンカンにあるメモリアルスタジアムを本拠地とする、ネブラスカ大学のアメフトチーム「コーンハスカーズ」。

州の愛称はコーンハスカー。その名のとおり、広大なトウモロコシ畑に穏やかな田舎風の空気感を味わえるネブラスカ州。アメリカの開拓時代、連邦政府はこの地に自営農地法「ホームステッド」を実施した。公有地を開墾し、5年以上農業を続ける意思のある人間に土地を無償で与えるというもの。これにより農業が広まり、今では全米でも3位のトウモロコシ生産量を誇るまでになった。また酪農も盛んで、アメリカの食料庫とも呼ばれている州だ。

穏やかな農業州にみえるが、歴史をひもとくとなかなか血なまぐさい。ここネブラスカに隣接するカンザスが州になる際、奴隷州とするか奴隷制反対州にするかは住民投票で選ばれた。するとどちらの派閥も州に移民を送り込んで激しい戦いになり、これが南北戦争の遠因となったという。

Person 活動家

マルコムX
［1925～1965］
ネブラスカ州オマハ生まれの黒人解放運動指導者。公民権運動を続けるも演説中に凶弾に倒れる。

SPOT
そびえ立つ奇岩
チムニーロック

州の西部には、遠くからでも目につく山がある。それが奇岩の山、チムニーロック。標高1228mという山の頂上は長細い奇岩がそびえ立っているように見える。これは人工的なものではなく、長年の風や雷などによって少しずつ削れていった結果だそう。かつては西部開拓を目指す人々の目印であり、今は国定史跡となっている。

TRIVIA 農業だけでなく酪農も盛んで、中でも地元のトウモロコシ飼料を食べて育ったオマハ牛は人気のブランドビーフ。ほどよくサシの入った肉は柔らかく、グルメの舌を唸らせる。

カウボーイの息吹を感じる力強い西部州

＼小麦の州／

カンザス州
Kansas

人　口	294万546人
面　積	21万3099 km^2
主要産業	農業、畜産ほか
平均年収	5万2850ドル(約791万円)

主要都市のウィチタにあるオールドカウタウン博物館は、西部開拓時代の街並みを味わえる人気スポット。

　隣のネブラスカ州と同じく、かつては奴隷制容認と反対の住民投票が行われた結果、闘争となり「流血のカンザス」を起こした歴史を持つカンザス州。しかしそんな薄暗い過去も今は昔。現在は小麦穀倉地帯としてのイメージのほうが強い。

　この地に麦を持ってきたのは、ドイツ系移民。カンザスといえば土地は平坦ながら冬は寒く大地は荒涼としていた。しかし移民が持ち込んだ赤い小麦は冬でも育つ。加えてカンザスはアメリカのほぼ真ん中に位置し、全米への輸送が簡単に行えるとあって、現在は土地の９割が農地。小麦が州の経済を支えることになった。

　また西部開拓時代の史跡が残るダッジシティにはカウボーイやガンマンの息吹を感じられる。ロデオ大会なども行われ、多くの観光客でにぎわっている。

Person 歌手

ジャネール・モネイ
[1985～]

カンザスシティに生まれたソウルシンガー。『オズの魔法使い』を見て歌手を志すようになったという。

州自慢

『オズの魔法使い』の舞台

　竜巻に吹き飛ばされて魔法の世界へ……そんな少女ドロシーの冒険を描くオズの魔法使い。彼女の生まれもこの物語もカンザスが舞台だ。オズの魔法使いの導入通り、この州で竜巻は珍しくない。カナダからの冷たい空気とメキシコ湾の暖かい空気がぶつかることで、毎年多くの竜巻が発生し竜巻回廊と呼ばれている。

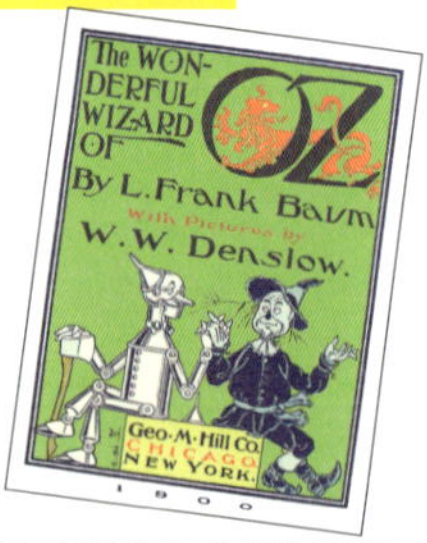

『オズの魔法使い』初版の表紙。

TRIVIA 州初の国定ランドマークに選ばれたのが、モニュメントロックス。荒野の真ん中に、突然にょっきりと生えた奇岩で20mを超えるものも。カンザス８不思議のうちの一つ。

セレブたちが集まる黄金州

カリフォルニア州
California

\ハリウッド/

人　口	3896万5193人
面　積	42万3968 km^2
主要産業	金融、電子機器、情報通信ほか
平均年収	7万3220ドル（約1096万円）

全米で３本の指に入る大都市ロサンゼルス。写真はセレブの邸宅が立ち並ぶビバリーヒルズだ。

一国に匹敵する３兆ドルを超えるGDPを誇り、主要都市のロサンゼルスには映画の聖地ハリウッドが建つなど、州全体にセレブな雰囲気がただよう。温暖な気候とリベラルな空気感を求め多くの人が移住し、人口も全米１位である。

こんなにもリッチな州になったのは、この地で見つかった金鉱や石油のおかげ。豊かな資源を求めて多くの才能ある人々が集まり、経済が発展した。近代ではサンフランシスコのシリコンバレーにアップル、グーグル、インテルといった世界最先端技術を持つIT企業が集い、カリフォルニアの経済を支えている。

一方で肥沃な土地を活かしたオレンジづくりや、フランスにも負けないといわれるカリフォルニアワインづくりなど１次産業も盛んだ。

Person アップル創業者

スティーブ・ジョブズ
［1955～2011］
アップル製品の生みの父。Apple社を創業したカリフォルニアの生家は歴史的建造物に指定された。

州自慢 ロサンゼルス・ドジャース

メジャーリーグベースボールのドジャースの本拠地はロサンゼルス。歴史をひもといてみると19世紀まで遡るという伝統的なチームで、名前の由来は「路面電車を避けて渡る人」のトローリー・ドジャースから。最近では大谷翔平選手が加入したことで話題となった。

TRIVIA 歴史上でも最大規模のゴールドラッシュ、それがカリフォルニアのサッターズミルで発見された金鉱で始まったのは1848年のこと。全米から30万を超える人々が殺到したという。

巨大な山脈に包まれた自然豊かな州

モンタナ州
Montana

人　口	113万2812人
面　積	38万832 km^2
主要産業	農畜産、観光ほか
平均年収	5万2200ドル(約781万円)

教育と医療を主要産業とする州都ヘレナ。19世紀のゴールドラッシュの際は、全米で最も裕福な町の一つになった。

州の名前であるモンタナの意味は山。その名前の通り、西部には世界屈指のロッキー山脈が広がる自然豊かな州だ。

この州の別名は「宝の州」。その理由は金、亜鉛、石油、天然ガスなどが採れるためである。州都のヘレナは砂金によって発展し、別の町は銅採掘のおかげで「地球上で最も豊かな丘」と呼ばれるなど州は豊富な資源で潤ったのだ。

しかし幸福の裏で、この資源のために悲劇も起きた。それは開拓者による先住民の迫害だ。今も州内に5%ほどの先住民が生活しており、彼らと白人との共存が州の課題となっている。

また鉱業が衰退しつつある現在は、肥沃な大地で育つ小麦などの農業が盛ん。さらにマディソン川のマス釣りや、世界遺産にも登録された国立公園などの観光資源に力を入れている。

Person 古生物学者

ジャック・ホーナー
[1946~]
多くの化石を発見した古生物学者。彼の掘り出した化石は、故郷のモンタナで発見したものがほとんど。

SPOT
古戦場に残る悲劇
リトルビッグホーン古戦場

開拓者と先住民による最も激しい戦いは、リトルビッグホーンの戦いだ。アメリカ人中佐が率いる騎兵隊が先住民の軍に敗れたというもの。当時は「先住民側の奇襲」といわれたが、実際は奇襲はなかったと判明。今では古戦場にインディアン記念碑が建つ。

リトルビッグホーン古戦場につくられたインディアン記念碑。

TRIVIA 巨大な体に角を持つバイソンは北米を代表する巨大哺乳類。激減しつつあるバイソンを守るため、保護区を設けて管理している。かつては伝説の白バイソンもこの地にいたとか。

かつては無法者の州、現在は平等の州

ワイオミング州
Wyoming

デビルズタワー

人　口	58万4057人
面　積	25万3335 km^2
主要産業	鉱業、観光ほか
平均年収	5万4440ドル（約815万円）

世界最大級のロデオのイベント、シャイアン・フロンティア・デイズでは、ロデオのプロが集結し大会が行われる。

西にはロッキー山脈、東には平原地帯という自然に囲まれた内陸州。人口の少なさは全米でも最下位クラスで、人口密度が低く広々とした州でもある。そんなワイオミングは二つの愛称を持っている。それが「平等の州」そして「カウボーイの州」だ。

この州はアメリカの中でもいち早く女性参政権を認め、女性判事や女性陪審員も採用。さらにアメリカ初の女性州知事を生んだことでも有名。一方で、古くは無法者が集まるカウボーイの町だったこともあり、120年以上続く世界最大のロデオの祭典が開かれるというギャップも面白い。

そんなワイオミングの経済を支えているのは石油、石炭、天然ガスという地下資源。そして西部開拓時代から変わらない酪農だ。人よりも牛や羊の数のほうが倍近く多いという。

Person カウボーイ

バッファロー・ビル
［1846～1917］
西部開拓時代の本物のカウボーイ。ワイオミングでは町を開拓し、彼の本名であるコーディと名付けられた。

SPOT 世界遺産の国立公園
イエローストーン国立公園

観光資源も州の大切な宝物。ワイオミング州でもイチオシの観光地がロッキー山脈の高原に位置するイエローストーン国立公園だ。１時間半に１回、高さ40mまで熱湯を噴き上げる間欠泉やカラフルな色彩の温泉が見どころ。地球の温泉の約半分がここに存在する、といわれている。最初に登録された世界遺産の一つ。

TRIVIA 映画『未知との遭遇』の宇宙船着陸シーンで登場するのが、ここワイオミング州にある山デビルズタワー。噴き出したマグマが冷えてできた円柱の山で、不気味な雰囲気が漂う。

ロッキー山脈最高峰と豊かな自然が自慢

コロラド州

Colorado

ロッキー山脈最高峰の
エルバート山

人　口	587万7610人
面　積	26万9602 km²
主要産業	農業、畜産ほか
平均年収	6万7870ドル(約1018万円)

標高4301mのパイクスピークを含むロッキー山脈に囲まれるコロラドスプリングズ。リゾート開発が進み観光業が盛ん。

　他の中西部と同じく、ロッキー山脈と平原に囲まれた内陸州だ。しかしここにはロッキー山脈の最高峰であるエルバート山があり州の標高はアメリカ中で一番。そのためトップ・オブ・ザ・USAの異名を持つ。

　そんなコロラド州の自慢は、山を代表とする大自然。観光客だけでなく、スポーツ選手の高地トレーニングでも人気だ。州民もこの自然を大切にしており、1976年に冬季オリンピックの開催地として選ばれるも、自然破壊を懸念して開催を返上してしまうほどだった。

　かつては鉱山の発見によってゴールドラッシュでわいた州だが、鉱脈も枯れ果てることに。しかし第二次世界大戦以降は攻められにくい内陸部の利点を活かして軍事施設がつくられ、その結果ITなどのハイテク産業が伸びることになった。

Person **カントリー歌手**

ジョン・デンヴァー
[1943～1997]

世界的に流行った『カントリー・ロード』の作者。コロラドの都市デンヴァーを愛し自分の芸名にするほど。

SPOT

先住民の断崖都市
メサ・ヴェルデ国立公園

　州の外れに位置するメサ・ヴェルデ国立公園には、先住民のプエブロ族が12世紀末につくった断崖の町が保存されている。断崖をくりぬいてつくられた要塞のような建物で、中には4階建ての集合住宅まである。彼らは100年ここで暮らし、突然消えた。そんなロマンと謎が溢れるこの場所は世界遺産にも登録されている。

TRIVIA　ホラー映画『シャイニング』に登場するホテルのモデルが実在する。それがロッキー山脈麓にある「スタンリーホテル」だ。もちろん実物のホテルは美しく心地よい雰囲気。

アメリカの中にある異国感を楽しめる

ニューメキシコ州

New Mexico

タコスがうまい

人　口	211万4371人
面　積	31万4917 km^2
主要産業	農業、エネルギーほか
平均年収	5万4400ドル(約814万円)

世界遺産に登録された先住民の集落プエブロ・デ・タオス。700〜800年前に築かれたと考えられ、今も人が住んでいる。

スペイン人が「ヌエボ・メヒコ」(新しいメキシコ)と名付けたこの場所は、はるか昔はスペインから独立したメキシコが支配していた。しかし土地をめぐってアメリカ・メキシコ戦争が勃発。アメリカの勝利に伴い47番目の州として合衆国に加わった、という歴史を持つ。

そんな歴史のため、現在でも州民は中南米のヒスパニック系が多く、ヨーロッパ系の白人のほうがマイノリティ。また日常でスペイン語を使う人が多く、街中でもスペイン語と英語が並列で表記されているほどだ。名物料理である、スペインと先住民の文化が混じり合ったニューメキシコ料理を楽しめる。

砂漠などの荒野の広がる土地だが、その利点を活かして軍事施設がつくられ、ミサイルの実験場にもなっている。

Person 物理学者

ロバート・オッペンハイマー
[1904〜1967]

原子爆弾を生み出した「原爆の父」。ニューメキシコ州で生まれた原爆が日本に投下されることになる。

州自慢 アルバカーキの熱気球の祭典

主要都市であるアルバカーキでは毎年秋になると熱気球祭が開催される。世界中から集まった600の気球が青い空へと飛び立つ様子は壮観。ただ飛ばすだけでなく、気球の上からボトルに向かって輪を投げるゲームなど様々なイベントを楽しむことができる。毎年100万人以上の観光客が訪れる世界屈指の気球祭だ。

TRIVIA 世界で初めての核実験が行われたのが、州の砂漠につくられたトリニティ・サイト。今も現役のミサイル試験場があるため通常は入れないが、年に2回だけ一般公開される。

芋と自然、そしてハイテクで発展を続ける

アイダホ州
Idaho

アイダホポテトの博物館

人口	196万4726人
面積	21万6443 km^2
主要産業	アイダホポテト、食品加工ほか
平均年収	5万1350ドル(約769万円)

スネーク川を中心に発展したアイダホフォールズ。幅約460mの滝の名前から、都市名が付いた。

アイダホといわれて連想するのは、やっぱりアイダホポテト。州の名前を冠した芋は、この地の名産物でありアメリカでも屈指のじゃがいもの生産地だ。

とはいえ最初からポテトをつくっていたわけではない。かつてアイダホでゴールドラッシュが起きたとき、じゃがいもの栽培技術を持つモルモン教徒がこの地に持ち込んだのが始まりだ。やがて栽培から収穫までが効率化され大規模工場へと発展。特に冷凍ポテト工場は第二次世界大戦の食料として用いられるだけでなく、のちにマクドナルドのフライドポテトにも採用されることになり、世界にアイダホポテトが広がることになった。

またポテト工場をつくり出した実業家が半導体への投資を行ったことで、半導体をはじめとするハイテク産業も成長中だ。

Person **小説家**

アーネスト・ヘミングウェイ
[1899~1961]

ノーベル賞作家のヘミングウェイが愛し執筆活動を行ったのがアイダホ州サンバレー。最期もこの地で迎えた。

州自慢 **美しい宝石の原産州**

光を当てると美しい星型が浮かび上がる希少な宝石スターガーネットを始め、70以上の宝石がとれる宝石の採掘場があり、州は「宝石の州」とも呼ばれているほどだ。採掘料金を払えば岩を磨いて、宝石を掘り出す遊びを楽しむことも。もちろん掘り当てた宝石は持ち帰りも可能。

TRIVIA オレゴン州との境にある峡谷、ヘルズキャニオンの深さは2400mにもなり、深さだけでいうとグランド・キャニオンを超える。谷底ではラフティングなど水の遊びを楽しめる。

モルモン教徒たちが守る穏やかな州

ユタ州
Utah

人　口	341万7734人
面　積	21万9882 km^2
主要産業	観光、鉱業ほか
平均年収	5万7360ドル（約859万円）

モルモン教徒が築いた州都ソルトレイクシティの中心にある総本山のテンプルスクウェア。

　この地を切り開き、首都ソルトレイクシティをつくりあげたのは開拓者ではなく敬虔な宗教集団、モルモン教徒だ。他州で迫害を受けたモルモン教徒たちが新天地を求めてここへたどり着いたのは19世紀半ばのこと。一夫多妻制だったためアメリカ合衆国と相いれず、戦いになったこともあるが、のちにこの制度を撤廃したことでユタ州として合衆国入りがかなった。

　今でも州民の6～7割がモルモン教徒というユタ州には多くの教会や大聖堂が林立し、さながらモルモン教徒の州だ。またモルモン教は禁酒、禁煙などの禁欲の教えが徹底されており、敬虔で勤勉。そのため州の雰囲気は穏やかで治安のよさもアメリカの中でトップクラスだとか。

　またウィンタースポーツの聖地として観光地としても人気を集めている。

Person 宗教家、政治家

ブリガム・ヤング
[1801～1877]

モルモン教徒を引き連れてユタ州にたどり着き、州都であるソルトレイクシティを設立した宗教家。

州自慢

識字率の高さが自慢

　勤勉な人が多いとされるモルモン教徒。真面目な教徒が多いユタ州だからか、教育には7割もの予算が割り当てられている。国内でもトップクラスで教育に力を入れている州でもある。そのため、アメリカの中でも群を抜いて識字率が高い州としても知られている。その教育水準の高さからハイテク産業も発展。

プロボにあるブリガム・ヤング大学。モルモン教徒の学生が多い。

TRIVIA 州のシンボルである湖グレートソルトレイク。この湖の塩分はなんと海水の10倍以上、死海と同じくらいの塩分濃度だとか。最近では縮小が続いており、州は保全対策に追われている。

ギャンブルと黄金が世界を引き付ける

ネヴァダ州

Nevada

人　口	319万4176人
面　積	28万6380 km^2
主要産業	観光、鉱業ほか
平均年収	5万5490ドル（約831万円）

カジノリゾートで知られるラスベガス。写真左のホテル・ベラージオは映画『オーシャンズ11』に登場したことでも有名。

ネヴァダ州の名物といえば、カジノリゾートとしても知られるラスベガス。世界中から富と遊びを求めて多くの観光客が訪れるカジノ街だ。とはいえ、最初からギャンブルと享楽の街だったわけではない。

かつてラスベガスには金鉱と銀鉱が存在した。ゴールドラッシュで盛り上がったものの、鉱山が一時的に枯渇したため経済が落ち込み始めた。しかしネヴァダ州は、その土地のほとんどが荒野か砂漠で農業に向かず、他に資源となるものがない。そこで人の流出を食い止めるために、カジノを合法化したのだ。

今ではカジノだけでなく高級ホテルやテーマパークもつくられ、ゴールドラッシュ以上に人が集まる場所となった。しかし一方で、砂漠地帯には核実験場や核処理施設なども存在する。

Person テニス選手

アンドレ・アガシ
［1970〜］

かつて多くの試合で結果を残し、伝説のテニスプレイヤーと呼ばれた。ラスベガス出身で現在も住んでいる。

No.1 ゴールドラッシュ再び

かつて一度は資源が枯渇し、多くの金山銀山が閉山の憂き目にあったネヴァダ州。しかし、鉱山は復活を遂げた。今では合衆国の８割の金をネヴァダで取り扱っており、国内ナンバー１の生産量を誇っている。なお、金山だけでなく銀や銅などもとれるため、鉱業は州の大切な産業の一つ。

TRIVIA 婚姻と離婚の手続きが簡単な州としても有名。特に婚姻は車に乗ったままドライブスルーで結婚式をあげることも可能で、他の州からわざわざ訪れるカップルもいるとか。

人の住めない砂漠は大都市へと変貌した

アリゾナ州
Arizona

巨大なサボテン

人　口	743万1344人
面　積	29万5233 km^2
主要産業	航空機、電子機器ほか
平均年収	5万8620ドル（約879万円）

スペインやメキシコ文化の影響を受ける都市トゥーソン。郊外には巨大サボテンが見られるサワロ国立公園がある。

大峡谷と砂漠地帯が続くアリゾナ州。非常に暑く乾燥した土地で、咲いているものはサボテンの花ばかり。この土地へ最初に入植したのはスペイン人だが、彼らは厳しい環境を発展させることができなかった。

のちにアメリカ・メキシコ戦争に勝利したアメリカがこの地を手に入れると、大規模な灌漑事業に乗り出す。水や冷房の機能などのインフラを整えることで人の住める地へと生まれ変わらせたのだ。

そんなアリゾナの経済を支えているのは銅、綿、牛、柑橘類、気候。その頭文字をとって「5C」と呼ばれる。また最近では半導体事業も発展中。乾燥したアリゾナの気候はデメリットまみれのように思えるが、水分に弱い半導体にはぴったりなのだ。さらに土地代や人件費が安いこともあり、半導体の出荷量は年々増加傾向に。

Person
俳優

エマ・ストーン
［1988～］

アリゾナ州スコッツデール出身の俳優。幼い頃、州都の児童劇団に所属して数々の舞台を踏んだ。

SPOT
赤土の険しい峡谷が広がる
グランド・キャニオン

アリゾナ州のシンボルであり、観光資源なのがグランド・キャニオンだ。数百万年、あるいは数千万年かけて川が浸食し生まれた峡谷で、長さは446km、最大の深度は1.8kmという雄大さ。もともとは先住民であるワラパイ族の聖地だったといわれている。年間400万人以上の観光客が足を運ぶ。

TRIVIA カラカラ乾燥地帯のアリゾナ州。どれだけ雨が降らないかといえば、年間330日が晴天といわれているほど。ただ夏のモンスーン期になるとゲリラ豪雨のような雨が降り続く。

太平洋岸最北部でアメリカのITを牽引する

ワシントン州
Washington

人　口	781万2880人
面　積	18万4661 km^2
主要産業	製造業、ソフトウェアほか
平均年収	7万2350ドル（約1083万円）

アメリカ北西部最大の都市シアトル。造船と航空機製造などで発展し、近年はITとコーヒーで急成長を遂げた。

首都のワシントンD.C.と同名の理由は、D.C.と同じく建国の父であるジョージ・ワシントン大統領の名前にちなんでいるから。氷河期にベーリング海峡を通って北米大陸へと渡ってきた人類が、太平洋岸を南下してたどり着いた土地である。

第二次世界大戦以降は航空機製造なども行っていたが、この州が本格的に有名になったのは1990年代以降のことだ。ビル・ゲイツ率いるマイクロソフト社が主要都市のシアトルに本拠地を置いたのだ。これにより若く優秀な働き手が流入。ハイテク＆IT産業が活発になり、世界の技術産業を牽引する州へと成長した。

さらに最近ではアマゾンの本拠地も置かれたことで、シアトル付近はシリコンバレーにかけてシリコンフォレストと呼ばれるようになっている。

Person **ギタリスト**

ジミ・ヘンドリックス［1942~1970］
史上最も偉大と称されるギタリスト。地元シアトルには彼の銅像や「ジミ・ヘンドリックス・パーク」がある。

州自慢 **シアトルコーヒーも人気**

シアトルの名を冠するもの、として知られるのがシアトルコーヒー。じつはシアトルはコーヒーが人気の町。日本でも店舗を広げているスターバックスやタリーズもここから始まった。エスプレッソ入りで少し苦めのシアトルコーヒーを片手に出勤するのがシアトルっ子の日常風景だ。

シアトルにあるスターバックス1号店。

TRIVIA 州南東部の町、ワラワラでは農業が盛んで、甘みの強いスイート・オニオンが人気。水にさらさなくてもそのまま生で食べられるほどで、火を通すとさらに甘みが増すとか。

暮らしやすい環境を住民たちがつくり上げた

オレゴン州
Oregon

人口	423万3358人
面積	25万4800 km^2
主要産業	ハイテク製造、林業ほか
平均年収	6万2680ドル（約938万円）

全米一環境に優しい都市といわれるポートランド。ミュージシャンや劇場が多く、音楽の街としても知られる。

この場所も例に漏れず、かつては先住民たちの土地だった。しかし職にあぶれた白人たちが中西部から3500kmのオレゴン・トレイルをたどって入植。この地を開拓していくことになる。

オレゴン州の特徴的なところは、アメリカで最初に直接民主制を取り入れたことだ。住民投票によって議案の提出、採決、さらには政治家を解任できるリコール権も住民が持つことになった。このシステムは州の名前を冠して「オレゴン・システム」と呼ばれるように。なぜ直接民主制が広まったかといえば、連邦政府の目が届かずに政治腐敗が進んだためだ。そんな歴史から今でも政治参加への意識が高い州である。

また環境問題への取り組みも盛んで、多くの環境法も整備。住民たち自ら住みやすい環境をつくることに力を入れている。

Person アーティスト

マット・グレイニング
［1954～］
ポップなアニメ『ザ・シンプソンズ』の作者。舞台は彼の生まれ故郷の隣町、オレゴン州スプリングフィールド。

SPOT
太古の大噴火で誕生
クレーター湖国立公園

自然豊かなオレゴン州の中でも、壮大な雰囲気を楽しめるのがクレーター湖国立公園だ。およそ7700年前の大噴火で誕生したクレーター湖を中心とした公園で、湖の深さは600m。アメリカで一番深い湖といわれている。また冬に凍結することがないので、一年を通して美しい透明度を誇る。

TRIVIA 少年の冒険を描いた映画『スタンド・バイ・ミー』に登場する町、キャッスルロックのモデルがオレゴン州ブラウンズビルだ。ロケ地をめぐるため多くのファンがいまだに訪れる。

かつては「巨大冷蔵庫」と非難されたが…

アラスカ州
Alaska

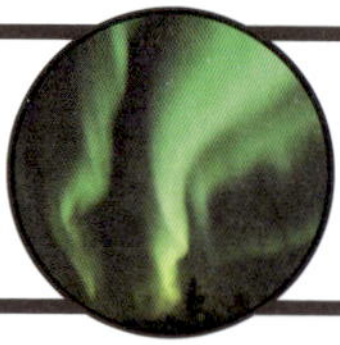

人口	73万3406人
面積	172万3337 km²
主要産業	石油、天然ガスほか
平均年収	6万6130ドル（約990万円）

州人口の約4割が集まる都市アンカレッジ。北には標高6190mのデナリ、東にはロッキー山脈がそびえる。

目の前はカナダとロシア。アメリカの飛び地でもあるアラスカ州の敷地面積はアメリカ一のビッグサイズだ。人も少ないので、人口密度の最も低い州でもある。さらに北半分が北極圏にあたり、州の大半が永久凍土という非常に厳しい環境。もともとこの土地の保有者はロシアだった。しかしクリミア戦争で敗れたロシアが資金繰りのため、アメリカにこの地を売却。当初は国内から「巨大な冷蔵庫を買っただけだ」とバカにされる羽目になる。

しかしその評価は油田や天然ガスなどの地下資源が発掘され覆ることになった。今でも全米の1割近くの石油を産出する潤沢な州である。ただ最近は減少気味であり、このまま地下資源を発掘し続けるか、それとも州内に残された大自然を守るべきか。州はそんな選択で揺れている。

Person 政治家

サラ・ペイリン
[1964~]
11代目アラスカ州知事。州史上最年少かつ初めての女性知事。2008年大統領選の副大統領候補となる。

州自慢 州を潤す地下資源

アラスカ州で最初に見つかったのがプルドーベイ油田。北米最大の油田で、ここから油を運ぶために1300kmにもわたるアラスカ縦断パイプラインがつくられた。また油田だけでなく金も発掘され、かつてはゴールドラッシュでにぎわったこともある。今でもいくつもの鉱山が採掘を続けている。

TRIVIA アラスカ州はほとんどが北極圏に含まれる。そのため5～8月は太陽が沈まない白夜、11～1月は太陽が出ない極夜がくる。その雰囲気を楽しむために観光客も訪れるとか。

太平洋に浮かぶ常夏楽園の8つの島

ハワイ州
Hawaii

カメハメハ大王

人　口	143万5138人
面　積	2万8314 km^2
主要産業	観光、コーヒー、マカダミアナッツほか
平均年収	6万1420ドル(約920万円)

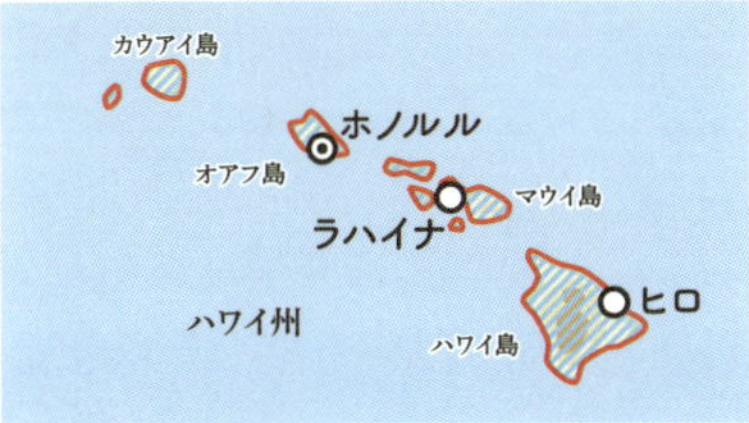

オアフ島にある人気スポットの一つダイヤモンドヘッド。火山の爆発でできたクレーターが迫力満点だ。

世界屈指のリゾート地。常夏の楽園と称されるハワイは、アメリカで唯一の島州でもある。かつてはポリネシア系の先住民がこの地を支配し、一時期はカメハメハ大王によってハワイ王国が築かれた。やがてアメリカに併合され、50番目の州として合衆国に加わると、屈指の観光州として成長した。

ハワイ王国が存在していた時代から日系移民がハワイに渡っていたため、今でも日系の人々が多く在住し、日系企業が多いことでも有名。また太平洋戦争の引き金となった真珠湾攻撃もここ、ハワイが舞台だ。

ハワイでよく使われる言葉「アロハ」は友愛や喜びなどを表す州民の精神。また、「フラダンス」は神々への感謝を表すダンスというふうに、今でも生活様式などに先住民の文化が色濃く残っている。

Person 政治家

バラク・オバマ
[1961～]

初のハワイ出身大統領として44代目大統領に就任。ハワイの海洋を保護する法案なども進めた。

SPOT

ハワイ観光のメッカ
ワイキキビーチ

ハワイへ観光に訪れた人の大半が目指す、ワイキキビーチ。オアフ島の中心部にあるビーチで海や砂浜の美しさは当然ながら、周辺には商業施設やホテルも充実。およそ3kmにも及ぶビーチでは、海水浴を楽しむだけでなく、サーフィンスポットとしても人気が高く、多くのサーファーたちが波にチャレンジしている。

TRIVIA ハワイの海には野生のウミガメが多く生息している。しかし島の人々は古来ウミガメを守り神として大切にしており、野生のウミガメに触れると罰金刑になるため注意。

＋ワシントンD.C.
50州なんでもランキング

面積や人口などの基本データに加え、
トウモロコシの生産量からアメリカ人の悩みの種である肥満率まで、
上位の州やワーストの州を発表！

面積ランキング

日本は37.8万km²

- 1位 アラスカ州【172.3万km²】
- 2位 テキサス州【69.6万km²】
- 3位 カリフォルニア州【42.4万km²】
- 最下位 ワシントンD.C.【177km²】

人口ランキング

- 1位 カリフォルニア州【3897万人】
- 2位 テキサス州【3050万人】
- 3位 フロリダ州【2261万人】
- 最下位 ワイオミング州【58万人】

鳥取県の人口とほぼいっしょ

アメリカ合衆国国勢調査局(2023年)

トウモロコシの生産量ランキング

- 1位 アイオワ州【6299万トン】
- 2位 イリノイ州【5762万トン】
- 3位 ミネソタ州【3710万トン】
- 4位 ネブラスカ州【3697万トン】

USDA-NASS Agricultural Statistics(2022年)

州内総生産ランキング

イギリスのGDPを超えた!

- 1位 カリフォルニア州【3兆5981億ドル】
- 2位 テキサス州【2兆3560億ドル】
- 3位 ニューヨーク州【2兆532億ドル】
- 最下位 ヴァーモント州【406億ドル】

『データブック オブ・ザ・ワールド 2024年版』

幸福度ランキング

- 1位 ユタ州【離婚率が低く労働環境ナンバー1】
- 2位 ハワイ州【うつ病発症率が最も低い】
- 3位 メリーランド州【健康・労働環境など上位】
- 最下位 ウェストヴァージニア州【うつ病の発症率が高く離婚率も高い】

WalletHub(2023年)

肥満率ランキング

南部の肥満率が高め……

- 1位 ウェストヴァージニア州【41.0%】
- 2位 ルイジアナ州【40.1%】
- 3位 オクラホマ州【40.0%】
- 最下位 ワシントンD.C.【24.3%】

CDC"Overweight & Obesity"(BMI値30以上／2022年)

アメリカ合衆国世界遺産ガイド

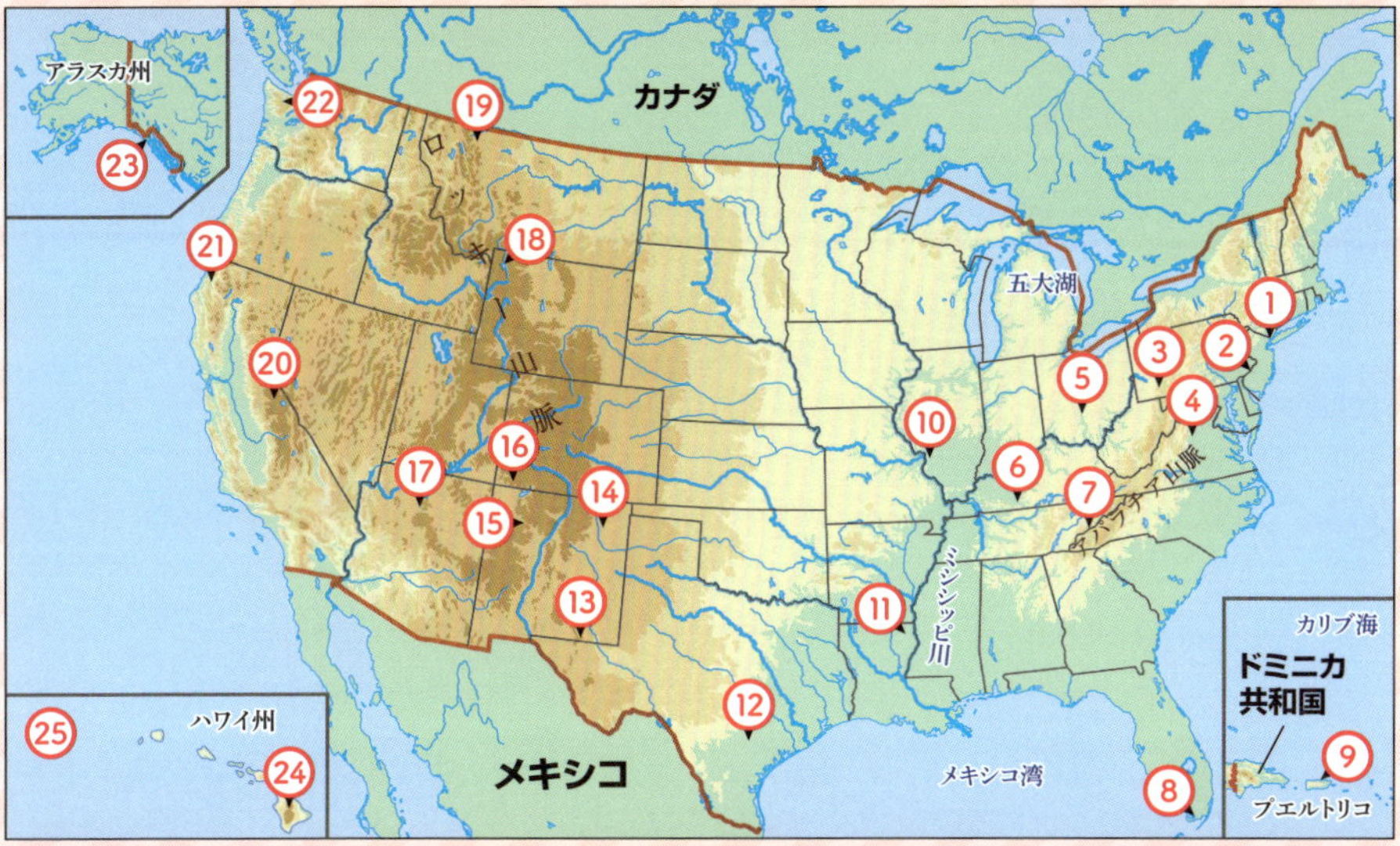

文化遺産

①自由の女神像（ニューヨーク州）
フランスから贈られた自由と民主主義の象徴の像

②独立記念館（ペンシルベニア州）
1776年にアメリカ独立宣言が署名された歴史的建造物

③フランク・ロイド・ライトの20世紀建築
（ペンシルベニア州・イリノイ州など8件）
巨匠ライトが設計したモダンな近代建築群

④シャーロットヴィルのモンティセロとヴァージニア大学（ヴァージニア州）
ジェファソン大統領が創立した名門大学と邸宅

⑤ホープウェルの儀礼的土塁群（オハイオ州）
古代のネイティブ・アメリカンが祭祀で使用した土塁遺跡

⑨プエルトリコのラ・フォルタレサとサン・ファン国定史跡（プエルトリコ）
スペイン植民地時代の要塞と防衛施設が残る歴史的地区

⑩カホキア墳丘群州立史跡（イリノイ州）
1000年前の先住民の大都市遺跡。ミシシッピ文明の中心

⑪ポヴァティ・ポイントの記念碑的土構造物群
（ルイジアナ州）
紀元前1600年頃の狩猟採集民族の遺跡。大規模な土塁など

⑫サン・アントニオ伝道施設群（テキサス州）
スペイン植民地時代の伝道所など歴史的建造物

⑭プエブロ・デ・タオス（ニューメキシコ州）
先住民のプエブロ族が1000年以上暮らした伝統的集落

⑮チャコ文化（ニューメキシコ州）
天体観測所もある９～12世紀のプエブロ文化の中心地

⑯メサ・ヴェルデ国立公園（コロラド州）
断崖に築かれたアナサジ族（古代プエブロ人）の住居群

自然遺産

⑥マンモス・ケーヴ国立公園（ケンタッキー州）
石灰岩の迷宮とも呼ばれる世界最長の洞窟

⑦グレート・スモーキー山脈国立公園（テネシー州・ノースカロライナ州）
多様な動植物と原生林。年中、雲と霧に包まれている

⑧エヴァグレーズ国立公園（フロリダ州）
多様な生態系を育む広大な湿地帯やマングローブ林

⑬カールズバッド洞窟群国立公園（ニューメキシコ州）
３億年前の二畳紀の化石礁がある壮大な地下洞窟

⑰グランド・キャニオン国立公園（アリゾナ州）
地質学的奇跡と呼ばれる世界的にも有名な峡谷

⑱イエローストーン国立公園（アイダホ州・モンタナ州・ワイオミング州）
世界初の国立公園。間欠泉や温泉が多数湧き出る

⑲ウォータートン・グレーシャー国際平和自然公園
（モンタナ州・カナダのアルバータ州）
ロッキー山脈中央に位置し、大平原・森林・氷河湖が点在

⑳ヨセミテ国立公園（カリフォルニア州）
巨大な花崗岩の絶壁や巨木の林、滝などで構成される

㉑レッドウッド国立及び州立公園（カリフォルニア州）
世界最高の高さを誇るセコイヤの木々が立ち並ぶ

㉒オリンピック国立公園（ワシントン州）
多様な生態系と自然の景観、山々、森林、海岸線が融合

㉓クルアーニー／ランゲル－セント・イライアス／グレーシャー・ベイ／タッチェンシニー－アルセク（アラスカ州・カナダ）
氷河がつくり出す自然。手付かずのツンドラ森林地帯

㉔ハワイ火山国立公園（ハワイ州）
地質学的にも貴重な、活火山の様子が見られる公園

複合遺産

㉕パパハナウモクアケア（ハワイ州）
北西ハワイ諸島を含む世界最大級の海洋保護区

アメリカの世界遺産

文化遺産

名称下の年数は世界遺産登録年

4 シャーロットヴィルのモンティセロとヴァージニア大学

ヴァージニア州　1987年

アメリカ合衆国の独立宣言起草者で、第３代大統領のトマス・ジェファソンの私邸のモンティセロと、1825年創立のヴァージニア大学の建物。

2 独立記念館

ペンシルベニア州　1979年

13州がイギリス本国に対して独立戦争を起こし、1776年７月４日、ここでアメリカ合衆国の独立を宣言した。臨時の首都だったフィラデルフィアに残る。

15 チャコ文化

ニューメキシコ州　1987年

アメリカ先住民・アナサジ族の９～12世紀の集落跡。600以上の部屋を持つ４階建ての建物や、広域の交通路があり、高度な天文学の知識も持っていた。

10 カホキア墳丘群州立史跡

イリノイ州　1982年

９～13世紀に栄えたアメリカ先住民最大の遺跡。大小120もの墳墓があり、最大のモンクス・マウンドは約30mの高さがある。

① 自由の女神像

ニューヨーク州　1984年

ニューヨーク港のマンハッタン島から約3kmのリバティ島にある。アメリカ独立100周年を記念し、米仏両国の友好のためフランスから贈られた。

⑫ サン・アントニオ伝道施設群

テキサス州　2015年

18世紀にスペイン人が建設した五つの伝道施設。キリスト教と先住民の文化が融合し、先住文化でもスペイン文化でもない新たな文化が発展した。

⑯ メサ・ヴェルデ国立公園

コロラド州　1978年

先住民・アナサジ族の遺跡で、崖のくぼみに集合住宅群が築かれた。最大の建物は、約200の部屋と約20の礼拝所があるクリフ・パレス。

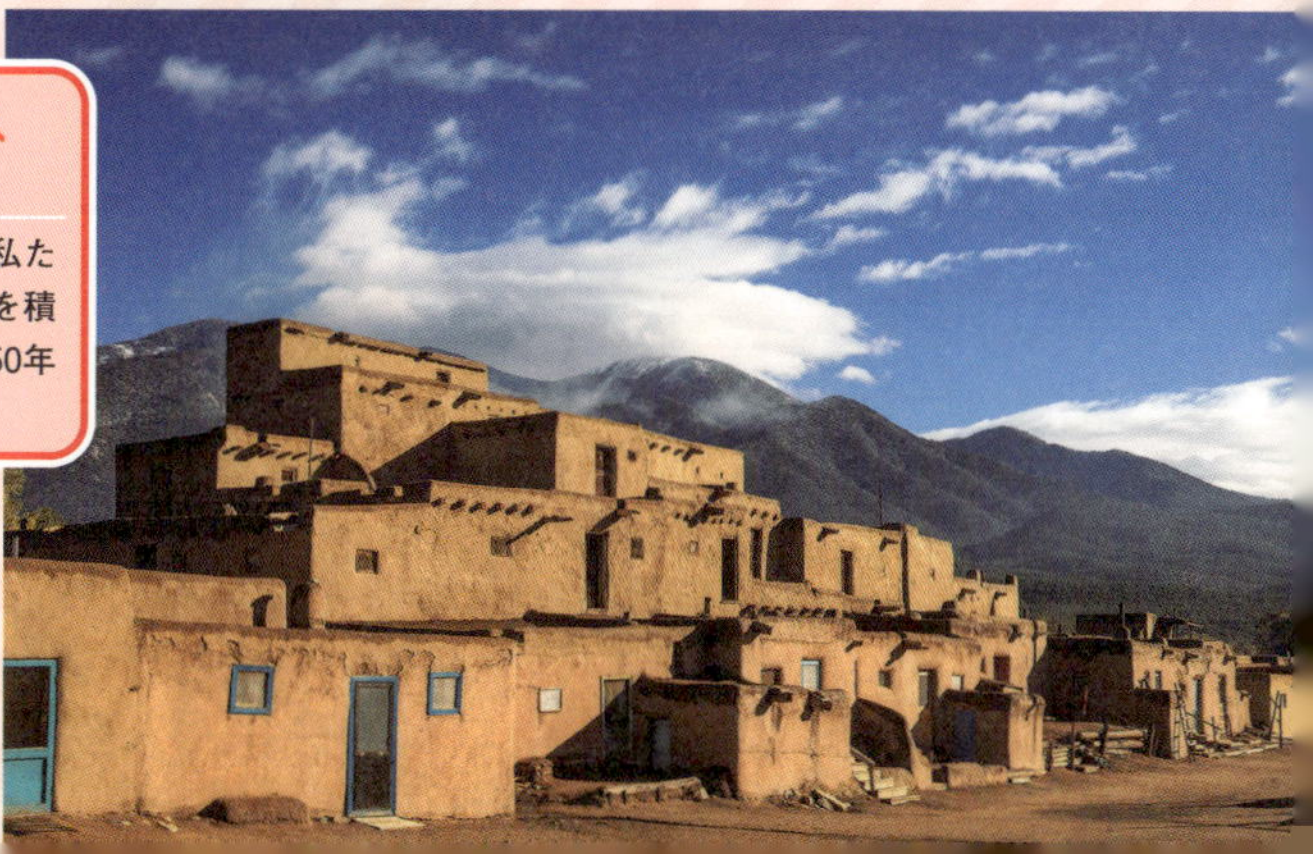

⑭ プエブロ・デ・タオス

ニューメキシコ州　1992年

先住民・プエブロ族の古代集落、「私たちの村」という意味。赤褐色の煉瓦を積み重ねた複数階の建物が1000～1450年の間に建設された。

アメリカの世界遺産

自然遺産・複合遺産

名称下の年数は世界遺産登録年

17 グランド・キャニオン国立公園

アリゾナ州　1979年

様々な色の地層が露出する、20億年の地球の歴史が刻まれた大峡谷。堆積と隆起を繰り返した大地を、急流のコロラド川が刻み続けた。

22 オリンピック国立公園

ワシントン州　1981年

西海岸最北部のオリンピック半島に広がる国立公園。氷河、原始の景観を残す海岸、シダに覆われた熱帯多雨林など、多様な景観が楽しめる。

23 クルアーニー／ランゲル＝セント・イライアス／グレーシャー・ベイ／タッチェンシニー＝アルセク

アラスカ州・カナダ　1979・1992・1994年

アラスカからカナダに広がる世界一の自然保護区。高峰や氷河、U字谷、ツンドラ地帯の森林など、氷河期からの自然美が残されている。

7 グレート・スモーキー山脈国立公園

テネシー州・ノースカロライナ州　1983年

変化に富むアパラチア山脈の大自然がそのまま残る。大西洋から吹く湿った暖かい空気で、雲や煙のような霧に覆われることが多い。

18 イエローストーン国立公園

アイダホ州・モンタナ州・ワイオミング州　1978年

ロッキー山脈の中央にある世界初の国立公園。カルデラ湖のイエローストーン湖や、熱水を噴き上げる間欠泉などの熱水現象が集中している。

複合遺産

25 パパハナウモクアケア

ハワイ州　2010年

北西ハワイ諸島全域が指定。母なる大地の神パパハナウモクと、父なる天空の神ワーケアによりハワイの島々と人々が誕生したという神話がある。

21 レッドウッド国立及び州立公園

カリフォルニア州　1980年

地球上で最も巨大な樹種、セコイア（Sequoia sempervirens、レッドウッド）原生林がある。500km^{2}以上の原生温帯雨林。

6 マンモス・ケーヴ国立公園

ケンタッキー州　1981年

世界で最も長い洞窟群、マンモス・ケーヴがある国立公園。約３億年前、古生代ミシシッピ紀（前期石炭紀）の石灰岩層中に洞窟が形成されている。

全46代

アメリカ歴代大統領一覧

初代ワシントンから2021年就任のバイデンまで、アメリカの大統領は46代を数える。各大統領はどんな功績を残したのか。

生 生没年　在 在任期間　就 就任年齢
出 出身地　副 副大統領

初代

連邦派　George Washington

ジョージ・ワシントン

生1732～1799　在1789～1797　就57歳
出ヴァージニア植民地ウェストモアランド郡
副ジョン・アダムズ

- イギリスと戦い、アメリカ独立戦争を勝利に導いた。
- 初代大統領に就任。「アメリカの父」と呼ばれる。
- 唯一の満場一致で選ばれた大統領。

2代

連邦党　John Adams

ジョン・アダムズ

生1735～1826　在1797～1801　就61歳
出マサチューセッツ植民地ブレイントリー
副トマス・ジェファソン

- ヨーロッパに渡り、独立戦争終結の条約を締結。
- フランスとの戦争の危機が迫ると海軍を設立。「海軍の父」と呼ばれる。
- フランスと外交上でぶつかりXYZ事件が起こる。

3代

リパブリカン党　Thomas Jefferson

トマス・ジェファソン

生1743～1826　在1801～1809　就57歳
出ヴァージニア植民地グーチランド
副アーロン・バー、ジョージ・クリントン

- 学者で弁護士。
独立宣言起草の中心人物。
- フランスのナポレオンからルイジアナを購入。アメリカの国土が2倍になる。
- 6500冊の蔵書がアメリカ議会図書館の基礎に。

4代

リパブリカン党　James Madison

ジェームズ・マディソン

生1751～1836　在1809～1817　就57歳
出ヴァージニア植民地ポート・コンウェイ
副ジョージ・クリントン、エルブリッジ・ゲリー

- 人民の権利を尊重し、「憲法の父」と呼ばれる。
- 1812年にイギリスとの間で戦争になり、ホワイトハウスが焼き討ちされる。
- 権利章典を提案。5千ドル札に肖像が描かれている。

5代

リパブリカン党　James Monroe

ジェームズ・モンロー

生1758～1831　在1817～1825　就58歳
出ヴァージニア植民地ウエストモーランド郡
副ダニエル・トンプキンズ

- スペインからフロリダを500万ドルで買収。
- ヨーロッパの南北アメリカへの干渉を認めない「モンロー主義」を宣言。
- 自由州と奴隷州の均衡を図るミズーリ協定に署名。

6代

リパブリカン党　John Q. Adams

ジョン・Q・アダムズ

生1767～1848　在1825～1829　就57歳
出マサチューセッツ植民地ブレイントリー
副ジョン・カルフーン

- 第2代大統領ジョン・アダムズの息子。
- 大統領就任後、リパブリカン党が分裂。
- 大統領退任後、マサチューセッツ州の下院議員に。

7代

民主党　Andrew Jackson

アンドリュー・ジャクソン

生1767～1845　在1829～1837　就61歳
出サウスカロライナ植民地ワクスハウ
副ジョン・カルフーン、マーティン・ビューレン

- ニューオーリンズの戦いでイギリスに勝利し英雄に。
- 不屈の精神を持ち、あだ名は硬い木を指す「オールド・ヒッコリー」。
- 先住民強制移住法を制定。

民主党 Martin Buren

8代 マーティン・ビューレン

生1782～1862 在1837～1841 就54歳
出ニューヨーク州キンダーフック
副リチャード・ジョンソン

- 元は貧しいオランダ人。独学で法律を学び政治家に。
- 恐慌の対策に追われた。
- アミスタッド号事件が起き、奴隷廃止運動が前進。
- 先住民をミシシッピ川以西に強制移住させる。

ホイッグ党 William Harrison

9代 ウィリアム・ハリソン

生1773～1841 在1841 就68歳
出ヴァージニア植民地バークリー
副ジョン・タイラー

- ティッペカヌーの戦いで先住民を倒して英雄に。
- 寒い日にコートを着ず、1時間45分の大統領就任演説を行い重い肺炎に。就任1カ月で死去。

ホイッグ党 John Tyler

10代 ジョン・タイラー

生1790～1862 在1841～1845 就51歳
出ヴァージニア州チャールズシティ郡
副欠員

- 併合していたフロリダを27番目の州とする。
- テキサスがメキシコから独立すると、28番目の州として併合。
- 歴代大統領最多の子だくさん。子供が15人いる。

民主党 James Polk

11代 ジェームズ・ポーク

生1795～1849 在1845～1849 就49歳
出ノースカロライナ州メクレンバーグ郡
副ジョージ・ダラス

- メキシコに宣戦布告し、カリフォルニアやニューメキシコなどを割譲され国土を拡大。
- 「歴史的な功績を多く残しながら、知名度が低い」大統領と評価されている。

ホイッグ党 Zachary Taylor

12代 ザカリー・テイラー

生1784～1850 在1849～1850 就64歳
出ヴァージニア州オレンジ郡
副ミラード・フィルモア

- メキシコ戦争で国民的英雄になった軍人。
- あだ名は「老暴れん坊」。
- 政治経験がないにもかかわらず大統領になる。
- 奴隷を所有していたが、奴隷制度の拡大に反対した。

ホイッグ党 Millard Fillmore

13代 ミラード・フィルモア

生1800～1874 在1850～1853 就50歳
出ニューヨーク州カユーガ郡
副欠員

- 貧しい農民の家に生まれ、独学で法律を学び弁護士に。
- 奴隷制について妥協案を承認したため、自由州と奴隷州の溝が深まる。
- ペリー提督を日本に派遣し、日本を開国させた。

民主党 Franklin Pierce

14代 フランクリン・ピアース

生1804～1869 在1853～1857 就48歳
出ニューハンプシャー州ヒルズボロー
副ウィリアム・キング

- カンザス・ネブラスカ法に署名。奴隷制擁護派と反対派の争いが激化した。
- メキシコ北部の土地を1000万ドルで購入。
- スペインの植民地だったキューバの獲得を試みる。

民主党 James Buchanan

15代 ジェームズ・ブキャナン

生1791～1868 在1857～1861 就65歳
出ペンシルベニア州コーヴ・ギャップ
副ジョン・ブレッキンリッジ

- 奴隷は市民ではなく財産とする判決を支持した。
- 奴隷制反対を訴えるジョン・ブラウンの反乱が起き、奴隷制を支持する南部と、反対する北部が対立し、南部の7州が連邦を離脱。

共和党 James Garfield

20代 ジェームズ・ガーフィールド

(生)1831～1881 (在)1881 (就)49歳
(出)オハイオ州オレンジ郡区
(副)チェスター・アーサー

- 丸太小屋で生まれた最後の大統領。
- 南北戦争で英雄になり、政治家になる。
- 政治的腐敗を断とうと努力したが、大統領就任200日で暗殺された。

共和党 Chester Arthur

21代 チェスター・アーサー

(生)1829～1886 (在)1881～1885 (就)51歳
(出)ヴァーモント州フェアフィールド
(副)欠員

- 北アイルランド移民の子。
- ファッションにうるさく、ズボンを80着持っていた。
- 政府の上級職員の採用に筆記試験を行うペンドルトン法を導入。
- 中国系移民排斥法に署名。

民主党 Grover Cleveland

22、24代 グローヴァー・クリーブランド

(生)1837～1908 (在)1885～1889、1893～1897 (就)47歳、55歳
(出)ニュージャージー州コールドウェル
(副)トーマス・A・ヘンドリックス、アドレー・スティーブンソン

- 元ニューヨーク州知事。
- 唯一の大統領再選者。
- フランスからの贈り物である自由の女神像を受け取るよう、連邦議会に助言。
- ハワイ諸島を併合する条約を撤回した。

共和党 Benjamin Harrison

23代 ベンジャミン・ハリソン

(生)1833～1901 (在)1889～1893 (就)55歳
(出)オハイオ州ノース・ベンド
(副)リーバイ・モートン

- 第9代ウィリアム・ハリソン大統領の孫。
- ヨーロッパからの移民の入国審査を、各州から連邦政府の管理に変更。
- 南北アメリカの代表が集まる初の国際会議を開催。

共和党 Abraham Lincoln

16代 エイブラハム・リンカン

(生)1809～1865 (在)1861～1865 (就)52歳
(出)ケンタッキー州ホーゲンビル
(副)ハンニバル・ハムリン、アンドリュー・ジョンソン

- 南部でアメリカ連合国が建国され南北戦争が勃発。リンカン率いる北部が勝利。
- ゲティスバーグ演説で奴隷解放を宣言。
- 「歴代最高の大統領」と評価されることが多い。

民主党 Andrew Johnson

17代 アンドリュー・ジョンソン

(生)1808～1875 (在)1865～1869 (就)56歳
(出)ノースカロライナ州ローリー
(副)欠員

- リンカン暗殺で副大統領から大統領に。
- 共和党率いる連邦議会と対立。議会は奴隷解放の権利を保護する法案を成立。
- ロシアからアラスカを購入した。

共和党 Ulysses Grant

18代 ユリシーズ・グラント

(生)1822～1885 (在)1869～1877 (就)46歳
(出)オハイオ州ポイント・プレザント
(副)スカイラー・コルファックス、ヘンリー・ウィルソン

- 南北戦争において、北軍を勝利に導いた将軍。
- クー・クラックス・クラン（KKK）対策を行う。
- 50ドル紙幣に肖像が描かれている。

共和党 Rutherford Hayes

19代 ラザフォード・ヘイズ

(生)1822～1893 (在)1877～1881 (就)54歳
(出)オハイオ州デラウェア
(副)ウィリアム・ウィーラー

- 南部の再建が終了する。
- 連邦議会が中国からの移民を禁止する法案を可決したが、ヘイズは制限しながらの移民を許可した。
- 公職制度改革に乗り出したが、議会によって阻止。

共和党 William McKinley

25代 ウィリアム・マッキンリー

(生)1843～1901 (在)1897～1901 (就)54歳
(出)オハイオ州ナイルズ
(副)ギャレット・ホーバート、セオドア・ローズヴェルト

- 米西戦争でスペインに勝利。プエルトリコ領有。
- マニラ湾でスペイン軍に勝利しフィリピンを併合。
- ハワイを併合。
- 中国に関する門戸解放宣言を表明。

共和党 Theodore Roosevelt

26代 セオドア・ローズヴェルト

(生)1858～1919 (在)1901～1909 (就)42歳
(出)ニューヨーク州ニューヨーク市
(副)チャールズ・フェアバンクス

- 大企業の不公正な慣習の取り締まりや食品衛生の向上などを行う。
- パナマ運河を建設。
- 日露戦争終結のためのポーツマス条約締結に尽力。ノーベル平和賞を受けた。

共和党 William Taft

27代 ウィリアム・タフト

(生)1857～1930 (在)1909～1913 (就)51歳
(出)オハイオ州シンシナティ
(副)ジェームズ・シャーマン

- 関税を引き下げ、外国に投資するドル外交を展開。
- ニューメキシコ州とアリゾナ州が連邦に加盟。アメリカは48州になった。
- 史上最も太った大統領。体重は150kg あった。

民主党 Woodrow Wilson

28代 ウッドロー・ウィルソン

(生)1856～1924 (在)1913～1921 (就)56歳
(出)ヴァージニア州スタントン
(副)トーマス・マーシャル

- 元プリンストン大学総長。
- 第一次大戦終結のため「十四カ条」を表明。
- 国際連盟を提唱するが、上院で否決され不参加。
- 禁酒法に対し拒否権を発動するも議会で可決。

共和党 Warren Harding

29代 ウォーレン・ハーディング

(生)1865～1923 (在)1921～1923 (就)55歳
(出)オハイオ州コルシカ
(副)キャルヴィン・クーリッジ

- 新聞社の社主として財産を築く。
- 身内をひいきし、スキャンダルと不正が蔓延。
- 各国が新しく建造する戦艦の数を制限するワシントン会議を開催。

共和党 Calvin Coolidge

30代 キャルヴィン・クーリッジ

(生)1872～1933 (在)1923～1929 (就)51歳
(出)ヴァーモント州プリマス・ノッチ
(副)チャールズ・ドーズ

- 前大統領の急死によって就任。信頼回復に努める。
- 250人が亡くなったミシシッピ大洪水の対応のまずさが批判の対象に。
- 日本を含むアジア系の移民禁止政策を実施。

共和党 Herbert Hoover

31代 ハーバート・フーヴァー

(生)1874～1964 (在)1929～1933 (就)54歳
(出)アイオワ州ウェスト・ブランチ
(副)チャールズ・カーティス

- クエーカー教徒。
- 株価大暴落に際して有効な政策を採れずに、景気はさらに悪化。
- 英仏への融資戦債返還を猶予するフーヴァー・モラトリアムを実施。

民主党 Franklin Roosevelt

32代 フランクリン・ローズヴェルト

(生)1882～1945 (在)1933～1945 (就)51歳
(出)ニューヨーク州ハイドパーク
(副)ジョン・ガーナー、ヘンリー・ウォレス、ハリー・トルーマン

- ポリオで下半身不随になり、車椅子で生活していた。
- 恐慌脱出を目指してニューディール政策を実施。
- 第二次大戦で連合国をまとめ上げ勝利に導く。
- 最長期間を務めた大統領。

共和党 Richard Nixon

37代 リチャード・ニクソン

生1913～1994　在1969～1974　就56歳
出カリフォルニア州ヨルバ・リンダ
副スピロ・アグニュー、ジェラルド・フォード

- 金・ドル交換停止などの経済政策（ニクソン＝ショック）。
- アメリカ大統領として初めて中国を訪問。
- 環境保護局を設立。
- ウォーターゲート事件によって任期中に大統領を辞任。

共和党 Gerald Ford

38代 ジェラルド・フォード

生1913～2006　在1974～1977　就61歳
出ネブラスカ州オマハ
副ネルソン・ロックフェラー

- 大学時代はフットボールの花形選手。
- ニクソン前大統領に恩赦を与えたため人気急落。
- 米軍のベトナムからの最終的な撤退を指揮。
- 2度の暗殺未遂事件。

民主党 Jimmy Carter

39代 ジミー・カーター

生1924～　在1977～1981　就52歳
出ジョージア州プレーンズ
副ウォルター・モンデール

- 新パナマ運河条約を締結。
- イランでアメリカ大使館人質事件が起こる。
- イスラエルとエジプトが国交樹立したキャンプ・デーヴィッド合意を仲介。のちノーベル平和賞を受賞。

共和党 Ronald Reagan

40代 ロナルド・レーガン

生1911～2004　在1981～1989　就69歳
出イリノイ州タンピコ
副ジョージ・H・W・ブッシュ

- ハリウッドの元映画俳優。
- 減税や福祉の削減などの経済政策を実施（レーガノミクス）。
- ゴルバチョフと米ソ首脳会談を行い、中距離核戦力全廃条約に調印。

民主党 Harry Truman

33代 ハリー・トルーマン

生1884～1972　在1945～1953　就60歳
出ミズーリ州ラマー
副アルバン・バークリー

- 第二次大戦終結時の大統領。日本への原爆投下。
- 大戦後、欧州を支援するマーシャル・プランを実施。
- 共産主義化を阻止するため封じ込め政策を実施。朝鮮戦争に米軍を派遣。

共和党 Dwight Eisenhower

34代 ドワイト・アイゼンハワー

生1890～1969　在1953～1961　就62歳
出テキサス州デニソン
副リチャード・ニクソン

- 第二次大戦で連合軍最高司令官としてノルマンディー上陸作戦を指揮。
- 州間高速道路（インターステート・ハイウェイ）を計画し実施。
- ジュネーブ会談に出席。

民主党 John F. Kennedy

35代 ジョン・F・ケネディ

生1917～1963　在1961～1963　就43歳
出マサチューセッツ州ブルックリン
副リンドン・ジョンソン

- 史上最年少の大統領。
- ニューフロンティアを提唱。人類を月に送るアポロ計画を発表。
- 公民権運動を推進。
- キューバ危機勃発。部分的核実験禁止条約に調印。

民主党 Lyndon Johnson

36代 リンドン・ジョンソン

生1908～1973　在1963～1969　就55歳
出テキサス州ストーンウォール
副ヒューバート・ハンフリー

- ケネディ暗殺により就任。
- 教育と福祉が充実した「大いなる社会」という理想を掲げた。
- 公民権法に署名。
- ベトナム戦争へのアメリカ軍の派遣を許可。

共和党 Donald Trump

45代 ドナルド・トランプ

生1946～ 在2017～2021 就70歳
出ニューヨーク州ニューヨーク市
副マイク・ペンス

- 不動産王。「アメリカを再び偉大にする」をスローガンに掲げ勝利。
- 不法移民を防ぐため、メキシコ国境に壁を建設。
- 有罪判決を受けた初の大統領経験者。

民主党 Joe Biden

46代 ジョー・バイデン

生1942～ 在2021～ 就78歳
出ペンシルベニア州スクラントン
副カマラ・ハリス

- 就任時78歳。歴代最高齢の大統領。
- アフガニスタンからアメリカ軍を撤退。
- 同盟国との関係を強化。
- 気候変動抑制に関するパリ協定に復帰。

「偉大な大統領」ランキング

アメリカで政治学者約170人が回答したランキングのトップ10とワースト6を発表。ほかの調査結果を見ても、トップ5にはほぼ同じメンバーが入っている。2018年に公表されたランキングであり、バイデン大統領は含まれていない。

1位	16代	エイブラハム・リンカン
2位	初代	ジョージ・ワシントン
3位	32代	フランクリン・ローズヴェルト
4位	26代	セオドア・ローズヴェルト
5位	3代	トマス・ジェファソン
6位	33代	ハリー・トルーマン
7位	34代	ドワイト・アイゼンハワー
8位	44代	バラク・オバマ
9位	40代	ロナルド・レーガン
10位	36代	リンドン・ジョンソン
39位	29代	ウォーレン・ハーディング
40位	17代	アンドリュー・ジョンソン
41位	14代	フランクリン・ピアース
42位	9代	ウィリアム・ハリソン
43位	15代	ジェームズ・ブキャナン
44位	45代	ドナルド・トランプ

共和党 George H. W. Bush

41代 ジョージ・H・W・ブッシュ

生1924～2018 在1989～1993 就64歳
出マサチューセッツ州ミルトン
副ダン・クエール

- ノリエガ逮捕のため米軍をパナマに派遣。
- ゴルバチョフとマルタ会談を実施。冷戦終結宣言。
- 湾岸戦争勃発。多国籍軍結成を呼びかけ、イラクに勝利しクウェートを解放。

民主党 Bill Clinton

42代 ビル・クリントン

生1946～ 在1993～2001 就46歳
出アーカンソー州ホープ
副アル・ゴア

- パレスチナ和平交渉を仲介するなど協調外交を展開。
- 北米自由貿易協定（NAFTA）発効。
- 国内の IT 化を推進。
- 女性スキャンダルで弾劾裁判にかけられるが否決。

共和党 George W. Bush

43代 ジョージ・W・ブッシュ

生1946～ 在2001～2009 就54歳
出コネチカット州ニューヘブン
副リチャード・チェイニー

- 第41代ブッシュ大統領の長男。父と同じ名前。
- 減税で財政赤字が増加。
- 同時多発テロ勃発。テロとの戦いを宣言し、アフガニスタンやイラクに派兵。
- 愛国者法に署名。

民主党 Barack Obama

44代 バラク・オバマ

生1961～ 在2009～2017 就47歳
出ハワイ州ホノルル
副ジョー・バイデン

- 初のアフリカ系アメリカ人の大統領。
- 医療保険制度改革法（オバマケア）を実施。
- IS の拡大を抑えるため、シリアなどに米軍を派遣。
- キューバとの国交回復。

アメリカ史を知るための MOVIEガイド

映画大国であるアメリカでは、歴史的な出来事や人々の生活、文化を描いた名作が数多くある。映画を鑑賞しながらアメリカの歴史を学んでみよう。

[受賞]はアカデミー賞受賞のこと

『雨に唄えば』

[監督]スタンリー・ドーネンら [公開年]1952年
[主演]ジーン・ケリー
[受賞]なし

トーキー映画▶P42へ移行し始めたハリウッドを舞台に、人気スターと新米女優の恋を描いた。米映画協会発表のミュージカル映画ベスト1位を獲得。

『民衆の敵』

[監督]ウィリアム・A・ウェルマン [公開年]1931年
[主演]ジェームズ・キャグニー
[受賞]なし

禁酒法の時代▶P90、密造に手を染め、裏社会でのし上がっていく若者たちの姿を描く。アカデミー俳優ジェームズ・ギャグニーの出世作。

『ハミルトン』

[監督]トーマス・ケイル [公開年]2020年
[主演]リン＝マニュエル・ミランダ
[受賞]なし

ブロードウェイの大人気作品を映画化。アメリカ建国の父▶P60のひとり、ハミルトンの生涯をヒップホップやジャズで表現したミュージカル映画。

『史上最大の作戦』

[監督]ケン・アナキンら [公開年]1962年
[主演]ジョン・ウェインら
[受賞]第35回撮影賞、特殊効果賞

第二次世界大戦で行われたノルマンディー上陸作戦▶P102を西部劇の大スター、ジョン・ウェインらを主演にドキュメンタリータッチで描いた超大作。

『それでも夜は明ける』

[監督]スティーブ・マックイーン [公開年]2013年
[主演]キウェテル・イジョフォー
[受賞]第86回作品賞、脚色賞、助演女優賞など

奴隷制度が残る時代▶P72に、誘拐され、南部の農園に売られた北部自由黒人の12年間にも及ぶ壮絶な奴隷生活を語る。

『リトル・ボーイ 小さなボクと戦争』

[監督]アレハンドロ・モンテヴェルデ [公開年]2015年
[主演]ジェイコブ・サルヴァーティ
[受賞]なし

第二次世界大戦時▶P98、西海岸の町に住む少年が、差別を受けながら暮らす日本人との交流を通して成長していく物語。

『ダンス・ウィズ・ウルブズ』

[監督]ケビン・コスナー [公開年]1990年
[主演]ケビン・コスナー
[受賞]第63回作品賞、監督賞、脚色賞など

西部開拓時代▶P70を舞台に、アメリカ軍人と先住民の交流を描く。それまで悪者として描かれてきた先住民の印象を変えた一作。

『ゴッドファーザー』

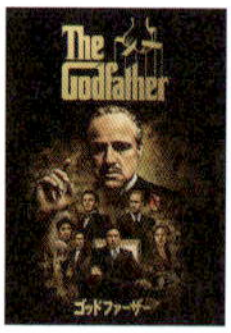

[監督]フランシス・フォード・コッポラ [公開年]1972年
[主演]マーロン・ブランド
[受賞]第45回作品賞、脚色賞、主演男優賞

第二次世界大戦後、アメリカマフィアとして暗躍したイタリア系移民▶P30の人情や裏切りを描いたマフィア映画。パートⅡ・Ⅲも高評価。

『グローリー』

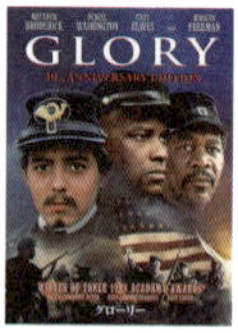

[監督]エドワード・ズウィック [公開年]1989年
[主演]マシュー・ブロデリック
[受賞]第62回撮影賞、音響賞、助演男優賞など

南北戦争▶P72の時代、北軍として勇敢に戦った実在の黒人部隊をモデルにしている。「マルコム X」で主演を務めたデンゼル・ワシントンも出演。

『42 世界を変えた男』

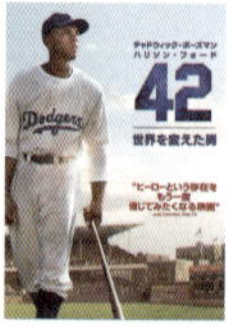

[監督]ブライアン・ヘルゲランド [公開年]2013年
[主演]チャドウィック・ボーズマン
[受賞]なし

1947年、史上初の黒人メジャーリーガーとなったジャッキー・ロビンソン▶P33の半生を映像化。チャドウィックが注目されるきっかけとなった。

『リンカーン』

[監督]スティーヴン・スピルバーグ [公開年]2012年
[主演]ダニエル・デイ＝ルイス
[受賞]第85回主演男優賞、プロダクトデザイン賞など

南北戦争を勝利に導いたリンカン▶P74の生涯を、『E.T.』でおなじみのスピルバーグが映画化。ダニエル・デイ＝ルイスが3度目の主演男優賞を受賞。

『ランボー』

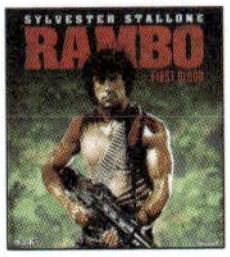

[監督]テッド・コッチェフ　[公開年]1982年
[主演]シルヴェスター・スタローン
[受賞]なし

ベトナム戦争▶ P122の帰還兵であるランボーと保安官との戦いを描くアクション映画。帰還兵としての苦悩も描写されている。

『ウエスト・サイド物語』

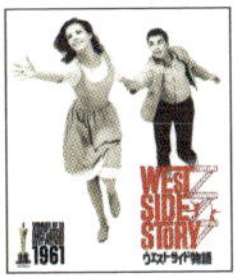

[監督]ロバート・ワイズ、ジェローム・ロビンズ [公開年]1961年
[主演]ナタリー・ウッド、リチャード・ベイマー
[受賞]第34回作品賞、監督賞、脚色賞など

1950年代のニューヨーク、ウエスト・サイドを舞台に、若者たちの恋と抗争を鮮やかに表現。歴史に残る傑作ミュージカル映画▶ P112。

『アルゴ』

[監督]ベン・アフレック　[公開年]2012年
[主演]ベン・アフレック
[受賞]第85回作品賞、脚色賞、編集賞

1979年、イラン革命時に実際に起こったアメリカ大使館人質事件を題材に、人質の救出作戦を描いたサスペンス映画。

『スタンド・バイ・ミー』

[監督]ロブ・ライナー　[公開年]1986年
[主演]ウィル・ウィートン
[受賞]なし

1950年代のアメリカ、オレゴン州の小さな町で暮らす４人の少年たちの一夏の冒険を、ノスタルジックな映像で表現した青春映画。

『フィラデルフィア』

[監督]ジョナサン・デミ　[公開年]1993年
[主演]トム・ハンクス
[受賞]第66回主題歌賞、主演男優賞

エイズ感染により不当解雇されてしまった青年弁護士が、エイズと同性愛者▶ P158への偏見をかつてのライバルと共に法廷で覆していく物語。

『JFK』

[監督]オリバー・ストーン　[公開年]1991年
[主演]ケビン・コスナー
[受賞]第64回撮影賞、編集賞

ケネディ大統領暗殺事件▶ P118をめぐる唯一の訴訟「クレイ・ショー裁判」の真実を追求する迫真のサスペンス映画。

『エレファント』

[監督]ガス・ヴァン・サント　[公開年]2003年
[主演]ジョン・ロビンソンら
[受賞]なし

1999年に起きた、コロンバイン高校銃乱射事件を映画化。生徒役に実際の高校生が起用された。銃社会▶ P153を問い直す作品。

『タイタンズを忘れない』

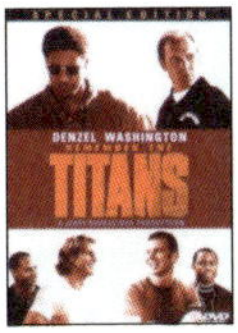

[監督]ボアズ・イェーキン　[公開年]2000年
[主演]デンゼル・ワシントン
[受賞]なし

公民権法▶ P116施行後、白人黒人混合のフットボールチームが誕生。肌の色で対立しながらも友情を築いていく感動物語。

『ソーシャル・ネットワーク』

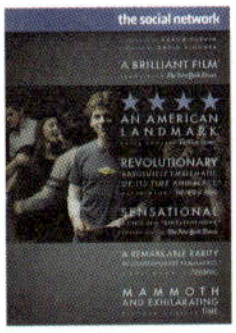

[監督]デヴィッド・フィンチャー [公開年]2010年
[主演]ジェシー・アイゼンバーグ
[受賞]第83回脚色賞、編集賞など

「FaceBook」▶ P160の創業者マーク・ザッカーバーグの大学時代をモチーフに、サイトの立ち上げから訴訟に巻き込まれるまでの様子をドラマティックに描く。

『ファースト・マン』

[監督]デイミアン・チャゼル　[公開年]2018年
[主演]ライアン・ゴズリング
[受賞]第91回視覚効果賞

アポロ計画▶ P121により、人類で初めて月に足跡をつけた宇宙飛行士ニール・アームストロングの半生を美しい映像と音楽で表現している。

『華氏119』

[監督]マイケル・ムーア　[公開年]2018年
[主演]マイケル・ムーア
[受賞]なし

ドナルド・トランプ▶ P144の当選、アメリカの選挙制度、経済状況と様々な目線から現代のアメリカ社会に切り込んだドキュメンタリー映画。

『プラトーン』

[監督]オリバー・ストーン　[公開年]1986年
[主演]トム・ベレンジャー
[受賞]第59回作品賞、監督賞、編集賞、録音賞

監督自身の従軍体験をもとに、ベトナム戦争▶ P122の最前線を映像化。戦場と兵士たちの過酷な生活を生々しく重厚な映像で語る作品。

アメリカ史 用語・人名さくいん

人名のカッコ内はファーストネーム
見開き内で同じ用語・名前が登場する場合は初出ページを記載

主要参考文献

『詳説世界史』（山川出版社）
『詳説日本史』（山川出版社）
『世界史探究』（東京書籍）
『日本史探究』（東京書籍）
『アカデミア世界史』（浜島書店）
『最新世界史図説タペストリー』（帝国書院）
『図説 日本史通覧』（帝国書院）
『なるほど知図帳 世界 ニュースがわかる世界地図2024』（昭文社）
『今がわかる時代がわかる 世界地図2024年版』（成美堂出版）
『Pen 513号 100のキーワードでひも解くアメリカ』（CCCメディアハウス）
『時空旅人別冊 宇宙開発史』（三栄）
明石紀雄監修『現代アメリカ社会を知るための63章 2020年代』（明石書店）
荒このみ、岡田泰男ほか『アメリカを知る事典』（平凡社）
有賀貞『ヒストリカル・ガイド アメリカ』（山川出版社）
池内了監修『30の発明からよむ世界史』（日経ビジネス人文庫）
池上彰『池上彰の世界の見方 アメリカ』（小学館）
池上彰『池上彰の世界の見方 アメリカ2』（小学館）
池上彰『池上彰の世界の見方 中南米』（小学館）
池上彰『一気にわかる!池上彰の世界情勢2024』（毎日新聞出版）
池上彰『知らないと恥をかくアメリカの大問題』（KADOKAWA）
池上彰『知らないと恥をかく世界の大問題14』（KADOKAWA）
池上彰『世界から核兵器がなくならない本当の理由』（SB新書）
池上彰『そうだったのか!アメリカ』（集英社文庫）
池上彰、増田ユリヤ『徹底解説!アメリカ 波乱続きの大統領選挙』（ポプラ新書）
池上彰監修『ライブ! 2023 公共、現代社会を考える』（帝国書院）
伊藤千尋『反米大陸』（集英社新書）
井上寿一監修『テーマ別だから日本の今がしっかり見える 日本近・現代史』（朝日新聞出版）
祝田秀全監修『エリア別だから流れがつながる世界史』（朝日新聞出版）
遠藤泰生、小田悠生『はじめて学ぶアメリカの歴史と文化』（ミネルヴァ書房）
かみゆ歴史編集部編著『対立の世界史図鑑』（西東社）
北野圭介『ハリウッド100年史講義』（平凡社新書）
貴堂嘉之『移民国家アメリカの歴史』（岩波新書）
貴堂嘉之『シリーズ アメリカ合衆国史2 南北戦争の時代』（岩波新書）
貴堂嘉之監修『ビジュアル版 アメリカの歴史地図 先史時代から現代まで』（東京書籍）
紀平英作『アメリカ史』（山川出版社）
国際時事アナリスツ編『アメリカの50州がわかる本』（KAWADE夢文庫）
ジェームス・M・バーダマン、村田薫編『アメリカの小学生が学ぶ歴史教科書』（ジャパンブック）
ジェームス・M・バーダマン、里中哲彦『はじめてのアメリカ音楽史』（ちくま新書）
ジョン・ロウバー、越智道雄訳『アメリカ大統領の歴史大百科』（東洋書林）
眞淳平『世界の国 1位と最下位』（岩波ジュニア新書）
鈴木透『スポーツ国家アメリカ』（中公新書）
DK社編、大間知知子訳『図説 歴代アメリカ大統領百科』（原書房）
デイビッド・セイン監修『地図でスッと頭に入るアメリカ50州』（昭文社）
出口治明『世界史・10の「都市」の物語』（PHP文庫）
富田虎男、鵜月裕典、佐藤円編『アメリカの歴史を知るための65章』（明石書店）
内藤博文『アメリカ歴代大統領の対日戦略』（KAWADE夢新書）
中野耕太郎『シリーズ アメリカ合衆国史3 20世紀アメリカの夢』（岩波新書）
21世紀研究会編『地名の世界地図』（文春新書）
西山隆行『アメリカ政治 制度・文化・歴史』（三修社）
波多野勝『日米野球史』（PHP新書）
パトリック・ハーラン監修『今が見えてくるアメリカ合衆国50州図鑑』（ナツメ社）
原田泰『日米関係の経済史』（ちくま新書）
古矢旬『シリーズ アメリカ合衆国史4 グローバル時代のアメリカ』（岩波新書）
米国大統領研究編纂所、開発社『完全解析アメリカ大統領図鑑』（秀和システム）
増田ユリヤ監修、長谷川敦『13歳から考える戦争入門』（旬報社）
町山智浩『今のアメリカがわかる映画100本』（サイゾー）
村瀬広『アメリカが面白くなる映画50本』（新日本出版社）
八尋春海『映画の中の星条旗（アメリカ）』（フォーイン）
吉浦潤次『映画でなぞるアメリカ史』（かもがわ出版）
ロバート・スクラー、鈴木主税訳『アメリカ映画の文化史（下）』（講談社学術文庫）
渡辺靖『アメリカとは何か 自画像と世界観をめぐる相剋』（岩波新書）
渡辺靖『現代アメリカ』（有斐閣）
和田光弘『シリーズ アメリカ合衆国史1 植民地から建国へ』（岩波新書）
和田光弘『大学で学ぶアメリカ史』（ミネルヴァ書房）

監　修　池上彰《いけがみあきら》

1950年、長野県生まれ。慶應義塾大学卒業後、1973年にNHKに入局。報道局社会部記者などを経て、1994年から11年間にわたり「週刊こどもニュース」にお父さん役として出演し、わかりやすい解説で人気を集める。2005年にNHKを退職し、フリージャーナリストとして活躍。主な著書に『池上彰が見る分断アメリカ』（ホーム社）、『私たちはなぜ、学び続けるのか』（日本経済新聞出版）、『知らないと恥をかく世界の大問題』1～15巻（角川新書）、『池上彰の世界の見方』シリーズ（小学館）ほか。

編　集　かみゆ歴史編集部（滝沢弘康、丹羽篤志、中村茜、深草あかね、荒木理沙、小林優、重久直子）

「歴史はエンターテイメント！」をモットーに、雑誌・ウェブ媒体から専門書までの編集・制作を手がける歴史コンテンツメーカー。扱うジャンルは日本史、世界史、地政学、宗教・神話、アート・美術など幅広い。世界史関連の主な編集制作物に『エリア別だから流れがつながる世界史』『地理×文化×雑学で今が見える世界の国々』（ともに朝日新聞出版）、『流れが見えてくる世界史図鑑』（ナツメ社）、『歴史がわかる今とつながる 対立の世界史図鑑』（西東社）、『いまがわかる地政学』（ワン・パブリッシング）など。

執　筆	長谷川敦（１章、５・６章）、三城俊一（２～４章）、飯山恵美（７章）、野中直美（８章）
装丁デザイン	相原真理子
デザイン・DTP・図版	株式会社ウエイド
地図協力	ミヤイン
校　正	桑原和雄（朝日新聞総合サービス出版校閲部）
企画・編集	朝日新聞出版 生活・文化編集部　塩澤巧

写真協力　朝日新聞フォトアーカイブ／ユニフォトプレス／アフロ／共同通信イメージズ／国立国会図書館／shutterstock ／ PIXTA
※その他の提供元は画像の側に記載

時系列《じけいれつ》×テーマ別《べつ》だから一冊《いっさつ》でわかる

アメリカ史《し》

日本を
より知るためにも
アメリカの歴史を
学ぼう！

監　修　池上彰

編　著　朝日新聞出版

発行者　片桐 圭子

発行所　朝日新聞出版
〒104-8011 東京都中央区築地5-3-2
（お問い合わせ）infojitsuyo@asahi.com

印刷所　大日本印刷株式会社

ISBN　978-4-02-333412-0